中国海洋大学一流大学建设专项经费资助
中国海洋大学中国传统文化研究中心资助
"蠡海文丛"第二辑

孟子译评

薛永武 ◎ 著

中国社会科学出版社

图书在版编目（CIP）数据

孟子译评／薛永武著．—北京：中国社会科学出版社，2022.12
ISBN 978 - 7 - 5227 - 1183 - 6

Ⅰ．①孟…　Ⅱ．①薛…　Ⅲ．①儒家②《孟子》—译文
Ⅳ．①B222.54

中国版本图书馆 CIP 数据核字（2022）第 242085 号

出 版 人	赵剑英
责任编辑	安　芳
责任校对	张爱华
责任印制	李寡寡

出　　版	中国社会科学出版社
社　　址	北京鼓楼西大街甲 158 号
邮　　编	100720
网　　址	http://www.csspw.cn
发 行 部	010 - 84083685
门 市 部	010 - 84029450
经　　销	新华书店及其他书店

印　　刷	北京明恒达印务有限公司
装　　订	廊坊市广阳区广增装订厂
版　　次	2022 年 12 月第 1 版
印　　次	2022 年 12 月第 1 次印刷

开　　本	710×1000　1/16
印　　张	24.75
插　　页	2
字　　数	368 千字
定　　价	139.00 元

凡购买中国社会科学出版社图书，如有质量问题请与本社营销中心联系调换
电话:010 - 84083683

《蠡海文丛》总序

刘怀荣

　　《蠡海文丛》为汇集中国海洋大学中国传统文化研究中心及"古代文学与传统文化"重点研究团队系列成果之总称，第一辑五部由上海古籍出版社出版，第二辑将交中国社会科学出版社付梓。

　　"蠡海"者，"以蠡测海"之省称。其命名，首先考虑的是"海"在民族文化中的特殊含义。概言之有三：

　　一曰："凡地大物博者，皆得谓之海。"（段玉裁《说文解字注》）自古以来，我国长期以农耕为主，安土重迁而难得亲近大海。在很长的历史时期里，人们对海的认识多偏于想象。如《尔雅·释地》按距我们生活区域由远及近的顺序，有所谓"四极""四荒""四海"之名。其中的"四海"，指的是"九夷、八狄、七戎、六蛮"。与此相应，先秦以来的典籍也多以"四海之内"指古代华夏族统治之疆域；以"四海之外"指超出这一范围，辽远无际、更广大乃至未知的空间。如荀子论王道理想，以"四海之内若一家"（《荀子·王制》）"国家既治四海平"（《荀子·成相》）为标志。管子以"上通于天之上，下泉于地之下，外出于四海之外，合络天地以为一裹"（《管子·宙合》）谈论宇宙之构成，都将"海"视为广阔无边的空间概念。

　　二曰："海不辞东流，大之至也。"（《庄子·徐无鬼》）这是海的本义。《说文解字》也说："海，天池也，以纳百川者"。可见，在古人眼中，容纳了极大数量的水，是海的重要特点。"观于海者难为水"（《孟子·尽心上》）"江海不择小助，故能成其富。"（《韩非子·大体》）都是从"多水"的角度立论。"天下之水，莫大于海，万川归之，不知何时止而不盈；尾闾泄之，不知何时已而不虚"（《庄子·秋水》）庄子此论，尤为典型。

三曰："（江海）能为百谷王。"（《老子》）"万川归之"的自然现象，为大海赢得了有类于王者的崇高地位。"江、汉朝宗于海"（《尚书·禹贡》）"沔彼流水，朝宗于海"（《诗经·小雅·沔水》）的经典表述，都体现了对海近乎宗教式的尊仰。

海也被借指知识和学问，故"学海"也是"海"的重要含义之一。赵翼"学海迷茫未有涯，何来捷径指褒斜"（赵翼《上元后三日芒堂过访草堂……》，《瓯北集》卷三十五）的诗句，谈到了身处至大无边、包蕴无穷之"学海"中特有的"迷茫"，这或许也正是古今"蠡海"者共同的体验吧！

中国海洋大学以海洋类学科见长，在海洋之地位日显重要的今日，可谓适逢良机，而作为一所综合性大学，补足人文学科发展的短板，也成为必须面对的课题。文、史为人文学科的核心内容，其典籍浩如烟海，名家代有其人，而我校文、史专业中断多年，近年来虽有较大改观，但与国内兄弟院校相比，仍有不少差距。这正是我们致力于"蠡海"之业，启动此《文丛》的初衷。非不知力之弱，愿以此为起点，日积月累，薪火相传，庶几可集腋而成裘，积"蠡"以测"海"，为我校文史之兴，一尽绵力。"不积小流，无以成江海"（《荀子·劝学》），前贤高论，自当涵泳；"海纳百川，取则行远"，八字校训，亦需铭记。愿与诸同仁，勉力前行，"蠡海"于万一。虽不能至，心向往之。

是为序。

2022 年 4 月 16 日于青岛

目　　录

导　论

孟子是战国时期哲学家、思想家、教育家、社会学家、政治学家，被后世成为"亚圣"，与孔子并称"孔孟"，对后世产生了深远的影响。

一　孟子所处的时代

孟子，名轲，字子舆，邹国（今山东邹城）人，约公元前 372—前 289 年。[①] 我们只有了解孟子所处的时代，才能更好地理解孟子的思想。

司马迁的《史记·孟子荀卿列传》记述了孟子的主要事迹及其所处的时代："孟轲，邹人也。受业子思之门人。道既通，游事齐宣王，宣王不能用。适梁，梁惠王不果所言，则见以为迂远而阔于事情。当是之时，秦用商君，富国强兵；楚、魏用吴起，战胜弱敌；齐威王、宣王用孙子、田忌之徒，而诸侯东面朝齐。天下方务于合从连衡，以攻伐为贤，而孟轲乃述唐、虞、三代之德，是以所如者不合。退而与万章之徒序《诗》《书》，述仲尼之意，作《孟子》七篇。其后有驺子之属。"按司马迁的说法，"孟子是'生不逢时'，没能立功于世，但他恰因'生逢其时'，才得以立言立德于史"[②]。孟子所处的时代，有所作为的君主大多希望富国强兵，实现霸主梦。因此，孟子倡导仁政王道，但很难得到君主的认可和重用。

孟子在战乱的时代，没有随波逐流，更没有沉沦，而是用仁政和王

---

① 杨泽波：《孟子评传》，南京大学出版社 2007 年版，第 106 页。
② 刘永佶：《诸子思想》，中国社会科学出版社 2019 年版，第 275 页。

道思想积极参与现实的政治。他"通过对儒家经典的刻苦学习和钻研，使自身智能和潜力得到最大限度的开发，将他锻炼成了一个对儒学具有高深造诣和坚定信仰的青年才俊，儒学队伍中一颗冉冉升起的耀眼的新星。由于他具备了儒家学派继往开来的卓越禀赋，他也就将在未来中国历史发展的节点上，在'百家争鸣'的舞台上，发出震撼寰宇的世纪长鸣！"① 沧海横流，方显出英雄本色。正是在那战火纷飞、时局动荡不安的特殊年代，孟子才抒发了"浩然之气"，唱出了雄伟的"大丈夫"之歌，为中国思想史上留下了一座永恒的丰碑。

《孟子》一书，是我们目前研究孟子最重要的资料，但《孟子》一书"并非出于其本人之手，故其著作年代难以考订"②。

二　孟子的主要思想

孟子是一个伟大的思想家，也是一个具有复合型知识结构和能力结构的复合型文化巨匠。他的思想涉及哲学、社会学、政治学、管理学、人才学、美学、伦理学、教育学、经济学、农业科学等诸多学科，特别是关于王道仁政、以民为本、性善论、人格论、人才学思想等，都对后世产生了重要影响。

（一）提倡王道的仁政思想

无论是战争抑或是国家治理，是依靠霸权和武力，还是依靠仁政实现王道，这是衡量和判断一个君主和思想家的世界观、人生观和价值观的重要尺度。

孟子认为，要实行仁政，君主就必须做仁人。因此，《孟子·离娄上》说："君仁，莫不仁；君义，莫不义；君正，莫不正。一正君而国定矣。"孟子认为，国君好仁，天下无敌，但为政者不能每人而悦之，即仁不能局限于对某个人、某件事的仁，而要从根本上和整体上对百姓都

---

① 孟祥才：《孟子传》，齐鲁书社 2013 年版，第 29 页。

② 侯外庐、赵纪彬、杜国庠：《中国思想通史》第一卷，人民出版社 2011 年版，第 343 页。

要仁。因此，孟子站在关怀民生的立场上，基于社会治理的儒家思想，他反对霸道和为侵占土地和人口而发动的战争，也反对君主对百姓的残酷剥削和专制。"孟子不仅继承、捍卫了孔子的思想，而且发展了孔子思想。孔子讲仁，孟子讲仁心、仁术、仁义、仁政。性善之说，义利之辨，王霸之争，知言养气之论等，都是孔子所未言，六经所不载，是孟子使儒家学说形成了一个完整的思想体系。"① 在《孟子》开篇，孟子就回答了梁惠王的问话，直接阐释了"王何必曰利？亦有仁义而已矣"。张钢认为，"针对梁惠王的问题，孟子的回答，既深刻揭示了梁惠王所持观念及其背后的'人性'假设可能给组织带来的危害，又开宗明义地提出了儒家的'仁义'观念"②。孟子认为，君主实行仁政，就可以无敌于天下，所谓仁者无敌。

值得注意的是，孟子在社会治理和对待战争的观念上，非常明确地主张仁政和王道，但在人生哲学方面，却依旧突破了孔子的中庸之道。"孟子在理论上坚持儒家立场，在实践中有时又突破了儒家的中庸处世准则，刚直、狷介、迂阔而远于事情。"③ 无论是在一般的论辩中，还是在与君主的对话中，孟子往往直言不讳，甚至不乏尖刻之语，这客观上很难让君主们接受。

（二）倡导性善论的"四心"

孟子是中国古代性善论的主要代表。孟子认为人都有不忍人之心、恻隐之心、羞恶之心、辞让之心、是非之心。孟子对人性的理解建立在阐释学的"前理解"上，并且用人这"四心"来衡量和要求人性修养。

孟子的"四心"是建立在他对人类感官和价值共同性的基础上提出来的。《孟子·尽心下》："口之于味也，目之于色也，耳之于声也，鼻之于臭也，四肢之于安佚也，性也。"《孟子·公孙丑上》："恻隐之心，仁之端也；羞恶之心，义之端也；辞让之心，礼之端也；是非之心，智之端也。"孟子把人的恻隐之心与仁结合起来，把人的羞恶之心与义结合

---

① 刘培桂主编：《孟子志》，山东人民出版社 2009 年版，第 5 页。
② 张钢：《孟子的管理解析》，机械工业出版社 2019 年版，第 12 页。
③ 周淑萍：《先秦汉唐孟学研究》，中华书局 2020 年版，第 60 页。

起来，把辞让之心与礼结合起来，把是非之心与智结合起来，认为人如果没有恻隐、羞恶、辞让、是非之心，就把人降低到非人的层面，人成了非人，人把自己降低到动物的层面。孟子在分析的基础上，进一步阐释了同情心是仁的开端，羞耻心是义的开端，礼让之心是礼的开端，是非之心是智的开端。孟子认为，人应该具有恻隐、羞恶、辞让、是非之心这四端。

孟子还自觉不自觉地把性善论用于每个人的修身养性方面。他在《孟子·离娄上》中认为："天下之本在国，国之本在家，家之本在身。"通过阐释天下与国家、国家与家庭的关系，最终落实到家庭中的成员，即王天下的根本最终需要每个人具有善心，具有仁者爱人的情怀。因此，有学者认为："仁政、民本和性善是孟子思想的三大基石，是孟子思想中最有价值和影响的部分。"① 保罗·布鲁姆虽然运用实验心理学，断定婴儿的反应确实带有成人道德判断的某些标志性特征，从而证实了"人天然具有道德感"的假设，但我们从社会心理学的角度来看，先天的人性无所谓善与不善，人的善与恶更多是后天的修为所致，孟子的性善论虽然建立在他对人性的考察上，但他未能区别人性的"是"与人性"应然"的区别。

（三）以民为本的民本思想

孟子具有深刻丰富的民本思想。他提出了"民为贵，社稷次之，君为轻"的观点，这是中国封建社会非常具有革命性的主张。从孟子的王道思想来看，君王实行王道，必须关心民众的生活疾苦。

孟子非常关心民生问题，认为民事不可缓。他关心百姓疾苦，以民为本，这是孟子思想的重要精华。孟子在与梁惠王的对话中，进一步表达了孟子以民为本的思想。在孟子看来，为政者应该做一个合格的父母官，不能"庖有肥肉，厩有肥马"，而"民有饥色，野有饿莩"。

为了关心民生，孟子关心百姓种田、纺织和畜牧业等，还多次提出

---

① 张小稳：《秦汉时期孟子学研究的滥觞及特点》，《中国社会科学报》2020 年 11 月 23 日。

减少赋税的主张。他认为，对于诸侯来说，一定要掌握好三件宝贝：土地、人民、政事。自古以来，土地生长万物，对于百姓和国家都举足轻重；人民的数量和素质能力，民心向背等，是决定诸侯存亡的决定性力量；诸侯还应该管理好政事，即政务。实际上，从国家的稳定和发展来看，土地是国家最重要的资源，人民是国家的主体，政事是对国家的管理。这三者是国家的根本，都是统治者必须高度重视的因素。

孟子的民本思想还表现在他对君主的批评上。他认为，君王应该实行仁政，也是实行王道的明君，应该是百姓的"父母"，而不是独夫民贼。按照孟子的内在逻辑，周武王杀的不是殷纣这个君王，而是杀了一个独夫民贼，本质上是为民除害，不但无罪，也不是一般的以下犯上，而是替天行道，符合民心。因此，判断是否杀人，是否以下犯上，关键不是看杀人本身，而是看杀的人是谁。从这个角度来看，孟子的历史观和杀人观客观上体现了社会的发展进步，而不是就事论事，拘泥于杀人本身。

孟子提出君主应该与民同乐，这也是民本思想的具体体现。墨子非乐是因为君王奢侈腐化，不关心百姓疾苦，而孟子反对君主一己之乐，则主张与民同乐。孟子在《孟子·梁惠王下》中告诫梁惠王说："今王与百姓同乐，则王矣。"孟子认为，君主只有与民同乐，才能够王天下。这一思想反映了他的民本思想，具有极强的社会意义。

（四）弘扬"大丈夫"的浩然之气

孟子在中国思想史上具有特殊的重要地位，他塑造的"大丈夫"人格具有极其重要的价值。《孟子·滕文公下》："富贵不能淫，贫贱不能移，威武不能屈，此之谓大丈夫。"这豪言壮语可谓掷地有声，是何等的豪迈与阳刚！又是何等的崇高与壮美！

孟子高扬"舍生取义"的大旗，具有非常强烈的社会责任感和主体意识。他表示自己并非好辩，在《孟子·滕文公下》中说明"欲正人心，息邪说，距诐行，放淫辞，以承三圣者"。他在忧患意识中，"迸发出浩然大义，舍我其谁的道德勇气，毅然抱负时代使命，以承大禹、周公、孔子三圣之志业自许，弘扬孔子之道以正人心，息邪说，距诐行，放淫辞，鼓吹王道仁政，以匡世济人，这是孟子学说的意向"①。他在《孟子·公孙丑下》中自信地宣布："欲平治天下，当今之世，舍我其谁也！"孟子是一个理想主义者，"历经坎坷，心中也会有一丝怨天尤人的情绪掠过，但却从不悲观消沉，总是斗志昂扬，一往无前"②。孟子是一位具有豪情壮志和理想抱负的儒家圣贤，"他有着积极的文化意识和责任意识。因此，在传承了原有的儒学生命后，他又结合时代的特性，发展出新的思想，使得儒学的生命，发出新的枝丫，绽放新的花朵"③。"尤其是他那自强不息、勇于进取的生活态度，关怀国家民族命运的责任感以及'富贵不能淫，贫贱不能移，威武不能屈'的大丈夫气概和顶天立地的刚毅精神，都是十分可贵的精神财富。它曾鼓舞着我国历史上的许多志士仁人，为了民族的复兴，祖国的富强，去进行殊死的战斗，留下了许多惊天地泣鬼神的英雄业绩。"④ 郭齐勇认为："孟子除通过义利之辨以凸显君子人格外，还追求一种独立不倚、弘大刚毅的气节与情操，更有所谓'舍我其谁'的气魄与承当，这些都表现了孟子大丈夫的气节与操守。"⑤ 学者们高度赞扬了孟子的精神品格，评价都非常中肯。

孟子的"大丈夫"是真善美的和谐统一。《孟子·尽心下》曰："可欲之谓善，有诸己之谓信，充实之谓美，充实而有光辉之谓大，大而化之之谓圣，圣而不可知之之谓神。"孟子在这里提出了善、信、美、大、圣、神六个概念，体现了丰富的哲学意味和美学内蕴，颇给人以启迪。特别是"充实之为美"，揭示了美的社会内涵。"大"是比一般美更高一级的美，圣人化育天下则展现了人才最高的美；"神"则彰显了大美的形象性、模糊性和神秘性，如《道德经·二十一章》所言："道之为物，惟恍惟惚。惚兮恍兮，其中有象。"这一章，孟子为我们建立了一个具有层级结构的审美哲学图：善→信→美→大→圣→神。这个图示对于我们

---

① 曾春海：《中国哲学史纲》，华东师范大学出版社 2013 年版，第 33 页。
② 周淑萍：《先秦汉唐孟学研究》，中华书局 2020 年版，第 52 页。
③ 袁晓晶：《仁心与仁政孟子》，中州古籍出版社 2014 年版，第 79 页。
④ 孟祥才：《先秦人物与思想散论》，上海古籍出版社 2019 年版，第 307 页。
⑤ 郭齐勇：《中国哲学通史（先秦卷）》，江苏人民出版社 2021 年版，第 340 页。

正确认识真善美，追求理想圆融的人生，具有重要的启迪作用。

孟子认为，人生在世，要按照应该做的去做；君子求诸己，遇到问题先从自身找原因；善充溢全身就是美，这是孟子对内在美或者心灵美的肯定；善的心灵外在显现出来，这就是大；君子把善行推及天下，这就是圣人；圣人高深莫测，这就是神。孟子所说的神并非一般意义上的神，而是体现了人们对圣人的崇敬、崇拜和敬仰之情。

（五）丰富深刻的人才学思想

孟子是儒学大师，也是一个卓有成就的教育家和人才学家。作为教育家，孟子希望能够"得天下英才而教育之"；作为人才学家，孟子提出了"贵德而尊士，贤者在位，能者在职"等思想。

孟子作为一个思想家，忧国忧民，以天下为己任，必然高度重视人才问题。孟子的人才思想涉及人才成长、人才发现、人才鉴别、人才评价、人才任用和人才的重要性等诸多方面。

关于人才的重要性，《孟子·尽心下》认为仁者贤人是国家的决定性力量，因此信奉仁者贤人，才能使国家充实，"不信仁贤，则国空虚；无礼义，则上下乱；无政事，则财用不足"。孟子充分肯定了百里奚的预见能力，通过百里奚辅佐秦穆公，使秦穆公名扬天下的事实，充分赞扬了百里奚一代大贤的丰功伟绩。

关于尊重和任用人才，《孟子·公孙丑上》："贵德而尊士，贤者在位，能者在职。"孟子看到了尊重人才的集聚效应，《孟子·公孙丑上》："尊贤使能，俊杰在位，则天下之士皆悦，而愿立于其朝矣。"在《孟子·告子下》中孟子要求："养老尊贤，俊杰在位。"由此可见，孟子非常重视尊重人才，认为要见贤人，就必须"以其道"，《孟子·万章下》："欲见贤人而不以其道，犹欲其入而闭之门也。"

孟子还充分认识到人才发现和人才评价的复杂性，《孟子·梁惠王下》："左右皆曰贤，未可也；诸大夫皆曰贤，未可也；国人皆曰贤，然后察之；见贤焉，然后用之。左右皆曰不可，勿听；诸大夫皆曰不可，勿听；国人皆曰不可，然后察之；见不可焉，然后去之。"也就是说，人才发现与人才评价不能简单采用多数人的意见，而是要"察之"，避免偏信则暗。

关于人才的修行与历练，孟子所提倡的"大丈夫"精神，"人皆可以为尧舜"的理想愿景，都为人才发展提供了内生动力。在《孟子·告子下》中，孟子赞同曹交所问的"人皆可以为尧舜"的观点。"人皆可以为尧舜"并非指每个人最终都能够成为尧舜，而是指每个人都具有成为尧舜的可能性。《孟子·尽心上》还肯定了修身的重要性："古之人，得志，泽加于民；不得志，修身见于世。穷则独善其身，达则兼善天下。"这一段话非常富有哲理，对后世产生了重要影响。陈子昂《祭韦府君文》："穷则独善其身，达则兼济天下"，把孟子原文中的"兼善"改成了"兼济"。实际上，孟子这句话充分体现了传统知识分子儒道兼融、儒道互补的内涵，"独善其身"，这既是儒家的修养，也是道家的主张；"兼善天下"，则体现了积极进取的儒家人生观。

孟子认为，人才发展需要励志，认为人们往往生于忧患而死于安乐。《孟子·告子下》有一段经典名言："舜发于畎亩之中，傅说举于版筑之间，胶鬲举于鱼盐之中，管夷吾举于士，孙叔敖举于海，百里奚举于市。故天将降大任于是人也，必先苦其心志，劳其筋骨，饿其体肤，空乏其身，行拂乱其所为，所以动心忍性，曾益其所不能。"这段话对于青少年励志和成才，提高情商，都具有非常重要的启发。在孟子看来，人生不但需要励志，还需要有所取舍。《孟子·离娄下》孟子曰："人有不为也，而后可以有为。"孟子还对君子事君提出了要求。《孟子·告子下》："君子之事君也，务引其君以当道，志于仁而已。"意思是说，君子事君要敢于积极进言进谏，引导君主走正道，决不能阿谀逢迎和委曲求全，没有原则性。

孟子高度重视人才培养。孟子晚年回到邹国，以孔子为榜样，继续从事教育工作，同时与弟子公孙丑、万章等一起，把自己的言论编为《孟子》七章，这是后人研究孟子生平和思想的主要资料。[①] 孟子尊师重教，非常重视教育，把教育提升到超过善政的高度。其中，《孟子·尽心上》指出："仁言不如仁声之入人深也，善政不如善教之得民也。善政，

---

① 孟祥才：《先秦人物与思想散论》，上海古籍出版社 2019 年版，第 297 页。

民畏之；善教，民爱之。善政得民财，善教得民心。"孟子充分肯定善教的重要性，认为善教得民心。孟子说明君子有三乐："父母俱存，兄弟无故，一乐也；仰不愧于天，俯不怍于人，二乐也；得天下英才而教育之，三乐也。"其中，"一乐"是基础，关乎家庭幸福；"二乐"关乎人格；"三乐"则体现了教育家为国育才的情怀。

孟子还探讨了君子的五种教育方法："有如时雨化之者，有成德者，有达财者，有答问者，有私淑艾者。此五者，君子之所以教也。"孟子在教育过程中，非常注重比喻说理，循循善诱，通过对话的方式，在与弟子的互动中，启迪了弟子的智慧和思想。

三　孟子的语言艺术

孟子是语言艺术大师，具有非常高超的论辩能力，不仅善于运用比喻说理，而且还非常善于创造和运用成语来说理论事，妙趣横生，魅力四射，为后世留下了光辉灿烂的语言文化。

孟子对话涉及的成语有：与民偕乐、五十步笑百步、弃甲曳兵、野有饿莩、率兽食人、仁者无敌、挟泰山以超北海、缘木求鱼、明察秋毫、不见舆薪、与民同乐、匹夫之勇、流连忘返、幼而学壮而行、箪食壶浆、浩然之气、拔苗助长、出类拔萃、以力服人、以德服人、力不从心、心悦诚服、恻隐之心、羞恶之心、辞让之心、是非之心、反求诸己、闻过则喜、与人为善、彼一时此一时、舍我其谁、舍近求远、舍易求难、男女授受不亲、好为人师、左右逢源、赤子之心、声闻过情、夜以继日、集大成、金声玉振、知人论世、一曝十寒、专心致志、鱼与熊掌、舍生取义、心之官则思、杯水车薪、以邻为壑、生于忧患死于安乐、穷不失义、达不离道、兼济天下、独善其身、一毛不拔、摩顶放踵、以身殉道、当务之急、言近旨远、守约施博，等等。其中，许多成语就出于孟子，有的成语则是孟子在辩论中使用的，为其辩论说理增添了语言魅力和逻辑力量。

"《孟子》七篇……共含260章，35384字。其内容博大精深，丰富多彩，主旨是以性善论为基础的修身、齐家、治国、平天下的道理。它是一部优秀的散文集，文笔雄健，语言优美，气势磅礴，浑然天成。"①孟子通过这些成语的运用，不仅为当时和后世留下了妙趣横生的语言艺术，也留下了深邃的思想、丰富的文化和多维视野的价值观。

四 孟子的巨大影响

从中国思想史的角度来看，儒家对中国发生的影响最大。孔子是儒学创始人，孟子则是继孔子后儒家学派的又一位集大成者。"其初有周孔并称，其后有孔孟并称，孟子并被后世尊为'亚圣'，其影响可见一斑。"②牟宗三先生认为，孟子上承孔子，下开陆（象山）王（阳明），与孔子一起同为中国文化生命主流精神与智慧的奠基人和代表人物。③

在中国文化史上，"孟子无疑是最受争议的先秦大儒之一"④。但总体而言，肯定与认同孟子，则仍然是学界主流。孟子的仁政思想和性善论已经在汉代发挥了重要影响。在汉武帝"罢黜百家，独尊儒术"以前，汉文帝已经对孟子的仁政思想多有肯定，"这表明汉文帝对孟子的仁政思想存在高度认可，'文景之治'或是汉初儒术治国的一次成功践行，而这次尝试的成功又成为汉武帝'罢黜百家'的先声"⑤。"汉代思想家继承发展了这些思想元素。仁政、民本无须多说，我们以性善为例，看孟子的思想元素如何被继承和发展。汉代的人性理论主要有贾谊、董仲舒的性三品说，韩婴的性善情恶论，扬雄的性善恶混论和王充的气禀说。"⑥

孟子的思想在唐代引发了论辩。韩愈、柳宗元围绕孟子"夷夏观"

---

① 刘培桂主编：《孟子志》，山东人民出版社 2009 年版，第 127 页。
② 郭齐勇：《中国哲学通史（先秦卷）》，江苏人民出版社 2021 年版，第 347 页。
③ 王兴国：《孔子之两翼——牟宗三论孟子与荀子》，《哲学研究》2018 年第 1 期。
④ 张勇：《韩柳孟子观之分歧及其思想史意义——以儒佛道三教关系为视角》，《东南大学学报》2021 年第 1 期。
⑤ 李华：《文景之治与孟子仁政思想的汉初践行——以汉文帝诏令对〈孟子〉的传承为例》，《山东师范大学学报》2020 年第 1 期。
⑥ 张小稳：《秦汉时期孟子学研究的滥觞及特点》，《中国社会科学报》2020 年 11 月 23 日。

"义利观""心性论"等思想展开了论辩。韩愈高度赞扬孟子，肯定孟子为维护儒家正统地位所做出的贡献，认为孟子是"孔子之道"的正宗传承者，"因此主张将其列入'道统'；柳宗元则极力贬低孟子，认为他违背'孔子之道'的真精神，因此反对将其列入'道统'"①。关于孟子是否违背孔子之道，笔者认为，孟子阐述其思想时与孔子不尽相同，但其关于仁政、民本思想等主流与本质则是与孔子一脉相承的。

通观中国历史可见，孟子以民为本思想的重要性在中国历史的变迁中得到了彰显。"每一次大规模的文化复兴无不是伴随着对前代文献的全面搜集和整理而出现。"② 而"中国儒学在历史上每一次重大的发展和突破，都是以对儒家经典的回归、重新梳理、崭新诠释为先导的"③。历史的兴衰恰恰证明了人民的力量，"王夫之在对明朝覆灭的反思中，继承、发展了孟子的民本思想，深刻地认识到了民众在国家兴亡中的重要作用"④。

孟子的思想不仅在国内产生了深远的影响，而且在国外也得到广泛传播。"由于地理与政治的原因，《孟子》一书首先同其他儒家经典一起传入亚洲国家。"⑤《孟子》在日本的传播是一个接受、批判与再阐释的动态传播过程，它传入日本的时间可以追溯到奈良时代（约730年）。⑥日本学者谷中信一高度评价了孟子思想的价值，认为孟子为了实现其理想中的仁义而力排众议地勇往直前。"孟子的这种激情给予读者以极大的震撼，并产生了颇多的成语故事。即便是在日本，以《孟子》为典故的故事成语亦不胜枚举。总之，在种种褒贬声中，《孟子》作为四书之一，最终在儒学史上占有了重要地位，这是任何人都无法否认的严肃的

---

① 张勇：《韩柳孟子观之分歧及其思想史意义——以儒佛道三教关系为视角》，《东南大学学报》2021年第1期。

② 舒大刚主编：《儒学文献通论》上卷，福建人民出版社2012年版，第200页。

③ 舒大刚主编：《儒学文献通论》上卷，福建人民出版社2012年版，第200页。

④ 王其俊主编：《中国孟学史》下册，山东教育出版社2012年版，第526页。

⑤ 刘培桂主编：《孟子志》，山东人民出版社2009年版，第8页。

⑥ 张晓明：《从"汤武放伐"的诠释看〈孟子〉在日本近世的传播——以山鹿素行的古学为中心》，《内蒙古师范大学学报》2021年第2期。

事实。"①

明万历二十一年（1593），意大利传教士利玛窦就将《孟子》译成拉丁文传回本国。随后，《孟子》又相继被译成法、德、英、俄等文，在西方诸国刊行。牛津大学把《孟子》中的篇章列为公共必修科目，伦敦大学把《孟子》列为古文教本。② 由此以后，孟子思想开始对西方产生了重要影响。2014 年 6 月，美国加州大学伯克利分校东亚系主任齐思敏教授到山东邹城参加"孟子思想与邹鲁文明"国际学术研讨会。他在会议开幕式上说："孟子是中国的，也是世界的。他的思想从 18 世纪开始启发了伏尔泰等一批欧洲启蒙思想家"，"孟子也是我们老外的祖先"，"因为我们外来学者'得志行乎中国'"。③

孟子对后世的影响不仅是其性善论、仁政思想与民本思想，还有他倡导的积极向上、舍生取义、舍我其谁的主体意识，是"富贵不能淫，贫贱不能移，威武不能屈"的大丈夫和浩然之气。"孟子之君子观对后世仁人志士所奉行的积极向上之人生价值目标产生了深远影响，中国古代仁人志士无不以这种孟子之君子标准来要求自己，在实际生活中塑造自己的人格。他们的精神与气概构成了中华民族崇尚民族气节、坚持正义、具有顽强之民族凝聚力和凛然不可侵犯的民族特征，是中华民族宝贵的精神财富，值得我们很好地继承和发展。孟子心目中之君子，更是我心中向往之君子。"④ 诚如是，王杰先生这段话很好地诠释了孟子思想对后世的巨大影响，可谓一语中的。

五　本书的写作特点

孟子研究分为孟子思想和孟学史两个方面。"在孟子研究中，孟学史

---

① ［日］谷中信一：《先秦秦汉思想史研究》，孙佩霞译，上海古籍出版社 2018 年版，第 44 页。

② 刘培桂主编：《孟子志》，山东人民出版社 2009 年版，第 9 页。

③ 韩振华：《他乡有夫子：西方〈孟子〉研究与儒家伦理建构》，中国社会科学出版社 2017 年版，第 222 页。

④ 王杰：《孟子心目中的"君子"》，《学习时报》2021 年 3 月 12 日。

研究与孟子思想研究是不分彼此、等量齐观、美美与共、相得益彰的。……孟子思想研究是半壁江山，孟学史研究是半壁江山，合并在一起，就是孟子研究的整个江山。"① 拙著不研究孟学史，而是通过对《孟子》的译评，对孟子思想进行研究。

笔者在完成这部书稿以前，曾经出版《论语译评》，借此有利于理解这部《孟子译评》；反过来，由《孟子译评》也有利于回溯《论语译评》。通过撰写《论语译评》和《孟子译评》，笔者进一步加深了对孔孟之间内在联系的理解，即可以沿波讨源，虽幽必显；也可以由源及流，理清孔孟之间的内在关系。

为了读者更好地阅读和理解孟子的思想，笔者根据孟子每一章主题，都拟定了标题；标题来源于孟子原文，或根据具体内容提炼而成。为了提纲挈领，在每一章的章题下，对本章内容的要点进行了概括梳理。为了引起读者对重点内容的关注，笔者在一些重点句子下面加上了着重号。

拙著在译文方面，参考了杨伯峻先生的《孟子译注》、刘兆伟先生的《孟子译评》、王治国先生的《孟子译评》和王立民先生的《孟子译注评》等先哲时贤的研究成果。在尊重原文含义的基础上，采取意译的方式，对一些语句进行了重新断句，对一些标点符号也进行了新的标注，以有利于现代读者阅读的流畅性。

---

① 杨海文、张兴：《孟子思想研究与孟学史研究如何相得益彰？——泰山学者杨海文教授访谈录》，《国际儒学论丛》2018 年第 2 期。

第一章

梁惠王上译评

【本章引语】

《梁惠王上》① 共 7 节。

1.1：孟子针对梁惠王谈利的话题，直接提出："王何必曰利？亦有仁义而已矣。"孟子强调国家应该注重仁义，先义后利，比较典型地反映了儒家的义利观。

1.2：孟子倡导君主应与民同乐，与民偕乐故能乐；统治者如果将快乐建立在百姓痛苦的基础上，百姓就会拼命反抗，君主也就乐不成了。

1.3：梁惠王说自己尽心尽意为民操劳，孟子进行回应。孟子主张君主应该尊重农时，发展经济，关心民生，让老百姓"养生丧死无憾"。他认为这才是"王道之始"。

1.4：孟子认为君王应该关心百姓疾苦，以民为本，君王应该做老百姓好的父母官。

1.5：孟子针对梁惠王报仇雪恨的心理，提出"仁者无敌"这一光辉思想，希望梁惠王施仁政，省刑罚，薄税敛，关心农业生产，在满足百姓生存的基础上，再对百姓进行教化。

1.6：孟子反对君王"嗜杀人"的恶习，要求梁襄王不要"嗜杀人"。孟子认为，安定天下的关键是民心归附，如同水往低处流一样不可抗拒。

1.7：孟子肯定齐宣王的仁人之心，也直接批评齐宣王"王之不王，

---

① 梁惠王（前400—前319年），即魏惠王，姬姓魏氏，名䓨，魏国安邑（今山西省夏县）人。战国时魏国第三任国君（前369—前319年），魏武侯之子。

不为也，非不能也"的错误做法，希望"老吾老，以及人之老；幼吾幼，以及人之幼"。孟子还提出"保民而王，莫之能御也"的著名论断。

1.1　先仁义而后利益

【原文】

孟子见梁惠王。王曰："叟不远千里而来，亦将有以利吾国乎？"

孟子对曰："王何必曰利？亦有仁义而已矣。王曰：'何以利吾国？'大夫曰：'何以利吾家？'士庶人曰：'何以利吾身？'上下交征利而国危矣。万乘之国，弑其君者，必千乘之家；千乘之国，弑其君者，必百乘之家。万取千焉，千取百焉，不为不多矣。苟为后义而先利，不夺不餍。未有仁而遗其亲者也，未有义而后其君者也。王亦曰仁义而已矣，何必曰利？"

【译文】

孟子晋见梁惠王。梁惠王说："老先生不远千里而来，是将给我国带来利益吧？"

孟子回答说："王为什么要说利益呢？也要有仁义才行啊！如果王只是说'怎样才有利于我的国家呢？'大夫也说'怎样才有利于我的封地呢？'那一般士人和百姓也都会说'怎样才有利于我自己呢？'上下都追逐私利，国家就危险了！在拥有一万辆兵车的国家里，杀掉它的国君的，一定是拥有一千辆兵车的大夫；在拥有一千辆兵车的国家里，杀掉它的国君的，一定是拥有一百辆兵车的大夫。在一万辆里头，他就拥有一千辆；在一千辆里头，他就拥有一百辆，这些大夫的产业是很多了。如果他重利轻义，不把国君的一切都夺去，就不会满足的。从没有仁心之人会遗弃父母的，也没有以忠义之人会怠慢君上的。王只要讲仁义就可以了，为什么一定要讲'利'呢？"

【评析】

《论语·学而》载有子曰："君子务本，本立而道生。孝弟也者，其为仁之本与!"阐释了本立而道生的原理,由有子的"务本"到孔子要求弟子"谨而信,泛爱众而亲仁",都说明做人做事务本和讲究信义与仁爱的重要性。《论语·里仁》载孔子曰:"君子喻于义,小人喻于利。"《论语·述而》载孔子曰:"不义而富且贵,于我如浮云。"从孔子的义利观出发,解读孟子这里与梁惠王的对话,我们就豁然开朗了。

梁惠王认为孟子不远千里一定会给他带来利益,所以开头就言利。"孟子知王欲以富国强兵为利,故曰王何必以利为名乎?惟有仁义之道者可以为名,以利为名则有不利之患矣,因为王陈之。"① 孟子对梁惠王的问话不以为然,但不直接否定对方,而是以反与正为例,采取曲径通幽、层层递进的推理方式,通过假设大家如果都重利轻义,国家就会陷入危险的局面;而具有仁心的人一定不会遗弃父母,忠义之人也不会怠慢君王。所以,在此基础上,孟子点明主题:大王只要注重仁义就可以了。这实际上也是有子所说的"本立而道生"。"在孟子看来,'利'是外在的,有碍于成仁成义;'仁义'是内在的,关乎德性和德行。"② 因此,孟子认为追求利就会影响对义的追求。

孟子注重仁义的思想对于现代社会治理,仍然具有重要的参酌价值。当然,从智库专家建言献策的角度来看,"假如孟子能够承认梁惠王为富国强兵,追求利益的正当性,再提出义的重要性,以弥补梁惠王的不足,任职之后,在工作实践中逐步扭转梁惠王的片面性和不足,是不是要好一些?"③ 从实践的角度来看,这种假设不无道理。

1.2 与民偕乐故能乐

【原文】

孟子见梁惠王。王立于沼上,顾鸿雁麋鹿,曰:"贤者亦乐此乎?"

---

① 赵岐:《孟子赵注》,景宋蜀刻本,广西师范大学出版社 2018 年版,第 12 页。
② 肖永明、黄有年:《论孟子"义利之辨"展开的基础及其政治走向》,《孔子研究》2021 年第 3 期。
③ 郭庆祥:《浩然正道:孟子详解》,东方出版社 2014 年版,第 3—4 页。

孟子对曰：“贤者而后乐此，不贤者虽有此，不乐也。《诗》云：‘经始灵台，经之营之，庶民攻之，不日成之。经始勿亟，庶民子来。王在灵囿，麀鹿攸伏，麀鹿濯濯，白鸟鹤鹤。王在灵沼，於牣鱼跃。’文王以民力为台为沼，而民欢乐之，谓其台曰灵台，谓其沼曰灵沼，乐其有麋鹿鱼鳖。古之人与民偕乐，故能乐也。《汤誓》曰：‘时日害丧，予及女偕亡。’民欲与之偕亡，虽有台池鸟兽，岂能独乐哉？”

【译文】

孟子晋见梁惠王。梁惠王站在池塘边，欣赏着鸿雁麋鹿说：“贤人也享受这种快乐吗？”孟子说：“只有贤人才能体会到这种快乐，不是贤人即使有这一切，也没法享受。《诗经·大雅·灵台》说：‘开始筑灵台，设计管理，百姓都来做，不久就完成。王说开始不要急，百姓如儿子，都来效力。王到鹿苑中，母鹿正栖息。母鹿肥又亮，白鸟毛如雪。王到灵沼上，满池鱼欢跃。’周文王用百姓的力量筑台挖池，但百姓乐意这样做，他们把这台叫‘灵台’，把这池叫‘灵沼’，还高兴那里有许多麋鹿和鱼鳖。古时候的圣君贤王能与老百姓同乐，才能得到真正的快乐。《尚书·汤誓》：‘太阳啊，你什么时候灭亡呢？我宁肯和你一道死亡！’老百姓恨不得与他同归于尽，即使有高台深池，珍禽异兽，他又如何能独自享受呢？”

【评析】

“与民偕乐”体现了孟子重要的民本思想。在这段文字中，孟子引经据典，从《诗经》和《尚书》中分别引用了周文王和夏桀的例子，通过鲜明对比，说明君王“与民偕乐”的重要性。周文王以民为本，充分发挥百姓的作用，与民偕乐，能够激发人民的审美情怀；夏桀则鱼肉百姓，暴力残忍，不但得不到人民的支持，反而遭到人民的嫉恨，最终被俘放逐。

此外，从审美的角度来看，统治者如果忽视了人民的利益和愿望，无视人民群众疾苦，荒淫奢侈，独享其乐，既不长久，也得不到真正的审美愉悦。真正的审美应该以真和善为前提，与民偕乐，才能得到更大、更持久的快乐。

本章涉及的成语有："与民偕乐"。

1.3 五十步笑百步与关爱民生

【原文】

梁惠王曰："寡人之于国也，尽心焉耳矣。河内凶，则移其民于河东，移其粟于河内；河东凶亦然。察邻国之政，无如寡人之用心者。邻国之民不加少，寡人之民不加多，何也？"

孟子对曰："王好战，请以战喻。填然鼓之，兵刃既接，弃甲曳兵而走。或百步而后止，或五十步而后止。以五十步笑百步，则何如？"

曰："不可。直不百步耳，是亦走也。"

曰："王如知此，则无望民之多于邻国也。"

"不违农时，谷不可胜食也；数罟不入洿池，鱼鳖不可胜食也；斧斤以时入山林，材木不可胜用也。谷与鱼鳖不可胜食，材木不可胜用，是使民养生丧死无憾也。养生丧死无憾，王道之始也。"

"五亩之宅，树之以桑，五十者可以衣帛矣；鸡豚狗彘之畜，无失其时，七十者可以食肉矣；百亩之田，勿夺其时，数口之家可以无饥矣。谨庠序之教，申之以孝悌之义，颁白者不负戴于道路矣。七十者衣帛食肉，黎民不饥不寒，然而不王者，未之有也。"

"狗彘食人食而不知检，涂有饿莩而不知发，人死则曰：'非我也，岁也。'是何异于刺人而杀之，曰：'非我也，兵也。'王无罪岁，斯天下之民至焉。"

【译文】

梁惠王说："我对国家尽心竭力了。河内地方遭了灾，就把那里的百姓迁到河东，还把河东的粮食运到河内。河东遭了灾也这么办。细考察邻国的政治，没有像我这样用心的。但邻国的百姓没有减少，我的百姓也没有增多，这是为什么呢？"

孟子说："王喜欢战争，就请让我用战争来作比喻吧！战鼓一响，双方刀兵相接，就扔掉盔甲拖着兵器逃跑。有的一气跑回了一百步停下，有的一气跑回了五十步停下。因跑了五十步的就耻笑跑了一百步的，那又如何？"王说："不可以。他只是没有跑到一百步罢了，但这也是逃跑啊！"

孟子说："王如果明白这个道理，就不要指望老百姓比邻国多了。"

"不误农时，粮食就吃不完；不用细网到池塘捕鱼，鱼鳖就吃不完；按照节令砍伐树木，木材就用不完。粮食和鱼鳖吃不完，木材用不尽，这样就使老百姓对生养死葬没有遗憾了。老百姓对生养死葬没有遗憾，这就是王道的开始。"

"五亩地的宅院，院里种满桑树，五十岁以上的人就可以穿上丝绵衣了；鸡、狗和猪的畜养，不要耽误繁殖的时机，七十岁以上的人就可以有肉吃了；百亩耕地，不误农时，几口人的家庭就可以不挨饿了。认真办好学校教育，注重孝悌义理教化，须发斑白的老人就不用负重奔波生计了。七十岁以上的老人有丝绵衣穿，有肉吃，平民百姓不挨饿，不受冻，这样还不能使天下归服的，是从没有过的事。"

"猪狗能吃上人的粮食，却不知道节俭；道路上有饿死的人，却没想到开仓赈济灾民。老百姓死了，就说'不怪我呀，怪年景不好'。这种说法与拿刀杀了人却说'不怪我呀，怪兵器吧'有什么不同呢？王如果不去怪罪年景不好，这样天下的百姓就会来投奔您了。"

【评析】

梁惠王通过改善民生，救助灾民，希望国家吸引外来人口，但实际上并没有增加，对此现象感到不解，因而向孟子请教。孟子针对梁惠王的疑惑，运用"五十步笑百步"的比喻，说明治理国家的关键在于不误农时，尊重农作物的生长和收割的节令，尊重动物的养育和繁殖规律。要办好学校，注重培养学生的孝悌之道。用现在的话来说，叫作物质文明和精神文明一起抓，二者不可偏废。

"要透彻地理解孟子的思想，包括他的超越观念，必须从孟子的初衷，即其问题意识谈起。孟子的全部思考是从一种情感出发的，那就是对人民水深火热处境的深切关怀，这种关怀引发了他对政治权力的激烈批判，而这种批判又顺理成章地导出了他的根本宗旨，那就是对权力的规训。"① 孟子通过举例说明，统治者平时要防患于未然，确保发生灾害时能够开仓赈灾，而不是把灾害都推给所谓的"年景不好"。

本章涉及的成语有："五十步笑百步""弃甲曳兵"。

1.4　做老百姓好的父母官

【原文】

梁惠王曰："寡人愿安承教。"

孟子对曰："杀人以梃与刃，有以异乎？"

曰："无以异也。"

"以刃与政，有以异乎？"

曰："无以异也。"

曰："庖有肥肉，厩有肥马，民有饥色，野有饿莩，此率兽而食人也！兽相食，且人恶之；为民父母，行政，不免于率兽而食人，恶在其为民父母也？仲尼曰：'始作俑者，其无后乎！'为其象人而用之也。如之何其使斯民饥而死也？"

【译文】

梁惠王说："我愿意接受先生的指教。"

孟子说："杀人用棍子和用刀子，有什么不同吗？"

王说："没有什么不同。"

"用刀子和用政治害人，有什么不同吗？"

王说："没有什么不同。"

孟子又说："厨房里有肥美的肉，马厩里有健壮的马，老百姓却面有菜色，野外有饿死的人，这就是率领着禽兽来吃人！野兽之间弱肉强食，人尚且厌恶；作为老百姓的父母官，治理社会，没有避免领着禽兽来吃

---

① 黄玉顺：《天吏：孟子的超越观念及其政治关切——孟子思想的系统还原》，《文史哲》2021 年第 3 期。

人，这又怎么算是老百姓的父母官呢？孔子说：'最开始制作人俑来陪葬的人，该会断子绝孙吧！'这是因为人俑如同大活人，却用来陪葬。怎能像这样让老百姓活活饿死呢？"

【评析】

关心民生疾苦，以民为本，这是孟子思想的重要精华。孟子在与梁惠王这段对话中，进一步表达了以民为本的思想。"庖有肥肉，厩有肥马，民有饥色，野有饿莩"非常形象地揭示了贫富悬殊的阶级差别现象。杜甫"朱门酒肉臭，路有冻死骨"的诗句，可以与此对应。在孟子看来，为政者应该做合格的父母官，真正关爱百姓。

从孟子的王道思想来看，君王实行王道，就必须关心民众的生活疾苦。"孟子政治思想中的一项显著特点，是非常关心庶民的生活，为王道政治规定了许多具体的内容。"① 由此可见，"孟子的民本位政治思想，正是要在战国乱世之中为苦难人民争福祉。……孟子以人民为本位的政治理想，是饱受专制荼毒的、苦难的中华民族心灵深处永恒的乡愁"②。可以说，孟子是一个真正忧国忧民的思想家，真诚关心民生疾苦，为此不惧对统治者直接提出批评。

本章涉及的成语有："野有饿莩""率兽食人"。

1.5　施仁政于民，才能仁者无敌

【原文】

梁惠王曰："晋国，天下莫强焉，叟之所知也。及寡人之身，东败于齐，长子死焉；西丧地于秦七百里；南辱于楚。寡人耻之，愿比死者壹洒之，如之何则可？"

孟子对曰："地方百里而可以王。王如施仁政于民，省刑罚，薄税

---

① 复旦大学哲学系中国哲学史教研室编：《中国古代哲学史》上卷，上海古籍出版社2006年版，第62页。

② 黄俊杰：《中国孟学诠释史论》，社会科学文献出版社2004年版，第89页。

敛，深耕易耨；壮者以暇日修其孝悌忠信，入以事其父兄，出以事其长上，可使制梃以挞秦楚之坚甲利兵矣！"

"彼夺其民时，使不得耕耨以养其父母。父母冻饿，兄弟妻子离散。彼陷溺其民，王往而征之，夫谁与王敌？故曰：'仁者无敌。'王请勿疑！"

【译文】

梁惠王说："晋国，天下没有比它更强大的，老先生是知道的。等到了我这时候，东边败给齐国，长子死于此役；西边割让七百里土地给秦国；南边被楚国所羞辱。我为此深感屈辱，希望为死难者报仇雪恨，要怎样办才好呢？"

孟子说："百里之地就可以称王。您如果对老百姓施仁政，减免刑罚，减轻赋税，让他们能够深翻土，勤除草；青壮年在闲暇时加强孝悌忠信的修养，在家里侍奉父兄，在朝廷尊敬上级，这样，就是举着木棒也足以抗击披坚执锐的秦楚大军了。"

"敌国侵占农时，使老百姓不能耕种来养活父母。父母受冻挨饿，兄弟妻离子散。敌国让他们的百姓陷在痛苦的深渊里，您去讨伐他们，那还有谁来与您为敌呢？所以说：'仁人无敌于天下。'请您不要疑虑了吧！"

【评析】

晋国在历史上曾经非常强大，成为多年的霸主。三家分晋以后，魏国在梁惠王时代先后败于齐国、秦国和楚国，所以梁惠王耿耿于怀，希望能够报仇雪恨，但苦于没有计策，于是向孟子请教。杨伯峻先生在中华书局2012年出版的《孟子译注》第12页的页下注释①对"晋国"的解释中引用了刘宝楠愈愚录卷四云："孟子，梁惠王自称'晋国'，魏人周霄亦自称'晋国'。此晋国即指魏国也。"刘氏此说甚确，1957年在安徽寿县出土的鄂君启金节铭文"大司马邵阳败晋师于襄陵"，楚国也称"魏国"为"晋"，尤为确证。所以这里的"晋国"就是"魏国"。和"三晋"之"晋"义微有别。笔者赞同杨伯峻先生这里的引证。与此同时，笔者还认为，晋国（前1033—前376年），而梁惠王在位时间是（前369—前319年），公元前376年，韩、赵、魏三家分晋，三国又被合称为"三晋"。从三家分晋的角度来看，梁惠王为了表示自己的正统地位，称魏国为"晋"，也许符合内在的逻辑性。

《论语·子路》载孔子曰"近者悦，远者来"，体现了孔子治理国家的理想图景，即通过建立仁政的和谐社会，自然而然就能吸引他国的人民投奔到自己的国家，即不战而胜，或者说"战胜于朝廷"。孟子深受孔子思想的影响，希望梁惠王能够施仁政，"仁政于民，省刑罚，薄税敛"，这样百姓安定，内部团结，国家具有凝聚力。相反，那些敌国不尊农时，让老百姓处于水深火热之中，生活无法保障，甚至"父母冻饿，兄弟妻子离散。彼陷溺其民"，这样的国家没有凝聚力，就会分崩离析，根本没有战斗力。

孟子通过比较来启发梁惠王：施仁政，无敌于天下；施暴政，就导致失败。《论语·子罕》中孔子说："智者不惑，仁者不忧，勇者不惧。"值得欣慰的是，孟子这里的"仁者无敌"思想来源于孔子"仁者不忧"，并且已经成为中国传统文化的思想精华，深刻影响了历史，也影响了当代的思想发展，电视连续剧《仁者无敌》的拍摄就是受到了孟子这一思想的影响。

从伦理学的角度来看，仁是一种非常好的德性，虽然仁者无敌，但有时也很脆弱，甚至难以自我保护。"德性力量的脆弱由四位伟大哲人、高山大德一个个被无辜地处死足以见证：苏格拉底被古希腊民主'文明地'处死；西塞罗在逃亡途中被政敌追杀身亡；塞涅卡被暴君尼禄赐以自尽；波爱修被以背叛东哥特政权罪处死。毫无疑问，仅从这四位美德化身的死中就可以发现一个未曾被深思的极其吊诡的现象：德性在理论上被思想为充满力量，是足以教化社会，成就卓越自我，活出人生风华与繁盛，把自身的野性、俗性乃至兽性牢牢地关在笼子里的无比强大的意志力与趋善力，但是，有德性者在实际的政治生态中却显然是个连自家性命也难自保的弱者。"① 诚然，德性的影响力是巨大的，但自身有时

---

① 邓安庆：《德性之力量究竟何在》，《社会科学报》2021年4月29日。

也会"弱不禁风",德性客观上也需要社会的理解和统治者的支持,否则,就容易成为一种"形上"的虚无缥缈之物,但是,尽管如此,"无论这世界多么强暴,我还是相信德性的力量"①。

本章涉及的成语有:"仁者无敌"。

1.6 安定天下的关键是民心归附

【原文】

孟子见梁襄王,出,语人曰:"望之不似人君,就之而不见所畏焉。卒然问曰:'天下恶乎定?'吾对曰:'定于一。''孰能一之?'对曰:'不嗜杀人者能一之。''孰能与之?'对曰:'天下莫不与也。王知夫苗乎?七八月之间旱,则苗槁矣。天油然作云,沛然下雨,则苗浡然兴之矣。其如是,孰能御之?今夫天下之人牧,未有不嗜杀人者也。如有不嗜杀人者,则天下之民皆引领而望之矣。诚如是也,民归之,由水之就下,沛然谁能御之?'"

【译文】

孟子谒见梁襄王,出来后告诉别人说:"远远望去,不像个国君的样子;挨近他,也看不出什么威严。突然问我:'天下如何才能安定?'我答道:'天下统一,才会安定。'他又问:'谁能统一天下?'我又答:'不好杀人的国君,就能统一天下。'他又问:'那有谁来跟随他呢?'我又答:'普天之下没有不跟随他的。您熟悉禾苗吗?七八月间天旱,禾苗就枯槁了。天上突然来了乌云,下起了大雨,禾苗又蓬勃生长起来。像这样,谁能阻挡?现在各国的君王,没有不好杀人的。如有一位不好杀人的,那么,天下的老百姓都会伸长着脖子来盼望他了。真像这样的话,百姓归附,好像水顺流而下,谁能阻挡?'"

---

① 鲍鹏山:《德性的力量》,《光明日报》2013年10月23日。

【评析】

梁襄王向孟子请教安定天下的方法。孟子以庄稼生长作比喻，认为君王应该像及时雨一样为即将干枯的庄稼送来喜雨，让庄稼蓬勃生长。在孟子看来，君王只有关心民生疾苦，让百姓主动归附，才能一统天下。

孟子把仁政视为君王赢得民心归附的关键，所以，"孟子仁政思想的主要内容是对百姓施仁，即从各方面给百姓以看得见的实际利益"①。从施仁政出发，最终落实到人伦教化，"孟子的仁政思想起始在于保存百姓生命，解决其生活温饱问题，其终则在于教育人民以人伦"②。孟子反对暴政，反对严刑峻法，反对喜欢杀人的君王，这种民本思想值得肯定，对于当代完善法制，关注民生，完善道德教育，也具有启发意义。

1.7 保民而王，天下可运于掌

【原文】

齐宣王问曰："齐桓、晋文之事可得闻乎？"

孟子对曰："仲尼之徒，无道桓文之事者，是以后世无传焉，臣未之闻也。无以，则王乎？"

曰："德何如则可以王矣？"

曰："保民而王，莫之能御也。"

曰："若寡人者，可以保民乎哉？"

曰："可。"

曰："何由知吾可也？"

曰："臣闻之胡龁曰，王坐于堂上，有牵牛而过堂下者，王见之，曰：'牛何之？'对曰：'将以衅钟。'王曰：'舍之！吾不忍其觳觫，若无罪而就死地。'对曰：'然则废衅钟与？'曰：'何可废也？以羊易之！'不识有诸？"

---

① 孟祥才：《先秦人物与思想散论》，上海古籍出版社 2019 年版，第 322 页。
② 郭齐勇：《中国哲学通史（先秦卷）》，江苏人民出版社 2021 年版，第 327 页。

曰:"有之。"

曰:"是心足以王矣。百姓皆以王为爱也,臣固知王之不忍也。"

王曰:"然;诚有百姓者。齐国虽褊小,吾何爱一牛?即不忍其觳觫,若无罪而就死地,故以羊易之也。"

曰:"王无异于百姓之以王为爱也。以小易大,彼恶知之?王若隐其无罪而就死地,则牛羊何择焉?"

王笑曰:"是诚何心哉?我非爱其财而易之以羊也,宜乎百姓之谓我爱也。"

曰:"无伤也,是乃仁术也,见牛未见羊也。君子之于禽兽也,见其生,不忍见其死;闻其声,不忍食其肉。是以君子远庖厨也。"

王说曰:"《诗》云:'他人有心,予忖度之。'夫子之谓也。夫我乃行之,反而求之,不得吾心。夫子言之,于我心有戚戚焉。此心之所以合于王者,何也?"

曰:"有复于王者曰:'吾力足以举百钧,而不足以举一羽;明足以察秋毫之末,而不见舆薪,则王许之乎?"

曰:"否。"

"今恩足以及禽兽,而功不至于百姓者,独何与?然则一羽之不举,为不用力焉;舆薪之不见,为不用明焉;百姓之不见保,为不用恩焉。故王之不王,不为也,非不能也。"

曰:"不为者与不能者之形何以异?"

曰:"挟泰山以超北海,语人曰:'我不能。'是诚不能也。为长者折枝①,语人曰:'我不能。'是不为也,非不能也。故王之不王,非挟泰山以超北海之类也;王之不王,是折枝之类也。老吾老,以及人之老;幼吾幼,以及人之幼。天下可运于掌。《诗》云:'刑于寡妻,至于兄弟,以御于家邦。'言举斯心加诸彼而已。故推恩足以保四海,不推恩无以保妻子。古之人所以大过人者,无他焉,善推其所为而已矣。今恩足以及禽兽,而功不至于百姓者,独何与?权,然后知轻重;度,然后知

---

① 折枝:《辞源》第二卷,商务印书馆 1980 年版,第 1224 页。"折枝"词条认为折枝有三说:1. 按摩;2. 折取树枝;3. 折腰,拜揖。笔者认为这里是"折取树枝"之意。

长短。物皆然，心为甚。王请度之。抑王兴甲兵，危士臣，构怨于诸侯，然后快于心与？"

王曰："否！吾何快于是？将以求吾所大欲也。"

曰："王之所大欲，可得闻与？"

王笑而不言。

曰："为肥甘不足于口与？轻暖不足于体与？抑为采色不足视于目与？声音不足听于耳与？便嬖不足使令于前与？王之诸臣皆足以供之，而王岂为是哉？"

曰："否！吾不为是也。"

曰："然则王之所大欲可知已，欲辟土地，朝秦楚，莅中国而抚四夷也。以若所为，求若所欲，犹缘木而求鱼也。"

王曰："若是其甚与？"

曰："殆有甚焉。缘木求鱼，虽不得鱼，无后灾。以若所为，求若所欲，尽心力而为之，后必有灾。"

曰："可得闻与？"

曰："邹人与楚人战，则王以为孰胜？"

曰："楚人胜。"

曰："然则小固不可以敌大，寡固不可以敌众，弱固不可以敌强。海内之地，方千里者九，齐集有其一。以一服八，何以异于邹敌楚哉？盖亦反其本矣。今王发政施仁，使天下仕者皆欲立于王之朝，耕者皆欲耕于王之野，商贾皆欲藏于王之市，行旅皆欲出于王之途，天下之欲疾其君者，皆欲赴诉愬于王。其若是，孰能御之？"

王曰："吾惽，不能进于是矣。愿夫子辅吾志，明以教我。我虽不敏，请尝试之。"

曰："无恒产而有恒心者，惟士为能。若民，则无恒产，因无恒心。苟无恒心，放辟邪侈，无不为已。及陷于罪，然后从而刑之，是罔民也。焉有仁人在位，罔民而可为也？是故明君制民之产，必使仰足以事父母，俯足以畜妻子，乐岁终身饱，凶年免于死亡，然后驱而之善，故民之从之也轻。今也制民之产，仰不足以事父母，俯不足以畜妻子；乐岁终身苦，凶年不免于死亡。此惟救死而恐不赡，奚暇治礼义哉？王欲行之，则盍反其本矣：五亩之宅，树之以桑，五十者可以衣帛矣。鸡豚狗彘之畜，无失其时，七十者可以食肉矣。百亩之田，勿夺其时，八口之家可以无饥矣。谨庠序之教，申之以孝悌之义，颁白者不负戴于道路矣。老者衣帛食肉，黎民不饥不寒，然而不王者，未之有也。"①

【译文】

齐宣王问："齐桓公、晋文公的事迹，您可以讲给我听吗？"

孟子说："孔子的门徒们没有谈到齐桓公、晋文公的事迹，所以后世没有流传，我也没听说过。如果要讲，就谈谈怎么实行王道吧！"

宣王问道："要多高的道德才能够实行王道呢？"

孟子说："通过保护百姓去实现王道，就没有人能够阻挡。"

宣王说："像我这样的人，可以保护百姓吗？"

孟子说："可以。"

宣王说："根据什么知道我可以呢？"

孟子说："我听胡龁说，您坐在殿堂上，有人牵着牛从殿下走过，您看见了就问：'牵牛到哪里去？'那人答道：'准备杀它来祭钟。'您说：'放了它吧！我不忍心看到它发抖的样子，好像没罪的却被置于死地一样'那人说：'那么，就不祭钟了吗？'您又说：'怎么可以废弃呢？用只羊来代替。'不知有无此事？"

宣王说："有的。"

孟子说："有这样的仁慈之心足以实行王道了。老百姓都以为您是舍不得，我当然知道您是不忍心的。"

宣王说："是这样，确实有这样想的百姓。齐国虽狭小，我怎么会舍不得一头牛？我只是不忍心看到它不停地发抖，就像没犯罪却被置于死地，所以才用羊来替换它。"

---

① 1.3 中有"五亩之宅，树之以桑，五十者可以衣帛矣；鸡豚狗彘之畜，无失其时，七十者可以食肉矣；百亩之田，勿夺其时，数口之家可以无饥矣。谨庠序之教，申之以孝悌之义，颁白者不负戴于道路矣。七十者衣帛食肉，黎民不饥不寒，然而不王者，未之有也。"在本章中，从"五亩之宅"到结尾"未之有也"这段话与 1.3 中的上述文字内容基本相同。区别之处在于：把 1.3 中的"数口之家"改为"八口之家"，把"七十者"改为"老者"。

　　孟子说："您不要奇怪百姓以为您舍不得。您用小的来换取大的，那些人怎么会清楚您的想法呢？您如果因为牛像没犯罪却被置于死地，那么牛和羊又有什么区别呢？"

　　宣王笑着说："这真是一种什么心理啊？我不是吝惜钱财才用羊来代替牛的，百姓说我舍不得也是理所当然的。"

　　孟子说："没什么损害，这正是行仁的做法，看见了牛，而没有看见羊。君子对待动物，看见它们活着可爱，不忍心看到它们死；听到它们的哀鸣，不忍心吃它们的肉，君子总是远离厨房，就是这个道理。"

　　宣王高兴地说："《诗经·小雅·巧言》说：'别人想的，我能猜到。'说的就是先生这样的人。我只是这样做了，再反躬自问，却不理解自己。经先生这么一说，对我心理有所触动。这种想法合于王道，又是为什么呢？"

　　孟子说："假如有个人向您报告说：'我能够力举三千斤，却举不起一根羽毛；我可以明察秋毫，却看不见一车柴草。'您同意这话吗？"

　　宣王说："不同意。"

　　孟子说："如今您的恩惠施于动物，却不能施于百姓，这是为什么呢？这样看来，一根羽毛都举不起，是不用力的缘故；一车柴草看不见，只是不认真看的缘故；老百姓得不到保护，是不肯施恩的缘故。所以，您没有实行王道，只是不肯做，不是做不到。"

　　宣王说："不肯做和做不到，具体有何不同呢？"

　　孟子说："把泰山夹在胳膊下跳过北海，告诉别人说：'我办不到。'这是真做不到。为老人折取树枝，告诉别人说：'我办不到。'这是不肯做，不是做不到。所以，您不实行仁政不是把泰山夹在胳膊下跳过北海一类，而是属于为老人折取树枝一类的。敬养我的老人，推及到敬养别的老人；护养我的孩子，推及到护养别人的孩子，治理天下就可以轻松掌握了。《诗经·大雅·思齐》说：'做妻子的榜样，扩展到兄弟，进而推广到整个国家。'就是说把这样的好想法扩展到其他方面就行了。所以广施恩惠于百姓，就足以保有天下；不施恩惠就连自己的妻子儿女都保护不了。古代的圣贤之所以远远地超过一般人，没有别的诀窍，只是他们善于扩展他们的好行为罢了。如今您的恩情足以扩展到动物，百姓却得不到好处，这是为什么呢？称一称，然后才知道轻重；量一量，才知道长短，什么东西都如此，人心更是这样。请您考虑一下。难道说，您兴师动众，危害将士，与别国结怨，这样做您心里就快乐了吗？"

宣王说："不，我为什么非要这样做才快乐呢？是追求我最大的愿望。"

孟子说："我可以听听您的最大愿望吗？"

宣王笑而不答。

孟子说："是美食不够吃吗？是轻暖的衣服不够穿吗？或者是鲜艳的色彩不够看吗？是音乐不够听吗？是宠臣不够您使唤吗？您的臣下都能满足您的这些需求。但是，您真的是因为这些吗？"

宣王说："不，我不是为了这些。"

孟子说："那么，您的最大愿望可以知道了。您是想要广辟疆土，让秦楚来朝，您是想要治理好华夏，安定周边的东夷、南蛮、北狄和西戎。以您这样的作为，来满足您这样的愿望，就好比爬到树上去抓鱼一样。"

宣王说："有这样严重吗？"

孟子说："恐怕比这更严重。爬上树去抓鱼，虽然抓不到，却没有灾祸。以您这样的作为，去满足您这样的愿望，殚精竭虑去干了，却还有灾祸在后头。"

宣王说："可以让我听听吗？"

孟子说："假设邹国和楚国打仗，您以为谁会胜利呢？"

宣王说："楚国会胜。"

孟子说："小国本来就敌不过大国，少数敌不过多数，弱国敌不过强国。现在华夏的土地，天下有千里方圆的国家有九个，齐国是其中之一。凭九分之一想征服九分之八，这跟邹楚之战有什么不同？为什么不从根本上解决问题呢？现在您如果能发布政令，实施仁政，使天下的士大夫都想为齐国效力，农民都想耕种齐国的土地，商人都想在齐国的市场经商，旅客都想奔走在齐国的道路，各国痛恨本国君主的人也都想到您这儿来倾诉。若能做到这样，又有谁能抵挡得住呢？"

宣王说："我头脑昏乱，不能达到这样的高度了；但希望先生支持我的志向，直接教导我。我虽不聪明，也不妨试一试。"

　　孟子说:"没有固定的产业而有恒定的信念,只有士人才能够做到。如果是一般百姓,就是因为没有固定的产业,也就没有恒定的信念。如果没有恒定的信念,就容易违法乱纪,胡作非为。等到犯了法,然后再惩罚他们,这是陷害百姓。哪有仁君在位,还陷害老百姓呢?所以英明的君主规定百姓必有一定的产业,一定要使他们上足以赡养父母,下足以抚养妻儿,丰年一年到头能吃饱饭,灾年也不至于饿死,然后教育百姓向善,老百姓就容易服从。现在规定百姓的产业,上不足以赡养父母,下不足以抚养妻儿;丰年一年到头困苦,灾年就难逃死亡。这时候生存都很困难,哪有时间学习礼义呢?您如果要施行仁政,可以从根本上着手。五亩地的宅院,院里种满桑树,五十岁以上的人就可以穿上丝绵衣了;鸡、狗和猪的畜养,不要耽误繁殖的时机,七十岁以上的人就可以有肉吃了;百亩耕地,不误农时,八口之家就可以不挨饿了。认真办好学校教育,注重孝悌义理的教化,须发斑白的老人就不用负重奔波生计了。七十岁以上的老人有丝绵衣穿,有肉吃,百姓不挨饿,不受冻,这样还不能使天下归服的,是从没有过的事。"

【评析】

　　孟子这一章提出"保民而王,莫之能御"等重要思想,表达了以民为本的仁政思想和王道思想。赵岐:"保,安也;御,止也。言安民则惠,黎民怀之,若此以王,无能止也。"[1] 孟子所说的"王道"也称"王政"。他认为"'王政'的根源是统治者的'仁',所以'王政'也称'仁政'。"[2]

　　齐宣王在与孟子的对话中,本来是想请教孟子关于齐桓公、晋文公如何图谋霸业的,但孟子提出"保民而王,莫之能御也"的思想,认为只要"老吾老,以及人之老;幼吾幼,以及人之幼""天下可运于掌。"孟子这一思想由己推人,恰恰是孔子"己所不欲,勿施于人"的有力补充,既然"己所不欲,勿施于人",那理所当然就应该"己欲施于人",

---

① 赵岐:《孟子赵注》,景宋蜀刻本,广西师范大学出版社2018年版,第28页。
② 冯友兰:《中国哲学史新编》上卷,中国画报出版社2020年版,第379页。

即"老吾老，以及人之老；幼吾幼，以及人之幼"，这对于建立良好的社会伦理道德，具有非常重要的价值。

孟子还非常注重人心向背，希望齐宣王能够达到孔子所说的"近者悦，远者来"的理想境界。为此，孟子从仕者、耕者、商贾和行旅四个阶层的角度出发，认为只要齐宣王实行仁政，这四个阶层的人分别会立于王之朝，耕于王之野，藏于王之市，出于王之途。孟子希望齐宣王以民为本，效法"先王"，实行"仁政"，可谓用心良苦。

孟子所处的时代正是战国争雄的历史时期，从长治久安的角度来看，最根本的是实行王道；从拓疆扩土的角度来看，主要还是依靠霸道，如同美国依靠武力实行霸权一样。因此，孟子"保民而王"虽然注意了君王的长久利益，但并非"富国强兵"的当务之急，客观上很难被齐宣王所接受。

孟子这一章还提出"能为"与"不为"的问题。孟子认为齐宣王不是不能实行仁政，而是不愿意实行仁政，他以"明足以察秋毫之末，而不见舆薪""挟泰山以超北海"和"为长者折枝"的比喻，很委婉地对齐宣王提出了批评。"一羽之不举，为不用力焉；舆薪之不见，为不用明焉；百姓之不见保，为不用恩焉。故王之不王，不为也，非不能也。"孟子批评了齐宣王"王之不王，不为也，非不能也。""能为"与"不为"的命题对于我们今天的人生哲学也具有启发意义。人生在世，只要是"能为"的，我们就竭尽全力去为，要下决心去做好；如果"能为"，但是"不为"，这就是人的主观意识出现了问题。

孟子这一章还分析了"恒产"与"恒心"的关系。他认为"无恒产而有恒心者，惟士为能。若民，则无恒产，因无恒心。苟无恒心，放辟邪侈，无不为已。及陷于罪，然后从而刑之，是罔民也"。孟子这段话揭示了精神对物质的反作用，肯定了物质对精神的重要影响，客观上符合马克思主义关于"经济基础决定上层建筑"和"上层建筑对经济基础具有积极的反作用"的基本原理。"无恒产而有恒心者，惟士为能"是说知识分子具有较高的精神修养，虽然没有恒产，但仍然能够有恒心，这在较大程度上体现了精神对物质的能动作用；相反，一般的老百姓因为没有恒产，可能就没有恒心了，而且很容易因为贫穷而走上违法乱纪的道路，这在较大程度上揭示了物质对精神的重要影响。《管子·牧民》说"仓廪实则知礼节，衣食足则知荣辱"，而孟子说"此惟救死而恐不赡，奚暇治礼义哉？"这与《管子》所说具有异曲同工之妙。

孟子这些思想对于现代社会治理也有很好的启示。关心民生，以人为本，遵循规律发展生产，让人们丰衣足食，只有这样，才能真正实现社会的和谐。

本章涉及的成语有："挟泰山以超北海""缘木求鱼""明察秋毫""不见舆薪"。

第二章

梁惠王下译评

【本章引语】

《梁惠王下》共 16 节。

2.1：孟子劝谏齐宣王要与民同乐，才能天下归心。"今王与百姓同乐，则王矣。"

2.2：孟子分析了周文王猎场受百姓欢迎的原因，劝谏齐宣王也要与民共享猎场。

2.3：孟子认为君王不能逞匹夫之勇，而是应该效仿古代先王，一怒而安天下之民。

2.4：孟子提出"乐民之乐者，民亦乐其乐；忧民之忧者，民亦忧其忧。乐以天下，忧以天下"，可谓范仲淹"先天下之忧而忧，后天下之乐而乐"一句的源头。

2.5：孟子引导齐宣王正确理解好财和好色，认为君王应该学会与民共享、与民同乐。

2.6：孟子运用层层推进、请君入瓮的思维方法，认为国家治理不好，君王要负责任。齐宣王"顾左右而言他"。

2.7：孟子阐述了国家发现人才、鉴别人才和任用人才过程中需要注意的问题。

2.8：孟子回答齐宣王关于"臣弑其君，可乎？"的问题，孟子认为诛杀独夫民贼，并非以下犯上，也不是以臣弑君，因为这里的"君"并非是贤君明主。

2.9：孟子认为，幼而学之，壮而行之，治国理政要用专业人士，君主不能越俎代庖。这一理念至今仍然具有积极的现实意义。

2.10、2.11：孟子提出讨伐别国时，要依据吊民伐罪的原则，而非攫取领土。倡导施仁政，他国百姓才能"箪食壶浆以迎王师"，如同久旱的庄稼欢迎及时雨一样高兴。

2.12：孟子这段对话深刻揭示了官员与百姓的关系，认为君行仁政，民亲其上。这对于我们正确认识和处理干群关系都具有重要参考价值。

2.13：孟子阐述了君王与百姓众志成城的卫国之道。

2.14：孟子倡导行仁政，做善事，泽被后世，后世子孙必有王者。

2.15：孟子阐释了仁人的从之者效应，与孔子所说"其身正，不令而行"可以媲美。

2.16：孟子阐释了兼听则明、偏信则暗的道理，启示我们要预防臧仓小人。

2.1　与民同乐，才能天下归心

【原文】

庄暴见孟子，曰："暴见于王，王语暴以好乐，暴未有以对也。"曰："好乐何如？"

孟子曰："王之好乐甚，则齐国其庶几乎！"

他日，见于王曰："王尝语庄子以好乐，有诸？"

王变乎色，曰："寡人非能好先王之乐①也，直好世俗之乐耳。"

曰："王之好乐甚，则齐其庶几乎！今之乐犹古之乐也。"

曰："可得闻与？"

曰："独乐乐，与人乐乐，孰乐？"

曰："不若与人。"

曰："与少乐乐，与众乐乐，孰乐？"

曰："不若与众。"

---

① 先王之乐：《乐记》曾经多处提及先王制乐，所言"先王"应该是指古代贤明的君王；乐，主要是指雅颂之乐。

"臣请为王言乐。今王鼓乐于此，百姓闻王钟鼓之声，管籥之音，举疾首蹙頞而相告曰：'吾王之好鼓乐，夫何使我至于此极也！父子不相见，兄弟妻子离散。'今王田猎于此，百姓闻王车马之音，见羽旄之美，举疾首蹙頞而相告曰：'吾王之好田猎，夫何使我至于此极也？父子不相见，兄弟妻子离散。'此无他，不与民同乐也。今王鼓乐于此，百姓闻王钟鼓之声，管籥之音，举欣欣然有喜色而相告曰：'吾王庶几无疾病与？何以能鼓乐也？'今王田猎于此，百姓闻王车马之音，见羽旄之美，举欣欣然有喜色而相告曰：'吾王庶几无疾病与？何以能田猎也？'此无他，与民同乐也。今王与百姓同乐，则王矣。"

【译文】

庄暴来见孟子，说："我去朝见齐宣王，齐宣王告诉我，他爱好音乐，我没能回答。"又说："爱好音乐怎么样？"

孟子说："齐宣王非常爱好音乐，齐国就会不错了。"

有一天，孟子谒见齐宣王，问道："您曾经告诉庄暴，说您爱好音乐，有这回事吗？"

齐宣王不好意思地说："我没能爱好先王的雅颂之乐，只是爱好世俗音乐罢了。"

孟子说："只要您很爱好音乐，那齐国就会不错了。世俗音乐与古代音乐是一脉相承的。"

齐宣王说："我可以听听这个道理吗？"

孟子说："一个人欣赏音乐快乐，与别人一起欣赏音乐也快乐，哪一种更快乐呢？"

齐王说："与别人一起欣赏更快乐。"

孟子说："与少数人欣赏音乐快乐，与多数人欣赏音乐也快乐，哪一种更快乐呢？"

齐王说："与多数人一起欣赏更快乐。"

孟子马上说："请让我为您谈谈音乐。如果您在这里奏乐，老百姓听到钟鼓之声、笙笛之音，大家都头痛而皱着眉头奔走相告：'我们国王这样爱好音乐，那为什么使我困苦到这样的境地呢？父子不能相见，兄弟妻儿流离失所。'如果您在这里打猎，老百姓听到车马的声音，看到仪仗的华丽，大家都头痛而皱着眉头奔走相告：'我们国王这样爱好打猎，为什么使我困苦到这样的境地呢？父子不能相见，兄弟妻儿流离失所。'这没有别的原因，就因为您只顾自己快乐，而不与大家共同快乐的缘故。如果您在这里奏乐，老百姓听到钟鼓之声、笙笛之音，全都眉开眼笑奔走相告：'我们国王大概很健康吧，要不怎么能够奏乐呢？'如果您在这里打猎，老百姓听到车马的声音，看到仪仗的华丽，全都眉开眼笑奔走相告：'我们国王大概很健康吧，要不怎么能够打猎呢？'这没有别的原因，只是因为您与百姓同乐罢了。如果你与百姓同乐，就可以使天下归服了。"

【评析】

对话中的"暴见于王"中的"暴"，是指齐国大臣庄暴；王，是指齐宣王。这段对话的缘由是由庄暴引起关于齐宣王喜欢音乐的话题。孟子见到齐宣王时问起齐王爱好音乐一事，然后通过因势利导，让齐宣王逐步认识到"独乐乐""与少乐乐"，都不如"与众乐乐"更乐的社会原因。

"先天下之忧而忧，后天下之乐而乐"是范仲淹《岳阳楼记》中的名句，体现了范仲淹忧国忧民的情怀。孟子这里倡导国王应该"与民同乐"，自觉把齐宣王个人的快乐与齐国的强盛结合起来，认为国王不应该只考虑个人的快乐，而是应该关心民生疾苦，让老百姓摆脱贫困，不再民不聊生，不再妻离子散。"孟子一生理想抱负在王政，王政核心是仁义，仁义落实为亲民。"① 换言之，只有当老百姓生活幸福了，作为一国之王，才能够真正快乐。

孟子"与民同乐"的思想对于现代社会治理也有积极的启示。社会要和谐稳定，必须解决人民的温饱问题，解决贫困问题，缩小贫富差别，走共同富裕的发展道路。以此为基础，大力发展公共文化事业，让广大人民群众共享发展成果。

本章包涉及的成语有："与民同乐""妻离子散"（妻子离散）。

---

① 张定浩：《孟子读法》，译林出版社 2020 年版，第 79 页。

2.2 民以为小与民以为大

【原文】

齐宣王问曰:"文王之囿方七十里,有诸?"

孟子对曰:"于传有之。"

曰:"若是其大乎?"

曰:"民犹以为小也。"

曰:"寡人之囿方四十里,民犹以为大,何也?"

曰:"文王之囿方七十里,刍荛者往焉,雉兔者往焉,与民同之。民以为小,不亦宜乎?臣始至于境,问国之大禁,然后敢入。臣闻郊关之内,有囿方四十里,杀其麋鹿者,如杀人之罪,则是方四十里为阱于国中。民以为大,不亦宜乎?"

【译文】

齐宣王问:"听说周文王有一处猎场方圆七十里,有这回事吗?"

孟子说:"史书上有记载。"

宣王说:"真有这么大吗?"

孟子说:"老百姓还嫌小呢。"

宣王说:"我的猎场方圆只有四十里,老百姓还嫌大了,为什么呢?"

孟子说:"文王的猎场方圆七十里,割草打柴的去,打猎的也去,和老百姓一道用。老百姓以为太小,不是很自然吗?我刚到齐国边界,先了解齐国的法规,然后才敢入境。我听说齐都郊外有方圆四十里的一个猎场,谁如果杀了麋鹿,就如同犯了杀人之罪。那么,这等于在国内挖了一个方圆四十里的大陷阱。百姓认为太大了,不是很自然吗?"

【评析】

周文王方圆七十里的猎场老百姓却嫌小,而齐宣王方圆四十里的猎场老百姓却嫌大。对此,齐宣王不明白是什么原因,因而向孟子请教。

孟子倡导民本思想，认为君王应该把民众的安危和利益放在重要位置上。孟子以事实为依据，以百姓需求作为判断是非的标准，分析周文王猎场受到百姓欢迎的原因，就在于老百姓是可以到周文王的猎场割草砍柴和狩猎的，而齐宣王的猎场却规定杀麋鹿如同犯杀人之罪。周文王的猎场是国王与老百姓共同使用的，所以即使方圆七十里的猎场，老百姓仍然嫌小；而齐宣王的猎场方圆只有四十里，是齐宣王专用，老百姓不能使用，因而嫌大。

孟子在与齐宣王对话中，围绕猎场大小问题，倡导以民为本，以百姓的需要和态度作为评判国王是非的重要标准，这是非常难能可贵的，这与前面谈到的"与民同乐"思想一脉相承。民本思想"也是中华传统文化中不可或缺的组成部分，伴随着社会几千年的发展，民本思想历久弥新，在当今社会仍然熠熠生辉"①。

2.3 一怒而安天下之民

【原文】

齐宣王问曰："交邻国有道乎？"

孟子对曰："有。惟仁者为能以大事小，是故汤事葛②，文王事昆夷③。惟智者为能以小事大，故太王事獯鬻④，勾践事吴⑤。以大事小者，乐天者也；以小事大者，畏天者也。乐天者保天下，畏天者保其国。《诗》云：'畏天之威，于时保之。'"

王曰："大哉言矣！寡人有疾，寡人好勇。"

对曰："王请无好小勇。夫抚剑疾视曰：'彼恶敢当我哉！'此匹夫之勇，敌一人者也。王请大之！《诗》云：'王赫斯怒，爰整其旅，以遏徂莒，以笃周祜，以对于天下。'此文王之勇也。文王一怒而安天下之

---

① 王炳瑶：《孟子民本思想的当代价值研究》，《汉字文化》2021 年第 19 期。
② 汤事葛：汤，指商汤；葛，是商汤时的一个小侯国。
③ 昆夷：周文王时北方的部族。
④ 獯鬻：周文王祖父周太王时北方的部族。
⑤ 勾践事吴：指越王勾践失败后侍奉吴王夫差，为其牵马坠镫。

民。《书》曰：'天降下民，作之君，作之师，惟曰其助上帝宠之。四方有罪无罪惟我在，天下曷敢有越厥志？'① 一人衡行于天下，武王耻之。此武王之勇也。而武王亦一怒而安天下之民。今王亦一怒而安天下之民，民惟恐王之不好勇也。"

【译文】

齐宣王问道："与邻国打交道有什么原则吗？"

孟子说："有的。只有仁爱的人才能以大国身份侍奉小国，所以商汤侍奉葛伯，文王侍奉昆夷。只有聪明的人才能以小国身份侍奉大国，所以太王侍奉獯鬻，勾践侍奉夫差。以大国身份侍奉小国的，是乐于接受天命的人；以小国身份侍奉大国的，是敬畏天命的人。乐行天命者能保有天下，敬畏天命者能保有本国。《诗经·周颂·我将》说：'敬畏上天的威灵，才能保佑天下。'"

宣王说："这话真伟大！不过，我有个毛病，就是好逞勇武。"

孟子说："请您不要喜好小勇。用手按着剑，瞪着眼睛说：'他怎么敢抵挡我呢？'这只是凡夫俗子的勇武，只能镇住一个人。希望您能把它扩大。《诗经·大雅·皇矣》说：'周文王一发怒，整顿军队，阻止侵莒的敌人，为周室带来福禄，以此报答天下人对他的期待。'这是周文王的勇武。周王一发怒就安定了天下百姓的生活。《尚书》说：'天生万民，为他们安排了君主，安排了师长，这些君主和师长只是为了帮助上天来爱护百姓。有罪者和无罪者，因为有我在。普天之下，谁敢违背天的意志？'一个人在世上横行霸道，武王认为是奇耻大辱。这就是武王的勇武。武王也一发怒就安定了天下百姓的生活。如果您是也一怒而安定天下的百姓，百姓还怕您不喜爱勇武呢！"

【评析】

在这段对话中，孟子针对齐宣王好勇这一特点，先后以周文王和周武王为例，说明好勇本身不是问题，关键是怎么好勇。周文王和周武王

---

① 杨伯峻先生认为这段话是《尚书》逸文，伪《古文尚书》采入《泰誓》上篇。

也都好勇，但他们的好勇包括两方面内容：一是好勇的主观动机不是个人争强斗狠，也不是个人的成败得失，而是为天下百姓的安定；二是周文王和周武王在好勇里面不是凭武力和蛮力有勇无谋的血气之勇和匹夫之勇，而是包含人生大智慧和大格局，是一怒而定天下的豪气、霸气与英气，也是一怒而定乾坤的雄才大略的彰显。

很显然，孟子反对争强斗狠的匹夫之勇。他认为齐宣王还停留在单纯好勇的层面，是匹夫之勇的"小勇"，而不同于周文王和周武王的好勇。因此，孟子启发齐宣王，希望他"亦一怒而安天下之民"。孟子区分了大勇与小勇："小勇是驱动性作用，聚焦于外在目标，体现于生理、情绪的变化，着眼于个体实践行为的展开，可通过自身的修养加以调整；大勇是保护性作用，聚焦于内在目标，采取理性、道德的特殊形式，着眼于高尚的品格和人性的完善，是道德主体战胜困难、臻于理想人格的基础。"[1]《国语·越语上》勾践说："吾不欲匹夫之勇也，欲其旅进旅退。进则思赏，退则思刑；如此，则有常赏。进不用命，退则无耻；如此，则有常刑。"说明勾践历经卧薪尝胆，他不希望自己是匹夫之勇，而是希望大勇，通过赏罚分明，激励下属，战胜强大的吴国。

关于好勇，历史上有两个典型案例。项羽力拔山兮气盖世，勇冠三军，但只是匹夫之勇，最终自刎乌江；古罗马皇帝康茂德也非常好勇，并时常到竞技场与角斗士或野兽搏斗，这也是匹夫之勇。孟子关于"好勇"的说法，启发一切管理者：管理是一种智慧，需要以人为本，而不是凭借管理者个人的好勇。

本章涉及的成语有："匹夫之勇"。

2.4 乐以天下，忧以天下

【原文】

齐宣王见孟子于雪宫。王曰："贤者亦有此乐乎？"

---

① 王晶：《"大勇"与"小勇"：孟子"勇"观念的哲学分析》，《孔子研究》2021 年第 2 期。

孟子对曰："有。人不得，则非其上矣。不得而非其上者，非也；为民上而不与民同乐者，亦非也。乐民之乐者，民亦乐其乐；忧民之忧者，民亦忧其忧。乐以天下，忧以天下，然而不王者，未之有也。昔者齐景公问于晏子曰：'吾欲观于转附、朝儛，遵海而南，放于琅邪，吾何修而可以比于先王观也？'晏子对曰：'善哉问也！天子适诸侯曰巡狩。巡狩者，巡所守也。诸侯朝于天子曰述职。述职者，述所职也。无非事者。春省耕而补不足，秋省敛而助不给。'夏谚曰：'吾王不游，吾何以休？吾王不豫，吾何以助？一游一豫，为诸侯度。'今也不然：师行而粮食，饥者弗食，劳者弗息。睊睊胥谗，民乃作慝。方命虐民，饮食若流。流连荒亡，为诸侯忧。从流下而忘反，谓之流；从流上而忘反，谓之连；从兽无厌，谓之荒；乐酒无厌，谓之亡。先王无流连之乐、荒亡之行。惟君所行也。'景公悦，大戒于国，出舍于郊。于是始兴发补不足。召大师曰：'为我作君臣相说之乐！'盖《徵招》《角招》是也。其诗曰：'畜君何尤？'畜君者，好君也。"

【译文】

齐宣王在他的别墅雪宫里接见孟子。宣王问道："贤人也有这种快乐吗？"

孟子说："有的。他们要是得不到这种快乐，就会非议他们的君王。得不到快乐就说君王的坏话，这是不对的；作为老百姓的君王不与老百姓一同享受快乐，也是不对的。把老百姓的快乐当作他自己快乐的，老百姓也会把他的快乐当作自己的快乐；把老百姓的忧愁当作自己忧愁的，老百姓也会把他的忧愁当作自己的忧愁。以天下万民之乐为乐，以天下万民之忧为忧，这样还不能使天下归服于他的，是从来没有的事。当年齐景公问晏子说：'我想到转附山和朝儛山去视察，然后沿着海岸南行，一直到琅邪，我应该怎样做才能比得上以前圣王贤君的巡游呢？'晏子答道：'问得好啊！天子到诸侯国去叫作巡狩。巡狩，就是巡视诸侯职守的意思。诸侯去朝见天子叫作述职。述职，就是报告分内工作的意思。这一切都是工作需要。春天巡视耕种，补助贫穷农户；秋天考察收获，补助缺粮农户。夏朝的谚语说：我王不出来游，我就劳作不休；我王不出来走，我的补助哪有？我王四处亮相，给诸侯树立榜样。现在就不是这样了：国王出巡，兴师动众，官吏四处筹粮。饥饿的人越发没饭吃，劳苦的人得不到休息。大家都侧目怒视，怨声载道，乃至奋起反抗。这样的出巡既违背天意，又损害百姓，大吃大喝，浪费粮食像流水一样。游山玩水没有节制，诸侯为此忧虑。顺流而下游玩，乐而忘返叫作流；溯流而上游玩，乐而忘返叫作连；打猎从不厌倦叫作荒；喝酒不知节制叫作亡。过去的圣王贤君没有这种流连的乐趣、荒亡的行为。您从事哪一种，您自己选择吧！景公听了很高兴，向全国发布命令，自己移居郊外，开仓救济穷人。景公又把乐官长叫来，对他说：'给我创作君臣同乐的乐曲！'这乐曲就是《徵招》《角招》，歌词说：'制止君主的非分之欲有什么不对呢？'帮助君主克制自己，就是爱护国君啊！"

【评析】

孟子这段与齐宣王的对话，以齐宣王所说的快乐为引子，以齐景公为例，论述了君王应该拥有什么样的快乐观，应该乐以天下，忧以天下。

孟子认为，老百姓得不到快乐就埋怨君王，这样做是不对的，但君王不与老百姓一同享受快乐，也是不对的。君王只有把老百姓的快乐当作自己的快乐，老百姓也会把他君王的快乐当作自己的快乐；君王只有把老百姓的忧愁当作自己的忧愁，老百姓也会把君王的忧愁当作自己的忧愁。孟子在分析的基础上，得出结论：君王以天下万民之乐为乐，以天下万民之忧为忧，这样才能实现真正的王道，使天下归服。

关于君王视察的问题，孟子从实事求是和关心民生的角度出发，认为君王视察不应兴师动众、劳民伤财，去游山玩水，让百姓怨声载道，而是应该从工作实际需要出发，通过视察了解百姓疾苦和困难，及时予以救助。齐景公听了孟子一番话，茅塞顿开，很受启发，虚心纳谏，自己移居郊外，开仓救济穷人，并下令让乐官长创作君臣同乐的乐曲。孟子讲这个故事的目的在于用齐景公的故事启发齐宣王，可谓分析透彻，阐述深刻。

本章涉及的成语有："流连忘返"。

2.5 好财与好色

【原文】

齐宣王问曰："人皆谓我毁明堂①，毁诸？已乎？"

孟子对曰："夫明堂者，王者之堂也。王欲行王政，则勿毁之矣。"

王曰："王政何得闻与？"

对曰："昔者文王之治岐也，耕者九一，仕者世禄，关市讥而不征，泽梁无禁，罪人不孥。老而无妻曰鳏，老而无夫曰寡，老而无子曰独，幼而无父曰孤。此四者，天下之穷民而无告者。文王发政施仁，必先斯四者。《诗》云：'哿矣富人，哀此茕独。'"

王曰："善哉言乎！"

曰："王如善之，则何为不行？"

王曰："寡人有疾，寡人好货。"

对曰："昔者公刘好货。《诗》云：'乃积乃仓，乃裹糇粮，于橐于囊。思戢用光。弓矢斯张，干戈戚扬，爰方启行。'故居者有积仓，行者有裹囊也，然后可以'爰方启行'。王如好货，与百姓同之，于王何有？"

王曰："寡人有疾，寡人好色。"

对曰："昔者太王②好色，爱厥妃。《诗》云：'古公亶父，来朝走马，率西水浒，至于岐下，爰及姜女，聿来胥宇。'当是时也，内无怨女，外无旷夫。王如好色，与百姓同之，于王何有？"

【译文】

齐宣王问道："别人都劝我拆掉明堂，到底是拆了呢，还是不拆？"

孟子说："明堂是君王实行教化的殿堂。您如果要实行王政，就不要

① 明堂：即"明政教之堂"，是古代帝王用于布政、祭祀的重要礼制建筑。

② 太王：这里指古公亶父。公亶父，姬姓，名亶（dǎn），又称周太王，上古周氏族的领袖，西伯君主，周文王祖父，周王朝的奠基人，在周人发展史上是一个上承后稷、公刘之伟业，下启文王、武王之盛世的关键人物，是一位具有远见卓识的政治家、改革家、军事家，历史上的著名贤王。

把它拆了。"

齐宣王说："实行王政的事，我可以听听吗？"

孟子说："从前周文王治理岐地，对农夫九分抽一征税，做官的人能世袭俸禄；关卡和市场只检查而不征税，任意捕鱼而没有禁令，犯罪不株连家属。老了没妻子的叫鳏夫，老了没丈夫的叫寡妇，没有儿女的老人叫孤独者，死了父亲的儿童叫孤儿。这四种人是世上最穷苦无依的人。周文王实行仁政，一定最先照顾这四种人。《诗经·小雅·正月》说：'有钱人生活真美好，可怜穷人无依无靠！'"

宣王说："这话说得真好！"

孟子说："您如果认为这话好，那为什么不实行呢？"

宣王说："我有个毛病，喜爱财物。"

孟子说："从前公刘也喜爱财物，《诗经·大雅·公刘》说：'粮食堆满仓，用来作干粮，还装满橐囊。百姓安居国威扬。箭上弦弓开张，金盾铁矛斧飞扬，浩浩荡荡向前方。'留在家里的人都有存粮，行军的人都有干粮，这样才能'浩浩荡荡向前方'。您如果喜爱财物，能跟百姓一道，对您实行王政有什么困难呢？"

齐宣王又说："我有个毛病，喜爱女色。"

孟子说："从前太王也喜爱女色，宠爱妃子太姜。《诗经·大雅·绵》说：'古公亶父清早骑马奔驰，沿着漆水西，来到岐山下，带着太姜，视察民众的住宅。'那个时代，没有嫁不出去的姑娘，也没有娶不到媳妇的单身汉。您如果喜爱女人，能跟老百姓一道，对您实行王政有什么困难呢？"

【评析】

在这段对话中，齐宣王问孟子是否拆明堂，引起孟子关于实行王政的话题。

孟子在对话中，高度赞扬了周文王实行王政的具体事实。周文王薄税赋，让老百姓随便捕鱼，对于犯罪者也不株连家属，非常关心鳏寡孤独这些特殊群体。齐宣王听了孟子讲周文王实行王政的故事，一方面表示赞赏，一方面又说自己有喜欢财物的毛病。孟子又引证了公刘的故事，从《诗经·大雅·公刘》中引经据典，赞扬了公刘与老百姓和战士一起分享财物的事实，希望齐宣王也能够像公刘一样实行王政。

齐宣王又说自己有喜欢美色的毛病。孟子又引用了古公亶父爱美色的故事，从《诗经·大雅·绵》中对古公亶父的描述中引经据典，说明古公亶父虽然宠爱妃子太姜，但并没有沉溺于美色，而是仍然关心民生疾苦。在古公亶父的时代，姑娘有归宿，青年有家室。因此，孟子劝谏齐宣王，您爱好美色，但是如果能够跟老百姓一道，这对您实行王政也是没有什么困难的。

2.6 国家治理不好，君王要负责任

【原文】

孟子谓齐宣王曰："王之臣，有托其妻子于其友而之楚游者，比其反也，则冻馁其妻子，则如之何？"

王曰："弃之。"

曰："士师不能治士，则如之何？"

王曰："已之。"

曰："四境之内不治，则如之何？"王顾左右而言他。

【译文】

孟子对齐宣王说："您有一个臣子把老婆孩子托付给朋友照顾，自己游楚国去了。等他回来的时候，他的老婆孩子却在挨饿受冻。这样的朋友，该拿他怎么办？"

王说："和他一刀两断。"

孟子说："司法长官不能约束他的下级，该拿他怎么办？"

齐宣王说："撤他的职！"

孟子说："国内治理得不好，那该怎么办？"

齐宣王一边扭头东张西望，一边转移话题。

【评析】

孟子与齐宣王在这段对话中，先后举了朋友失信和司法官失职的例子，齐宣王认为，对待失信的朋友，应该断交；对于失职的司法官，应该撤职。孟子接着问："四境之内不治，则如之何？"孟子沿着内在逻辑由小及大，由失信的朋友，再到失职的司法官，既然齐宣王认为应该与失信的朋友绝交，应该撤司法官的职，那么对于一个失职的君王而言，应该怎么办？这里已经不言自明了，即国家治理不好，君王要负主要责任。

孟子非常善于沿着自己的思路引导齐宣王思考，可谓请君入瓮，让齐宣王不但认同自己的观点，而且没有丝毫的退路。所以，对话的最后就是"王顾左右而言他"。这里很有趣的是，齐宣王认识到君王应该认识到国家治理的责任，但是真正让君王因为自己失职而处分自己，这恐怕是非常困难的事情。

2.7　发现人才、鉴别人才和任用人才

【原文】

孟子见齐宣王，曰："所谓故国者，非谓有乔木之谓也，有世臣之谓也。王无亲臣矣，昔者所进，今日不知其亡也。"

王曰："吾何以识其不才而舍之？"

曰："国君进贤，如不得已，将使卑逾尊，疏逾戚，可不慎与？左右皆曰贤，未可也；诸大夫皆曰贤，未可也；国人皆曰贤，然后察之；见贤焉，然后用之。左右皆曰不可，勿听；诸大夫皆曰不可，勿听；国人皆曰不可，然后察之；见不可焉，然后去之。左右皆曰可杀，勿听；诸大夫皆曰可杀，勿听；国人皆曰可杀，然后察之；见可杀焉，然后杀之。故曰，国人杀之也。如此，然后可以为民父母。"

【译文】

孟子谒见齐宣王，说："我们所说的'故国'，并不是说该国有高大

树木的意思，而是有世代功勋老臣的意思。您现在没有亲信的臣子了，过去所进用的今天都不知到哪儿去了。"

齐宣王问："我怎样去识别那些没才能的人从而放弃他呢？"

孟子说："国君选拔贤人，如非用不可，就要把卑贱者提拔到尊贵者之上，把疏远的人提拔到亲近者之上，这种事能不慎重吗？周围亲近的人都说某人好，还不能确定；各位大夫都说某人好，还不能确定；全国的人都说某人好，然后考察他；见到贤人，然后任用他。周围亲近的人都说某人不好，不要听信；各位大夫都说某人不好，不要听信；全国的人都说某人不好，然后考察他；发现他真的不行，再罢免他。周围亲近的人都说某人该杀，不要听信；各位大夫都说某人该杀，也不要听信；全国的人都说某人该杀，然后考察他；发现他真的该杀，再杀他。所以说，他是全国人杀的。这样，才能做百姓的父母。"

【评析】

这段对话充分表现了孟子关于人才发现、人才鉴别和人才任用的思想。

孟子认为，国家选拔人才和罢免人才都应该慎重，君王应该兼听则明，避免偏信则暗的局限性。在孟子看来，无论是君王周边亲近的人，还是一些大夫，这些人毕竟还只是少数，他们的意见不能完全反映对一个人的真实评价，有时也许是偏见，有时也许是为了个人或者集团利益而赞同或反对某一个人。基于此，君王要广开选才视野，多听听群众的意见。这段对话中的"国人"并非指全体国民，而是指大多数人民群众。"孟子思想中对所选人才的充分尊重和信任、对人才贤能与否的谨慎考察及其所体现出的一定的朴素民主色彩，则是值得我们参考借鉴的。"① 用我们现在常说的一句话来说，就是"群众的眼睛是雪亮的"。

实际上，我们在人才发现、人才鉴别和人才任用的重大问题上，人际之间的认知客观上受到两个因素的影响：一是信息不对称，即甲对乙的很多信息并不了解，而只是凭借先入为主的"前理解"，因而甲对乙

---

① 冯兵：《孟子论选才与用才》，《中国社会科学报》2020 年 11 月 17 日。

的认知判断未必正确；二是甲受到自己知识结构和能力结构的制约和影响，由于认知能力有限，对乙的判断也会发生错误。我们可以假设：如果让群众推荐人才，老百姓绝对不可能推荐管仲，而只有鲍叔牙力排众议，极力向齐桓公推荐管仲。由此可见，我们在人才发现、人才鉴别和人才任用问题上，既要坚持群众路线，尊重大多数，也要实事求是，对需要考察的对象进行全方位的整体性考察。

2.8　如何评价以臣弑"君"

【原文】

齐宣王问曰："汤放桀，武王伐纣，有诸？"

孟子对曰："于传有之。"

曰："臣弑其君，可乎？"

曰："贼仁者谓之'贼'，贼义者谓之'残'。残贼之人谓之'一夫'。闻诛一夫纣矣，未闻弑君也。"

【译文】

齐宣王问道："商汤流放夏桀，周武王讨伐商纣王，有这回事吧？"

孟子说："史书上有这样的记载。"

宣王说："臣子杀其君主，可以吗？"

孟子说："破坏仁爱的人叫作'贼'，破坏道义的人叫作'残'。残贼俱全的人，叫作'独夫'。我只听说过武王诛杀了独夫殷纣，没有听说过他以臣弑君。"

【评析】

在封建社会，臣子以下犯上，臣弑其君，这在君王看来是大逆不道的事情。在这段对话中，齐宣王问孟子，臣子可以杀自己的君王吗？孟子没有直接回答齐宣王的问话，而是先阐释什么是贼，什么是残，什么是独夫。在孟子看来，这三种人都是坏人。

值得注意的是，孟子这里暗含了一个预设：君王本身应该是实行仁政和王道的明君，应该是百姓的"父母"，而不是贼和残，更不是独夫。因此，按照孟子的内在逻辑，周武王杀的不是殷纣这个君王，而是杀了一个独夫，本质上是为民除害，不但无罪，也不是一般的以下犯上，而是替天行道，符合民心。因此，判断是否杀人，是否以下犯上，关键不是看杀人本身，而是应该看杀的人是谁。从这个角度来看，孟子的历史观和杀人观客观上体现了社会的发展进步，而不是就事论事，拘泥于杀人本身。

关于臣子以下犯上的问题，"在孟子看来，政治得失的标准完全在于是否符合民心的要求，一旦君王昏庸，政治腐败，庶民也有革命的权力"①。孟子在道义上肯定了被统治者反抗的权利，"肯定了被统治者的革命权。这在后来的中国封建社会中，对统治者起了一定的制约作用，在革命中起到鼓舞的作用"②。《尚书·泰誓下》："独夫受洪惟作威，乃汝世仇。"这里的"独夫"就是指商纣王。《尚书》也记载了讨伐商纣王的历史事实。实际上，在各国历史上，每当统治者从专制走向没落腐朽时，就会引起不同形式的社会革命，体现了社会发展兴衰的基本规律。

2.9 幼而学之与壮而行之

【原文】

孟子见齐宣王，曰："为巨室，则必使工师求大木。工师得大木，则王喜，以为能胜其任也。匠人斫而小之，则王怒，以为不胜其任矣。夫人幼而学之，壮而欲行之，王曰，'姑舍女所学而从我'，则何如？今有璞玉于此，虽万镒，必使玉人雕琢之。至于治国家，则曰，'姑舍女所学而从我'，则何以异于教玉人雕琢玉哉？"

① 复旦大学哲学系中国哲学史教研室编：《中国古代哲学史》上卷，上海古籍出版社2006年版，第63页。
② 冯友兰：《中国哲学史新编》上卷，中国画报出版社2020年版，第371页。

【译文】

孟子见齐宣王，说："建筑一幢大屋，就一定要派工师去寻找大树。工师找到了大树，君王就高兴，认为他能够胜任本职工作；如果木匠把木料砍小了，君王就会生气，认为他胜任不了本职工作。人从小学习一门专业，长大了就想用于实践。可是君王却对他说：'暂时放下你所学的，听从我的话吧！'那将如何呢？假如这里有一块没雕琢过的玉石，即使它非常值钱，也一定要请玉工来雕琢它。可是一到了治国理政，您却说：'暂时放下你所学的，听从我的话吧！'这跟您要教导玉工雕琢玉石，又有何不同呢？"

【评析】

人才学有一个原理叫作适才适所，即什么样的人才，就应该放到适合他的工作岗位上。"要使天下的士子高兴地到本国的朝廷来，需要做的是，尊重贤德的人而任用有能力的人，使才德出众的人各得其位。"① 孟子在与齐宣王的对话中，通过建筑房屋为例，说明辨别人才的重要性。

看木匠能否找到合适的木材，不仅要看木匠的眼光，而且还应该看现实中树木的实际情况。如果建造房屋需要大树，而现实中又有大树，那么木匠理所当然就应该找到大树；反之，如果现实中没有合适的大树，木匠也不能无中生有，因为巧妇难为无米之炊，不能脱离实际。

术业有专攻，行行出状元。在雕刻玉石这个问题上，玉石越是值钱，就越应该找最专业的玉工来雕琢。这里就需要专业水准，而不是个人的主观意志。所以，"人幼而学之，壮而欲行之"，这是对理论与实践相结合的具体阐释，也是孔子所说"学而时习之"的具体化。

本章涉及的成语有："幼而学，壮而行"。

---

① 马士远：《〈孟子〉校释译论》，山东人民出版社 2018 年版，第 97 页。

2.10 民心：箪食壶浆以迎王师

【原文】

齐人伐燕，胜之。宣王问曰："或谓寡人勿取，或谓寡人取之。以万乘之国伐万乘之国，五旬而举之，人力不至于此。不取，必有天殃。取之，何如？"

孟子对曰："取之而燕民悦，则取之。古之人有行之者，武王是也。取之而燕民不悦，则勿取。古之人有行之者，文王是也。以万乘之国伐万乘之国，箪食壶浆以迎王师，岂有他哉？避水火也。如水益深，如火益热，亦运而已矣。"

【译文】

齐国攻打燕国，取得了胜利。齐宣王问道："有些人劝我别兼并燕国，也有人劝我兼并它。以万辆兵车的国家去攻打另一个万辆兵车的国家，五十天就打下来了，光靠人力达不到这一目的。如果不去兼并，上天会降下灾害来。兼并它，怎么样？"

孟子说："如果兼并它，燕国百姓高兴，就兼并它。古人有这样做的，周武王就是个例子。如果兼并它，燕国百姓不高兴，就不要兼并它。古人有这样做的，周文王就是个例子。以一个万辆兵车的国家去攻打燕国这个万辆兵车的国家，燕国的百姓却用筐盛着饭，用壶盛着酒来欢迎您的军队，难道会有别的意思吗？只不过想躲开那水深火热之苦罢了。如果您使燕国百姓陷入更加水深火热之中，那燕国百姓也只会逃避而去的。"

【评析】

在军事史上，国与国之间的战争仅凭武力征服是不行的，必须赢得对方国家人民的拥护，才能真正赢得胜利。在这段对话中，针对齐国打败了燕国以后是否战占领燕国的问题，孟子回答了齐宣王的问话。孟子认为，打败燕国，不是为了占领燕国，而是给燕国百姓带来福祉，以燕国百姓的喜悦与否，来决定齐国的行为，让燕国的百姓从原有的困境中解放出来，不能让燕国百姓更加处于水深火热之中。"孟子理想中的天下状态乃是一个由一位圣人通过仁德而无需通过战争等强制性力量统治的、统一而没有国家边界的政治秩序状态。"[1] 在孟子看来，齐国只有对燕国实现仁政，燕国百姓才能够"箪食壶浆以迎王师"；相反，齐国仅仅只是占领燕国，如果仍对燕国实现暴政，燕国百姓就只能逃避甚至奋起反抗。

本章涉及的成语有："箪食壶浆""水深火热"（"如水益深，如火益热"）。

2.11　行仁政如降及时雨

【原文】

齐人伐燕，取之。诸侯将谋救燕。

宣王曰："诸侯将谋伐寡人者，何以待之？"

孟子对曰："臣闻七十里为政于天下者，汤是也。未闻以千里畏人者也。《书》曰：'汤一征，自葛始。'天下信之，东面而征，西夷怨；南面而征，北狄怨，曰：'奚为后我？'民望之，若大旱之望云霓也。归市者不止，耕者不变，诛其君而吊其民，若时雨降。民大悦。《书》曰：'徯我后，后来其苏。'今燕虐其民，王往而征之，民以为将拯己于水火之中也，箪食壶浆以迎王师。若杀其父兄，系累其子弟，毁其宗庙，迁其重器，如之何其可也？天下固畏齐之强也，今又倍地而不行仁政，是动天下之兵也。王速出令，反其旄倪，止其重器，谋于燕众，置君而后去之，则犹可及止也。"

【译文】

齐国讨伐燕国，吞并了它。别的国家在酝酿救助燕国。

---

① 崔华滨、贝淡宁：《墨子和孟子的战争伦理思想比较》，《文史哲》2021 年第 1 期。

宣王问道："许多国家正在酝酿要攻打我，要怎样对待呢？"

孟子说："我听说过，凭着方圆七十里土地最终号令天下的，商汤就是，还没听说过拥有方圆一千里土地而害怕别国的。《尚书》说过：'商汤第一次征伐，从葛国开始。'天下人都相信他，因此，出征东面，西方国家的百姓就不高兴；出征南面，北方国家的老百姓就不高兴，都说：'为什么把我们放到后面呢？'人们盼望他，就好像久旱盼望乌云和虹霓一样。做买卖的依然熙来攘往，种庄稼的照样埋头耕耘，因为他们知道这军队是来诛杀那暴虐的国君，是来抚慰那被残害的百姓的，就像降了场及时雨，所以百姓十分高兴。《尚书》又说：'盼望我们的君王，他来了，我们才活过来了！'如今燕国的君主虐待百姓，您去征伐他，那里的百姓认为您是要把他们从水深火热中拯救出来，因此都提着饭筐和酒壶来欢迎您的军队。如果您却杀掉他们的父兄，掳掠他们的子弟，毁坏他们的宗庙祠堂，搬走他们的传世宝器，这又怎么可以呢？天下各国本来就害怕齐国强大，如今齐国土地又扩大了一倍，而且还暴虐无道，这等于引发各国兴兵动武。您赶快发出命令，遣送回俘虏中的老幼者，停止掠夺燕国的贵重神器；与燕国人商量，选择一个燕国的君王，然后撤离燕国，就可以及时阻止各诸侯国攻打齐国。"

【评析】

这段对话的内容是紧接前面的对话进行的，针对别的国家准备救助燕国的问题，齐宣王请教孟子怎么办。孟子从实行王政的角度出发，认为燕国百姓认为自己的君王虐待百姓，而齐宣王率领齐国大军是来拯救燕国百姓的，所以燕国百姓"箪食壶浆以迎王师。"也就是说，在孟子看来，应该让燕国百姓认识到，齐国军队攻打燕国不是为占领燕国；而齐国军队也不能在燕国烧杀戮掠，而是应该遣送回俘虏中的老幼者，停止掠夺燕国的贵重神器，然后与燕国人商量，选择一个燕国新的君王来治理燕国。

孟子认为，只有赢得民心，实行王政，让燕国百姓感觉到齐国军队的到来，如同给久旱的百姓带来了及时雨一样。"儒家先贤以仁爱为出发点，以大同社会为最高目标，对政府组织等群体的起源、构建以及达到的目标等一系列问题进行了阐释，构建了一个王道理想社会。"① 孟子在回答齐宣王的问话以前，已经形成了自己对王道社会的理想愿景，并且自觉不自觉地用王道社会的理想愿景要求齐宣王行仁政，但这是齐宣王无法做到的。

孟子还以《尚书》为例，说明实行王政能够不战而胜的原理，即东西南北所有周边国家的百姓都希望有贤明的君王来管理自己的国家。《三国演义》诸葛亮七擒孟获，采取的就是征服民心的方式，蜀军对孟获的部族秋毫无犯，孟获最终心服口服，诸葛亮终于安定了蜀国南方边境。

2.12　君行仁政，民亲其上

【原文】

邹与鲁哄。穆公问曰："吾有司死者三十三人，而民莫之死也。诛之，则不可胜诛；不诛，则疾视其长上之死而不救，如之何则可也？"

孟子对曰："凶年饥岁，君之民老弱转乎沟壑，壮者散而之四方者，几千人矣；而君之仓廪实，府库充，有司莫以告，是上慢而残下也。曾子曰：'戒之戒之！出乎尔者，反乎尔者也。'夫民今而后得反之也。君无尤焉！君行仁政，斯民亲其上，死其长矣。"

【译文】

邹国和鲁国发生争斗。邹穆公问："我的官员死了三十三人，老百姓却没有人为官员而死。杀了他们吧，又杀不了那么多；不杀吧，又真恨他们眼看着长官被杀却不去救。该怎么办才好呢？"

孟子说："灾荒年景，您的百姓中年老的弃尸于沟壑之中，年轻力壮的四处逃难，这样的几乎有一千人了。而您的粮仓里堆满了粮食，库房里装满了财宝。官员谁也不来报告实情，造成了君王怠慢百姓而残害百姓的局面。曾子说：'警惕呀，警惕呀！你怎么对待人家，人家就怎样回

---

① 邓梦军：《政治哲学视域下孟子王道思想研究》，《孔子学刊》第十二辑。

报你呀！'百姓现在遇到报复的机会了，您不要责备他们吧！您如果实行仁政，百姓自然就会爱护他们的上级，情愿为他们的长官牺牲了。"

【评析】

邹穆公对于百姓不去救助官员，感到十分不解，因此产生了对百姓想杀又无法都杀的两难困境。孟子这段话非常形象地阐释了官员与百姓之间的关系，对于今天正确认识和处理干群关系，也不无启发。

官员如果平时脱离群众，不关心群众疾苦，即使灾荒年也不关心百姓的死活，老百姓"老弱转乎沟壑，壮者散而之四方者，几千人矣"。国库钱粮充足，官员却不赈灾，让老百姓流离失所，甚至死无葬身之地。可以预见，在这种情况下，官员在争斗过程中即使遇到危险，老百姓也会认为事不关己、高高挂起，只能当看客了。"得道的仁政爱民民爱之，失道的暴政害民民恨之。所以说，得道多助，失道寡助，是千古名言；得民心者得天下，是千古至理。"① 邹穆公不理解得道多助，失道寡助。孟子很明确地告诉邹穆公，"君行仁政，斯民亲其上，死其长矣"。

本章涉及的成语有："出尔反尔"（"出乎尔者，反乎尔者也"）。

2.13 君王与百姓众志成城

【原文】

滕文公问曰："滕，小国也，间于齐、楚。事齐乎？事楚乎？"

孟子对曰："是谋非吾所能及也。无已，则有一焉：凿斯池也，筑斯城也，与民守之，效死而民弗去，则是可为也。"

【译文】

滕文公问："滕国是一个小国家，夹在齐、楚中间。是跟随齐国呢，还是跟随楚国呢？"

---

① 郭庆祥：《浩然正道：孟子详解》，东方出版社 2014 年版，第 93 页。

孟子说："这个问题不是我的能力所能回答的。如您定要我说，就只有一个主意：修好护城河，筑牢城墙，您与百姓共同来守城，百姓宁愿死也不离去，这是可以做的。"

【评析】

这段对话客观上说明了小国介于大国之间的处境非常尴尬，因为无论跟随哪一国，都会得罪另一个大国。对此，滕文公向孟子请教，滕国是侍奉齐国还是楚国？

孟子在这个问题上表现出了非常谦虚的态度，没有告诉滕文公是侍奉齐国还是楚国，并且说"是谋非吾所能及"。孟子在这里向滕文公提出了一个具体的建议：让滕文公安排百姓修好护城河，筑牢城墙，然后与百姓共同来守城，这样百姓就会宁愿死，也不愿意离开滕国。

孟子这里所说的"与民守之，效死而民弗去"，蕴含了众志成城的内涵。《国语·周语下》："众心成城，众口铄金。"清代赵翼《拟老杜〈诸将〉》诗："众志成城百战场，直同疏勒守危疆。"由此可见，作为一个国家，国王如果能够与人民同仇敌忾，同心同德，就一定能够达到众志成城的良好效果。

2.14 苟为善，后世子孙必有王者

【原文】

滕文公问曰："齐人将筑薛，吾甚恐，如之何则可？"

孟子对曰："昔者大王居邠，狄人侵之，去之岐山之下居焉。非择而取之，不得已也。苟为善，后世子孙必有王者矣。君子创业垂统，为可继也。若夫成功，则天也。君如彼何哉？强为善而已矣。"

【译文】

滕文公问道："齐国人准备修筑薛邑的城池，我很害怕，怎么办才好呢？"

孟子说："从前周太王住在邠地，狄人来侵犯，他就到岐山下定居。他并不是主动选取了这个地方，完全是出于不得已。如果君主能实行仁政，后代子孙定会有成为帝王的。君子创立功业，正是为了能代代相传。至于成功，这就是天命。您能把齐人怎么样？只有努力实行仁政罢了。"

【评析】

这段话的核心是孟子引导滕文公实行仁政，而不要担心齐国修筑薛邑的城池。孟子接着以周太王主动迁徙为例，说明实行仁政必然能够得到百姓的支持，而且还能够泽被后世。君子通过建功立业，通过实行仁政，才能够代代相传。《孟子·公孙丑下》说："得道多助，失道寡助。"意思是说，君主施行仁政，支持帮助的人就多；君主不施行仁政，支持帮助的人就少。因此，孟子劝滕文公，认为滕文公不能把齐人怎么样，但可以努力实行仁政，赢得民心。谋事在人，成事在天。孟子认为，滕文公只需要实现仁政，与民同心，至于是否成功，还需要看天意。

本章涉及的成语有："创业垂统"。

2.15　仁人的从之者效应

【原文】

滕文公问曰："滕，小国也；竭力以事大国，则不得免焉，如之何则可？"

孟子对曰："昔者大王居邠，狄人侵之。事之以皮币，不得免焉；事之以犬马，不得免焉；事之以珠玉，不得免焉。乃属其耆老而告之曰：'狄人之所欲者，吾土地也。吾闻之也：君子不以其所以养人者害人。二三子何患乎无君？我将去之。'去邠，逾梁山，邑于岐山之下居焉。邠人曰：'仁人也，不可失也。'从之者如归市。或曰：'世守也，非身之所能为也。效死勿去。'君请择于斯二者。"

【译文】

滕文公问："滕是个小国，尽心竭力侍奉大国，仍然难免于祸害，怎么办才好呢？"

孟子说："从前周太王住在邠地，狄人来侵犯他。送去皮裘和布帛，不能免于侵扰；送去好狗名马，不能免于侵扰；送给珍珠宝玉，不能免于侵扰。周太王就召集邠地德高望重的老年人，向他们宣布：'狄人所要的，乃是我们的土地。我听说过这个：君子不让本来用以养人的东西成为祸害。你们何必担心没有君主呢？我要离开这里。'于是离开邠地，翻过梁山，在岐山之下重新建造城邑住了下来。邠地的老百姓说：'周太王是有仁德的人，我们不能失去他。'追随周太王的人像赶集的一样多。也有人说：'土地是祖宗传下世世代代必须守住的基业，不是我本人能擅自把它丢弃的，宁愿死，也不离开。'您可以在二者之中选择其一。"

【评析】

这一章内容与上一章内容基本相同。

孟子还是根据滕文公提出如何避免灾祸的疑问，以周太王为例，说明周太王为避免狄人的侵扰，宁可自己离开邠地，翻过梁山，迁徙到岐山之下重新建造房屋居住。周太王这种牺牲自我利益，以百姓利益为最高的价值取向的做法，深深感动了百姓。当百姓了解到事情真相的时候，都认为周太王是一个明君，是仁人，因而都愿意跟随周太王，做周太王的子民，"从之者如归市"。这充分说明得人心者得天下。孟子认为，"仁政"的"关键是要处理好君民关系。在他看来，民心向背是政治成败的关键"[①]。孟子用周太王这个历史事实，引导滕文公做仁人，行仁政，赢民心。

2.16　要预防臧仓小人

【原文】

鲁平公将出，嬖人臧仓者请曰："他日君出，则必命有司所之。今乘

---

① 程志华：《中国儒学史》上册，人民出版社2017年版，第21页。

舆已驾矣，有司未知所之，敢请。"

公曰："将见孟子。"

曰："何哉，君所为轻身以先于匹夫者？以为贤乎？礼义由贤者出；而孟子之后丧逾前丧。君无见焉！"

公曰："诺。"

乐正子入见，曰："君奚为不见孟轲也？"

曰："或告寡人曰：'孟子之后丧逾前丧。'是以不往见也。"

曰："何哉，君所谓逾者？前以士，后以大夫；前以三鼎，而后以五鼎与？"

曰："否。谓棺椁衣衾之美也。"

曰："非所谓逾也，贫富不同也。"

乐正子见孟子，曰："克告于君，君为来见也。嬖人有臧仓者沮君，君是以不果来也。"

曰："行，或使之；止，或尼之。行止，非人所能也。吾之不遇鲁侯，天也。臧氏之子焉能使予不遇哉！"

【译文】

鲁平公准备外出，他的宠臣臧仓来请示说："平日您外出，一定要告诉管事的人您到哪儿去。现在车马都预备好了，管事的人还不知道您要到哪儿去，因此我才冒昧来请示。"

鲁平公说："我要去拜访孟子。"

臧仓说："您降低身份先去拜访一个普通人，您以为他是贤德之人吗？礼义是由贤者制定的，而孟子办他母亲丧事的花销超过他从前办父亲丧事的花销。您不要去见他了吧！"

鲁平公说："好吧。"

乐正子入宫见鲁平公，问道："您为什么不去看孟轲呀？"鲁平公说："有人告诉我：'孟子办他母亲丧事的开销超过他以前办父亲丧事的开销。'所以不去看他了。"

乐正子说："您所说的'超过'是什么意思呢？是指父丧用士礼，母丧用大夫礼吗？是指父丧用三只鼎摆放祭品，而母丧用五只鼎摆放祭品吗?"

鲁平公说:"不,我指的是棺椁衣衾的精美。"

乐正子说:"那就不能叫'超过',只是前后贫富不同罢了。"

乐正子去见孟子,说:"我跟鲁君说了您,鲁君刚要来看您,可是有一个宠臣臧仓阻止了他,所以他没有来成。"

孟子说:"要干件事情,会有种力量在推动他;要想不干,也有种力量在阻止他。干与不干,不是单凭人力所能做到的。我不能和鲁侯见面,是由于天命。臧家那小子,怎能使我和鲁侯见不上面呢?"

【评析】

鲁平公:战国诸侯国鲁国君主之一,是鲁国第三十二任君主。据司马迁《史记》卷三十三记载的鲁周公世家,"平公十二年,秦惠王卒。二十年,平公卒,子贾立,是为文公。文公元年,楚怀王死于秦。二十三年,文公卒,子雠立,是为顷公。……鲁起周公至顷公,凡三十四世"。由此可见,鲁平公应该是鲁国第三十二任君主。乐正子:孟轲弟子,战国时鲁国人,鲁平公时执政。

这段对话介绍了鲁平公本来想拜访孟子,因为宠臣臧仓谗言,失去一次拜见孟子的机会。尊重知识,尊重人才,这是历代明君都应该做的事情。刘备三顾茅庐赢得了诸葛亮的辅佐,而鲁平公却因为臧仓所谓"君所为轻身以先于匹夫"的小人之见,竟然不再拜访孟子,这是非常愚蠢的。

这个故事也说明了兼听则明、偏信则暗的道理。《管子·君臣上》:"夫民别而听之则愚,合而听之则圣。"《资治通鉴·唐太宗贞观二年》:"上(唐太宗)问魏徵曰:'人主何为而明,何为而暗?'对曰:'兼听则明,偏信则暗。'"东汉思想家王符《潜夫论·明暗》:"君之所以明者,兼听也;其所以暗者,偏信也。"鲁平公片面听信臧仓之言,对孟子就不可能得出客观公正的评价。后来,人们就将拨弄是非、挑拨离间、造谣中伤、进谗害贤的人称为"臧仓小人"。

孟子这里"行,或使之;止,或尼之。行止,非人所能也。吾之不遇鲁侯,天也"一段话,也在一定程度上蕴含了"谋事在人、成事在天"的思想。"这样理解别人的障碍、拆台，有利于避开人与人之间的矛盾，把问题的根本归之于天，归之于命。"[1] 孟子这段话启发我们：一个人做事情是因为有动力，不做事情是因为有阻力，但无论是动力还是阻力，都不仅仅是个人主观意志和愿望所能够决定的，还有一些个人无法掌控的客观因素或偶然因素在影响着事情的发展。

本章涉及的成语有："臧仓小人"。

---

① 刘兆伟：《孟子译评》，中华书局 2011 年版，第 61 页。

第三章

公孙丑上译评

【本章引语】

《公孙丑上》共9节。

3.1：孟子提出"行仁政而王"的理想，行仁政，可以解民倒悬，事半功倍。

3.2：孟子提出著名的"我善养吾浩然之气"及其养气方法；要遵循规律，不能拔苗助长；高度赞扬孔子的出类拔萃。

3.3：孟子提出"以德服人"，孟子认为，以德服人，才能使人心悦诚服。

3.4：孟子提出了贵德、尊贤、尚能的治国方略。

3.5：孟子提出尊贤、使能、俊杰在位的思想。

3.6：孟子提出无恻隐、羞恶、辞让、是非之心为非人的观点。

3.7：孟子提出"术不可不慎"的观点，启发人们正确对待职业生涯设计。

3.8：孟子提出"君子莫大乎与人为善"的观点。

3.9：孟子论伯夷与柳下惠的异同。

3.1　行仁政而王，莫之能御

【原文】

公孙丑问曰："夫子当路于齐，管仲、晏子之功，可复许乎？"

孟子曰："子诚齐人也，知管仲、晏子而已矣。或问乎曾西曰：'吾子与子路孰贤?'曾西蹵然曰:'吾先子之所畏也。'曰:'然则吾子与管仲孰贤?'曾西艴然不悦,曰:'尔何曾比予于管仲? 管仲得君,如彼其专也;行乎国政,如彼其久也;功烈,如彼其卑也。尔何曾比予于是?'"

曰:"管仲,曾西之所不为也,而子为我愿之乎?"

曰:"管仲以其君霸,晏子以其君显。管仲、晏子犹不足为与?"

曰:"以齐王,由反手也。"

曰:"若是,则弟子之惑滋甚! 且以文王之德,百年而后崩,犹未洽于天下;武王、周公继之,然后大行。今言王若易然,则文王不足法与?"

曰:"文王何可当也? 由汤至于武丁,贤圣之君六七作,天下归殷久矣,久则难变也。武丁朝诸侯,有天下,犹运之掌也。纣之去武丁未久也,其故家遗俗,流风善政,犹有存者;又有微子、微仲、王子比干、箕子、胶鬲,皆贤人也,相与辅相之,故久而后失之也。尺地,莫非其有也;一民,莫非其臣也;然而文王犹方百里起,是以难也。齐人有言曰:'虽有智慧,不如乘势;虽有镃基,不如待时。'今时则易然也:夏后、殷、周之盛,地未有过千里者也,而齐有其地矣;鸡鸣狗吠相闻,而达乎四境,而齐有其民矣。地不改辟矣,民不改聚矣,行仁政而王,莫之能御也。且王者之不作,未有疏于此时者也;民之憔悴于虐政,未有甚于此时者也。饥者易为食,渴者易为饮。孔子曰:'德之流行,速于置邮而传命。'当今之时,万乘之国行仁政,民之悦之,犹解倒悬也。故事半古之人,功必倍之,惟此时为然。"

【译文】

公孙丑问:"您如果在齐国当权,管仲、晏子的功业可以复兴吗?"

孟子说:"你真是个齐国人,仅知道管仲、晏子而已。曾经有人问曾西:'您和子路相比,谁强些?'曾西不安地说:'他是先父所敬畏的人。'那人又问:'那么,您和管仲相比,谁强些?'曾西变了脸色不高兴地说:'你为什么竟把我和管仲相比? 管仲得到君上的信赖是那样专一,操持国家的大政是那样长久,而功绩却微不足道。你为什么竟把我和他相比?'"

孟子说:"管仲是曾西不愿相比的人,而你以为我愿意学他吗?"

公孙丑说:"管仲使桓公称霸天下,晏子使景公名扬诸侯。管仲、晏子难道还不值得学习吗?"

孟子说:"以齐国来统一天下,易如反掌。"

公孙丑说:"这样一来,我的疑惑就更深了。像文王那样的德行,活了百年才崩殂,还没有在天下都实行德政;武王、周公继承了他的事业,然后才推行了王道。现在您把统一天下说得那么容易,那么,文王也不值得效法了吗?"

孟子说:"文王谁又能比得上呢? 从汤到武丁,贤明之君兴起多达六七次,天下的人归服殷朝已经很久了,时间一久就很难转变。武丁使诸侯来朝并治理天下,犹如掌中玩物一样。纣王的年代距武丁并不久,传统的好家风、好习俗和好的管理方法还有所保存,又有微子、微仲、比干、箕子、胶鬲,都是贤德之人,共同辅佐他,所以历经长久才亡国。当时,没有一尺土地不是纣王所有,没有一个百姓不是纣王臣属,即使这样,文王也是凭着方圆一百里的土地而兴旺发达,所以是非常困难的。齐国有句俗话:'即使很聪明,还须趁势而起;即使有锄头,还得等待农时。'现在要推行王政,就很容易了:即使在夏、商、周最兴盛的时候,国土也没有超过方圆一千里的,现在齐国却有辽阔的国土;鸡鸣狗叫,此起彼伏,处处相闻,一直传到四方边境,齐国有这样稠密的人口了。国土不必再开拓了,百姓也不必再增加了,只要实行仁政统一天下,就没有谁阻止得。何况很久没有出现贤明君主了,老百姓被暴政所摧残折磨,也从来没有这样厉害过。老百姓饥不择食,渴不择水。孔子说过:'德政的流行,比设置驿站传达政令还迅速。'如今这个时代,拥有万辆兵车的大国实行仁政,老百姓欢迎它,犹如倒挂的人被解救了一样。所以,用古人一半的事功,必将完成两倍于他们的伟业,也只有当今这个时代才行。"

【评析】

公孙丑:战国时期齐国人,孟子弟子。曾西:字子西,鲁国人,曾参之子。子路:仲由,字子路,鲁国人,孔子的著名弟子。

这段话内容比较丰富,仍然表现了孟子的王道和仁政思想。公孙丑问孟子如果在齐国掌权,是否就能够复兴管仲和晏子的功业,公孙丑的问话不符合孟子的心理预期。因为管仲的功业是以王道与霸道相结合的产物，而孟子则注重王道，施仁政，因此，孟子无论如何在齐国掌权，也是不可能复兴管仲的功业的。

在本章中，孟子还引用了齐人的话："虽有智慧，不如乘势；虽有镃基，不如待时。"这段话很有智慧，它启发我们，要取得事业成功，不仅要具有主观的智慧，而且还需要抓住机遇。这里的"乘势"，就是利用外在机遇，乘势而起；"虽有镃基，不如待时"也说明了尊重客观规律的重要性。

孟子认为，君王需要贤人辅佐，但是，如果君王本身是昏君暴君，即使再有贤人辅佐，也很难维持国运长久。孟子这里用商纣王为例，说明了这个非常深刻的道理。历史上，商纣王奢侈腐化，残暴专制，杀忠臣，杀谏臣，剖心挖肝，贤人无用武之地，最终必然导致毁灭。

这一章还包含了古代很多成语，充满了语言的魅力，如"以齐王，由反手也"是"易如反掌"的来源；"民之悦之，犹解倒悬也"是"解民倒悬"的来源；"饥者易为食"是"饥不择食"的来源；"故事半古之人，功必倍之"是"事半功倍"的来源；成语"鸡犬相闻"最早出于《老子》："甘其食，美其服，安其居，乐其俗。邻国相望，鸡犬之声相闻，民至老死不相往来"。本章中的"鸡鸣狗吠相闻"比老子的"鸡犬之声相闻"更加具体形象，也是"鸡鸣狗吠"的来源。

3.2 浩然之气与孔子出类拔萃

【原文】

公孙丑问曰："夫子加齐之卿相，得行道焉，虽由此霸王，不异矣。如此，则动心否乎？"

孟子曰："否。我四十不动心。"①

曰："若是，则夫子过孟贲远矣。"

---

① 《论语·为政篇》载孔子曰："吾十有五而志于学，三十而立，四十而不惑，五十而知天命，六十而耳顺，七十而从心所欲不逾矩。"孟子这里指自己四十岁已经没有困惑了，不再受外在事物的困扰。

曰："是不难，告子先我不动心。"

曰："不动心有道乎?"

曰："有。北宫黝之养勇也，不肤桡，不目逃；思以一豪挫于人，若挞之于市朝；不受于褐宽博，亦不受于万乘之君；视刺万乘之君，若刺褐夫；无严诸侯，恶声至，必反之。孟施舍之所养勇也，曰：'视不胜犹胜也；量敌而后进，虑胜而后会，是畏三军者也。舍岂能为必胜哉? 能无惧而已矣。'孟施舍似曾子，北宫黝似子夏。夫二子之勇，未知其孰贤，然而孟施舍守约也。昔者曾子谓子襄曰：'子好勇乎? 吾尝闻大勇于夫子矣：自反而不缩，虽褐宽博，吾不惴焉；自反而缩，虽千万人，吾往矣。'孟施舍之守气，又不如曾子之守约也。"

曰："敢问夫子之不动心与告子之不动心，可得闻与?"

"告子曰：'不得于言，勿求于心；不得于心，勿求于气。'不得于心，勿求于气，可；不得于言，勿求于心，不可。夫志，气之帅也；气，体之充也。夫志至焉，气次焉。故曰：'持其志，无暴其气。'"

"既曰：'志至焉，气次焉。'又曰：'持其志，无暴其气。'何也?"

曰："志壹则动气，气壹则动志也。今夫蹶者趋者，是气也，而反动其心。"

"敢问夫子恶乎长?"

曰："我知言，我善养吾浩然之气。"

"敢问何谓浩然之气?"

曰："难言也。其为气也，至大至刚，以直养而无害，则塞于天地之间；其为气也，配义与道；无是，馁也。是集义所生者，非义袭而取之也。行有不慊于心，则馁矣。我故曰，告子未尝知义，以其外之也。必有事焉，而勿正；心勿忘，勿助长也，无若宋人然。宋人有闵其苗之不长而揠之者，芒芒然归，谓其人曰：'今日病矣! 予助苗长矣!'其子趋而往视之，苗则槁矣。天下之不助苗长者寡矣。以为无益而舍之者，不耘苗者也；助之长者，揠苗者也。非徒无益，而又害之。"

"何谓知言?"

曰："诐辞知其所蔽，淫辞知其所陷，邪辞知其所离，遁辞知其所穷。生于其心，害于其政；发于其政，害于其事。圣人复起，必从吾言矣。"

"宰我、子贡善为说辞，冉牛、闵子、颜渊善言德行。孔子兼之，曰：'我于辞命，则不能也。'然则夫子既圣矣乎？"

曰："恶！是何言也？昔者子贡问于孔子曰：'夫子圣矣乎？'孔子曰：'圣则吾不能，我学不厌而教不倦也。'子贡曰：'学不厌，智也；教不倦，仁也。仁且智，夫子既圣矣。'夫圣，孔子不居。是何言也？"

"昔者窃闻之：子夏、子游、子张皆有圣人之一体，冉牛、闵子、颜渊则具体而微，敢问所安？"

曰："姑舍是。"

曰："伯夷、伊尹何如？"

曰："不同道。非其君不事，非其民不使；治则进，乱则退，伯夷也。何事非君，何使非民；治亦进，乱亦进，伊尹也。可以仕则仕，可以止则止，可以久则久，可以速则速，孔子也。皆古圣人也，吾未能有行焉；乃所愿，则学孔子也。"

"伯夷、伊尹于孔子，若是班乎？"

曰："否；自有生民以来，未有孔子也。"

曰："然则有同与？"

曰："有。得百里之地而君之，皆能以朝诸侯，有天下；行一不义，杀一不辜，而得天下，皆不为也。是则同。"

曰："敢问其所以异。"

曰："宰我、子贡、有若，智足以知圣人，汙不至阿其所好。宰我曰：'以予观于夫子，贤于尧、舜远矣。'子贡曰：'见其礼而知其政，闻其乐而知其德①，由百世之后，等百世之王，莫之能违也。自生民以来，未有夫子也。'有若曰：'岂惟民哉？麒麟之于走兽，凤凰之于飞鸟，泰山之于丘垤，河海之于行潦，类也。圣人之于民，亦类也。出于其类，拔乎其萃。自生民以来，未有盛于孔子也。'"

----

① 见其礼而知其政，闻其乐而知其德：子贡这里所说的"见其礼"，是指孔子见到一个地方的礼制，就可以从中了解这里的政治和社会治理情况；"闻其乐"，是指孔子听见一个地方的音乐，就可以从中了解这里的道德教化。这里的"礼"和"乐"并非指孔子自己的礼乐。《乐记·乐言》："使亲疏贵贱长幼男女之理，皆形见于乐。"

【译文】

公孙丑问："老师您如果当上齐国的卿相，能够实行王道，即使从此而成就霸业、王业，也是不足为奇的。果然能这样，您是否动心呢？"

孟子说："不，我四十岁就不再动心了。"

公孙丑说："像这样看来，老师比孟贲强多了。"

孟子说："这个不难，告子不动心比我还早。"

公孙丑说："不动心有方法吗？"

孟子说："有。北宫黝培养勇气的方法是肌肤被刺不退缩，眼睛被刺也不眨。他以为受了一点挫折，就如同大庭广众中遭鞭挞一样。既不能忍受卑贱之人的侮辱，也不能忍受大国君主的侮辱。他看待刺杀大国君主如同刺杀卑贱之人一样，对各国的君主毫不畏惧，挨了骂就一定回怼。孟施舍说自己培养勇气的方法是：'我看待不能战胜的敌人，跟看待足以战胜的敌人一样。如果先估量敌人的力量这才进攻，先考虑胜败这才交战，是害怕强敌大军的人。我岂能做到遇敌必胜呢？能做到无所畏惧罢了。'孟施舍像曾子，北宫黝像子夏。这两个人的勇气，我不知道谁更胜一筹，即使这样，孟施舍比较得到要领。从前曾子对子襄说：'你喜欢勇敢吗？我曾经从我的先生那里听到过什么叫'大勇'：反躬自问，自己没有理，对方即使是最下贱的人，我也不去恐吓他；反躬自问，自己有理，即使有千军万马，我也勇往直前。'孟施舍具有无所畏惧的气概，但比不上曾子更加能够得到要领。"

公孙丑说："我冒昧地问问，先生您的不动心和告子的不动心，可以让我听听吗？"

孟子说："告子曾说：'言语上看不出有善意，就不管他心里头如何有善意；心里头看不出有善意，就不管他意气感情上如何有善意。'心里头看不出有善意，就不管他意气感情上如何有善意，是对的；言语上看不出有善意，就不管他心里头如何有善意，这不对。因为心中的意志统帅着意气感情，意气感情充斥体内。心中意志是最主要的，意气是第二位的。所以说：'要坚定心中意志，不要伤害意气。'"

公孙丑说："您既然说，'心中意志是最主要的，意气是第二位的'，可是您又说：'要坚定心中意志，也不要阻碍意气。'这是为什么呢？"

孟子说："心志闭塞就会激动气，气不畅就会激动心志。跌倒和奔跑会影响到气的运行，反过来也会影响到心志的波动。"

公孙丑问道："请问，先生擅长哪一方面？"

孟子说："我可以辨别语言，还善于培养我的浩然之气。"

公孙丑问："请问，什么是'浩然之气'呢？"

孟子说："很难讲清楚。它作为一种气，最浩大，最刚强。用义去培养它，使它不受伤害，就会充溢于天地之间。这种气与义和道结合在一起；缺乏义和道，气就泄了。这种气是由义积蓄产生的，不是由义取而代之的。只要做亏心的事，这种气就泄了。所以我说，告子是不懂义的，因为他把它看作心外之物。一定要培养义，但不能为培养而培养；心里不要忘记义，但不要拔苗助长，不要像宋国人那样。宋国有一个担心禾苗生长不快而去拔高的人，疲倦地回到家，对家人说：'今天累坏了！我帮助禾苗生长了！'他儿子跑去一看，禾苗都枯槁了。其实天下不拔苗助长的人是很少的。认为没好处而放弃不干的，就是不锄草的懒汉；拔高庄稼的人，就是拔苗助长的人，不但没有好处，反而毁坏了庄稼。"

公孙丑问："怎么才能辨别语言？"

孟子说："片面的话我知道它哪里片面，过分的话我知道它哪里有失误，不合正道的话我知道它哪里背离了正道，理屈词穷的话我知道它哪里没道理。这四种话从思想中产生，就会危害政事；如果由执政者说出，就会危害具体工作。如果圣人再出现，也一定认同我这话的。"

公孙丑说："宰我、子贡善于辞令，冉牛、闵子、颜渊善于传授德行，孔子兼而有之，却依然说：'我在辞令方面，无所作为。'那么，您已经是位圣人了吗？"

孟子说："哎呀！这叫什么话！从前子贡问孔子说：'先生已经是圣人了吗？'孔子说：'圣人我做不到；我不过学习不知厌倦，教人不知疲倦罢了。'子贡：'学习不知厌倦，这是智；教人不知疲倦，这是仁。仁而且智，先生已经是圣人了。'圣人，孔子都不自居，这叫什么话呢？"

公孙丑说："从前我曾听说：子夏、子游、子张都各有圣人的一些长处；冉牛、闵子、颜渊基本具备了圣人的品行，却不如他那样博大精深。请问老师，您属于哪一类？”

孟子说：“暂且不谈他们。”

公孙丑问：“伯夷和伊尹怎么样？”

孟子说：“他俩人生态度不同。不是他所理想的君主，他不去服事；不是他所理想的百姓，他不去管辖；天下太平就出仕，天下混乱就隐居，伯夷就是如此。什么样的君主都可以侍奉，什么样的百姓都可以管辖；天下太平就积极进取，天下混乱也积极进取，伊尹就是如此。应该出仕就出仕，应该辞职就辞职，应该持续做就持续做，应该马上走就马上走，孔子就是如此。他们都是古代的圣人，可惜我没有做到。我所希望的，就是学习孔子。”

公孙丑问：“伯夷、伊尹与孔子都是一样的吗？”

孟子说：“不。自有人类以来，没有比得上孔子的。”

公孙丑又问：“那么，他们三人有相同的地方吗？”

孟子说：“有。得到方圆一百里的土地而为国君，他们都能够使诸侯来朝，一统天下；做一件不义之事，杀一个无辜之人，就能得到天下，他们都不会做的。这就是他们相同的地方。”

公孙丑说：“请问，他们不同的地方又在哪里呢？”

孟子说：“宰我、子贡、有若三人，他们的聪明才智足以了解圣人，不至于阿谀奉承他们所尊敬的人。宰我说：‘以我来看老师，比尧、舜都强多了。’子贡说：‘看见一国的礼制，就了解它的政治；听到一国的音乐，就知道它的德教。从现在到百代以后，衡量这百代君王的标准都不能违背孔子之道。自有人类以来，没有人能够比得上他老人家的。’有若说：‘难道只有百姓如此吗？麒麟相比于走兽，凤凰相比于飞鸟，泰山相比于土堆，河海相比于溪涧，都算是同类。圣人相比于百姓，也是同类。虽然他来自民间，却远高出大众。自有人类以来，还没有比孔子更伟大的。’”

【评析】

孟贲：战国时秦国著名的武士。北宫黝：战国时齐国著名的武士。

这一章对我们的启发主要有以下几点：

第一，如何评价勇敢。在对话中，孟子分析了北宫黝之勇和孟施舍之勇的不同，认为北宫黝之勇主要是匹夫之勇，是一个纯粹的武士；孟施舍之勇与北宫黝相比，遇到任何强敌，都无所畏惧；认为孟施舍像曾子，北宫黝像子夏。孟子这里还评价了曾子，认为真正的勇敢是"大勇"，即通过反思自我，不仗势欺人，只要掌握了正义，即使对方有千军万马，也要勇往直前。孟子这里评价几个人的勇敢，客观上也为下面自己阐述浩然之气做了铺垫。

第二，关于浩然之气。焦循认为"云至大至刚者正直之气者，惟正直，故刚大"①。"孟子提出了一整套存心、养心的方法，而养浩然之气，则是其最高境界。"② 孟子这一章明确阐明了"我善养吾浩然之气"的观点，阐释了心志与生命之气的关系，对于修身养性，历练人格，具有非常重要的启发意义。在中国传统文化中，关于"气"，主要有以下几个含义：一是宇宙之气，最初是指云气和山川之气；二是进而泛指一切自然生命之气；三是特指人的生命之气；四是进一步指向体现内在生命的精神之气；五是体现在文学作品中的生气。孟子这里提出的"浩然之气"，是包含了人的肉体生命之气和内在精神生命之气的有机统一。作为肉体的生命之气，浩然之气"至大至刚"，"则塞于天地之间"；作为浩然之气的精神生命之气，浩然之气的内涵是生命之气融合了"义与道"。从人生修行的角度来看，这种浩然之气实际上也就是《孟子·滕文公下》所说的"富贵不能淫，贫贱不能移，威武不能屈，此之谓大丈夫"。孟子以"气"来突破人的身形局限，"统一人的身心，最终以工夫论的方式，导向对道的追求与信仰，使德性生命具有了真实的意义与体证。孟子气论中所表达出的身体哲学意蕴，既关注了作为个体之基础的身形要素，同时又突破了人身的局限性，使儒家的心性工夫，落实在向外的实践层面上"③。朱熹《孟子集注·孟子序说》引程子曰："孟子性善、养气之论，皆前圣所未发。"李存山先生认为，"性善"是儒家的人性

---

① 焦循：《孟子正义》上，中华书局 2017 年版，第 216 页。
② 刘培桂主编：《孟子志》，山东人民出版社 2009 年版，第 3 页。
③ 袁晓晶：《以气养身：孟子的气论与身体》，《中国儒学》2020 年第 15 辑。

论，而"养气"则属于儒家的工夫论。"在孟子的思想中，性善论与工夫论是密切结合在一起的。"① 这里特别需要注意的是，孟子非常注重浩然之气的修养，认为修身养性，培养道义，要遵循浩然之气的内在规律，不能拔苗助长，这对于我们现在的素质教育和人才培养，也具有非常重要的参考价值。我们在日常的语言中，常会说到理直气壮、理屈词穷。其中也蕴含着气的正义性。关于"浩然之气"，虽然"孟子讲得有些夸张和神秘"②，但不能说孟子浩然之气的学说，"是给宗教思想保留地盘。孟子作为新兴地主阶级的代言人，他对自己阶级的前途充满了信心，不免夸大了人的主观能动作用，认为只要想到的就能做到。他讲到精神修养，主观世界，就信心百倍"③。任继愈先生是哲学界的巨擘，但这种观点也值得商榷。

第三，关于"知言"。语言是思想的外壳，怎样辨别语言的内容及其性质，这无论是对于人际交往中的辞令，还是社会管理，都是非常重要的。孟子分析了"诐辞知其所蔽，淫辞知其所陷，邪辞知其所离，遁辞知其所穷。生于其心，害于其政；发于其政，害于其事"。他通过对诐辞、淫辞、邪辞和遁辞这四种语言的错误进行归因，指出其错误之处。他认为，这四种错误语言思想中产生，就会危害政事；如果由执政者说出，就会危害具体工作。实际上，言为心声，语言在信息传递过程中具有表情达意的直接作用，管理者学会辨析语言，不仅可以明辨是非，而且对于人才发现、人才鉴别和人才任用以及自己的具体工作，都是非常重要的。

第四，称赞孔子出类拔萃，前无古人，后启来者。孟子在肯定孔子弟子赞美孔子的基础上，还分析了孔子与伯夷、伊尹的异同，也认为孔子是有人类以来是最值得尊重的贤人，比尧、舜、伊尹和伯夷有过之无不及，认为"自有生民以来，未有孔子也"。孟子还引用子贡和有若的话，充分说明孔子的伟大。《论语·子张》载子贡曰："他人之贤者，丘陵也，犹可逾也；仲尼，日月也，无得而逾焉。"子贡针对有人贬低孔子的做法，把其他贤者比喻为丘陵可逾，而孔子则是日月，不可以逾越。

---

① 李存山：《孟子思想与宋儒的"内圣"和"外王"》，《哲学研究》2019 年第 12 期。
② 李振刚：《中国古代哲学史论》，中国社会科学出版社 2004 年版，第 67 页。
③ 任继愈：《中国哲学史》（一），人民出版社 2010 年版，第 167 页。

在本章中，孟子引子贡曰："见其礼而知其政，闻其乐而知其德，由百世之后，等百世之王，莫之能违也。自生民以来，未有夫子也"。充分肯定了孔子不可动摇的尊崇地位。孟子还引有若曰："岂惟民哉？麒麟之于走兽，凤凰之于飞鸟，泰山之于丘垤，河海之于行潦，类也。圣人之于民，亦类也。出于其类，拔乎其萃。自生民以来，未有盛于孔子也。"由此可见，孔子的思想已经深入人心，影响深远，其尊崇地位几乎具有定于一尊而不可逾越的"日月"高度。

需要注意的是，孟子高度评价孔子的人生哲学是进退自如，即"可以仕则仕，可以止则止，可以久则久，可以速则速"。这对于我们科学设计职业生涯，也具有很好的启发。

本章涉及的成语有："浩然之气""拔苗助长""出类拔萃"等。

3.3 以德服人，心悦诚服

【原文】

孟子曰："以力假仁者霸，霸必有大国；以德行仁者王，王不待大。汤以七十里，文王以百里。以力服人者，非心服也，力不赡也；以德服人者，中心悦而诚服也，如七十子之服孔子也。《诗》云：'自西自东，自南自北，无思不服。'此之谓也。"

【译文】

孟子说："依仗武力假借仁义可以称霸，称霸一定有大的国力；依靠道德来实行仁义的可以实现王道，王道不依赖大的国力。商汤仅用方圆七十里土地，文王仅用方圆百里土地。以力服人的，不会心悦诚服，只是因为他力不从心；以德服人的，才会心悦诚服，好像七十多个弟子归服孔子一样。《诗经》说过：'从西从东，从南从北，没有哪种想法不心悦诚服。'正是这个意思。"

【评析】

孟子这一章分析了以力者霸、以德者王的历史现象，赞扬了商汤和周文王依靠德行赢得了天下归心。通过分析，孟子得出了结论"以力服人者，非心服也，力不赡也；以德服人者，中心悦而诚服也"。孟子认为，"实现仁政理想的关键是要有一个仁人之君。这个仁人之君首先是一个有天下国家情怀的伟大人物"①。也就是说，只有像周文王那样依靠德行，才能天下归心。

这段文字虽然不多，却短小精悍，内容深刻丰富。成语"以力服人""以德服人""力不从心""心悦诚服"都出自这一章。

3.4　贵德、尊贤、尚能

【原文】

孟子曰："仁则荣，不仁则辱；今恶辱而居不仁，是犹恶湿而居下也。如恶之，莫如贵德而尊士，贤者在位，能者在职；国家闲暇，及是时，明其政刑。虽大国，必畏之矣。《诗》云：'迨天之未阴雨，彻彼桑土，绸缪牖户。今此下民，或敢侮予？'孔子曰：'为此诗者，其知道乎！能治其国家，谁敢侮之？'今国家闲暇，及是时，般乐怠敖，是自求祸也。祸福无不自己求之者。《诗》云：'永言配命，自求多福。'《太甲》曰：'天作孽，犹可违；自作孽，不可活。'此之谓也。"

【译文】

孟子说："行仁政就光荣，不行仁政就耻辱。现在怕受耻辱却与不仁在一起，就像害怕潮湿却依然处于低洼之地。若真怕耻辱，最好是崇尚道德，尊敬读书人，让贤人居于高位，让能人担任要职。国家安定，趁着这时修明政治法典，这样即使是大国也会敬畏它了。《诗经·豳风·鸱鸮》说：'趁天没下雨，桑树根上剥些皮，门窗都修理。下面的人们，谁敢把我欺！'孔子说：'这诗的作者真懂道理呀！能治理好他的国家，谁敢侮辱他？'如今国家虽然没有内忧外患，但追求享乐，懒惰游玩，这等于自寻

---

①　孟祥才：《先秦人物与思想散论》，上海古籍出版社 2019 年版，第 325 页。

其祸。祸和福无不是自己选择的。《诗经·大雅·文王》说:'永远要和天命相配合,自己去追求更多的福报。'《尚书·太甲》也说:'天作的罪孽,还可以逃掉;自己作的罪孽,却无处可逃。'正是这个意思。"

【评析】

孟子这段话确立了君主的荣辱观,认为君主行仁政就光荣,不行仁政就耻辱。在孟子看来,"仁义等性中之德才是最终的参照。小人往往仅在意自己在世俗人眼中的外在形象,而以未能得富贵未能居高位感到'脸上无光'"[①]。他认为,避免耻辱最好的方法就是"贵德而尊士,贤者在位,能者在职"。孟子这里的"贵德",就是崇尚人的道德品行,适才适所,把贤人放在重要的岗位上,任用各种有能力的人才。孟子的荣辱观对于当代社会干部素质提升,也具有启发意义。

从人才任用的角度来看,孟子这里实际上倡导的是尊重知识、尊重人才和任用人才的思想。我们现在考察干部时,把品德放在第一位,要求干部德才兼备,但德为先。因此,孟子这里所表达的人才学思想,对于我们今天的人才研究也要具有启发意义。

孟子这里所说的"国家闲暇,及是时,明其政刑"。客观上也揭示了君王应该居安思危,防患于未然,利用国家安定的机遇,修订完善国家各种法律。此外,孟子还引用了《尚书·太甲》"自作孽,不可活"。客观上也给人们做人做事敲响了警钟,警示人们不要自己作孽。

3.5 尊贤使能,俊杰在位

【原文】

孟子曰:"尊贤使能,俊杰在位,则天下之士皆悦,而愿立于其朝矣;市,廛而不征,法而不廛,则天下之商皆悦,而愿藏于其市矣;关,讥而不征,则天下之旅皆悦,而愿出于其路矣;耕者,助而不税,则天

---

① 刘佳宝:《孟子的羞耻观念》,《道德与文明》2018年第2期。

下之农皆悦，而愿耕于其野矣；廛，无夫里之布，则天下之民皆悦，而愿为之氓矣。信能行此五者，则邻国之民，仰之若父母矣。率其子弟，攻其父母，自生民以来，未有能济者也。如此，则无敌于天下。无敌于天下者，天吏也。然而不王者，未之有也。"

【译文】

孟子说："尊重贤人，任用俊杰，天下的人才都高兴，就愿意到这个朝廷效力了；市场提供场地却不征税，法律不限制交换场地，天下的商人就都高兴，愿意把货物存放在这个市场了；关卡只稽查而不收税，天下的旅客就都高兴，愿意经过这里的道路了；种田人只助耕公田，不再收税，天下的农夫就都高兴，愿意到这里的田野来耕种了；百姓住地免去按夫按里收税的制度，天下的百姓就都高兴，愿意到这里定居了。真正能够做到这五项，那么邻近国家的百姓都会举头仰望他就像仰望父母一样了。率领儿女去攻打他们的父母，从人类诞生以来，这种事没有能够成功的。如果这样，就会天下无敌。天下无敌的人叫作'天吏'。这样还不能统一天下的，是从来不曾有过的。"

【评析】

这一章充分表现了孟子尊重人才和任用人才的重要思想。他认为，明君应该"尊贤使能，俊杰在位"，这样才能得到天下人才的信赖和推崇，优秀人才都愿意为这样的明君建功立业。同时，孟子还看到了建立和谐社会的重要性，他认为，朝廷应该减少税收，让商人、旅客和农民满意，天下百姓都愿意在这里居住，就连外国的百姓也都仰望这样的明君。"孟子认为国君实行仁政，获得民心，就能使士商旅农民'皆悦'，从而使民心归附仁德；否则，实行暴政，就会失道寡助，众叛亲离，失去民心。这说明政治环境是否清明，关系到个体能否产生对仁政的凝聚力和向心力。"[①] 很显然，孟子看到了君主只要行仁政，就可以天下无敌了，完成王天下的伟业。

---

① 王其俊主编：《中国孟学史》，山东教育出版社 2012 年版，第 105 页。

孟子主张"尊贤使能，俊杰在位"，减少税赋，藏富于民，则有利于维护社会稳定，这也是建构和谐社会的重要途径。

本章涉及的成语有："尊贤使能""无敌于天下"。

3.6 人皆有不忍人之心

【原文】

孟子曰："人皆有不忍人之心。先王有不忍人之心，斯有不忍人之政矣。以不忍人之心，行不忍人之政，治天下可运之掌上。所以谓人皆有不忍人之心者，今人乍见孺子将入于井，皆有怵惕恻隐之心；非所以内交于孺子之父母也，非所以要誉于乡党朋友也，非恶其声而然也。由是观之，无恻隐之心，非人也；无羞恶之心，非人也；无辞让之心，非人也；无是非之心，非人也。恻隐之心，仁之端也；羞恶之心，义之端也；辞让之心，礼之端也；是非之心，智之端也。人之有是四端也，犹其有四体也。有是四端而自谓不能者，自贼者也；谓其君不能者，贼其君者也。凡有四端于我者，知皆扩而充之矣，若火之始然，泉之始达。苟能充之，足以保四海；苟不充之，不足以事父母。"

【译文】

孟子说："人都有同情心。先王因为有同情心，于是就有仁政了。凭着同情心来实行仁政，治理天下就像掌中玩物一样。我之所以说人都有同情心，道理就在于：现在忽然看见一个小孩子要掉到井里去了，每个人都会产生惊骇同情之心，这不是因为与孩子的爹妈有交情，不是为了要在乡里朋友中得到赞誉，不是担心背负见死不救的坏名声才这样的。由此可见，没有同情之心，就不是人；没有羞耻之心，就不是人；没有礼让之心，就不是人；没有是非之心，就不是人。同情心是仁的开端，羞耻心是义的开端，礼让之心是礼的开端，是非之心是智的开端。人具备这四种开端，就像有四肢一样。有这四种开端却认为自己不行的人，是自暴自弃的人；认为他的君主不行的人，是陷害君主的人。凡是具有这四端的人，若知道扩充这四种善性，就像星星之火、水如泉涌。如果能够扩充善性，足以安定天下；如果不肯扩充善性，就连赡养父母都做不到。"

【评析】

中国哲学中的人性问题到了孟子时代才成为讨论的中心。孟子没有孤立地谈论人性，而是通过对人性与动物性的对比，揭示人性的超动物性。朱熹认为："天地以生物为心，而所生之物因各得夫天地生物之心以为心，所以人皆有不忍人之心也。"① "羞恶、恻隐，等等，在孟子看来，不仅是感情的发挥而且是人性的表现；而人性，又系'天'所赋予。"② 孟子非常关注对人性的思考，认为每个人都具有同情心，由此揭示了同情心与仁政的关系。他认为，君主因为也具有同情心，所以，才能够"有不忍人之政"，也就是实行仁政。

作为儒家心学的始源，孟子心学不仅建构了心力说、正心说、尽心说、养心说、衡心说，还提出了影响深远的"四心"说。孟子将恻隐之心、羞恶之心、辞让之心和是非之心"四心"与仁义礼智"四德"并举，共同加以阐发，明确了"四心"是"四德"之端。③ 孟子以人们看见孩子掉进井里为例，揭示人性的共同性，即人人都有同情心。由此孟子进而推及出"无恻隐之心，非人也；无羞恶之心，非人也；无辞让之心，非人也；无是非之心，非人也"。根据行文的前后逻辑关系，孟子在这段话中认为"恻隐之心，仁之端也；羞恶之心，义之端也；辞让之心，礼之端也；是非之心，智之端也"。他进而把人的恻隐之心与仁结合起来，把人的羞恶之心与义结合起来，把辞让之心与礼结合起来，把是非之心与智结合起来，从而揭示了人如果没有恻隐、羞恶、辞让、是非之心，就把人降低到非人的层面，人成了非人，人把自己降低到动物的层面。

孟子在分析的基础上，进一步阐释了同情心是仁的开端，羞耻心是

---

① 朱熹：《四书集注》，凤凰出版社 2005 年版，第 254 页。

② 庞朴：《儒家精神》，中国华侨出版社 2014 年版，第 63 页。

③ 涂可国：《孟子"四心""四端"与"四德"的真实逻辑》，《武汉大学学报》2020 年第 2 期。

义的开端，礼让之心是礼的开端，是非之心是智的开端。孟子认为，人应该具有恻隐、羞恶、辞让、是非之心这四端。"情感的自发和原初上讲，恻隐是人的一种基本情感，不需后天教化或者理性思考，主体面临具体场景时自然生发，因而孟子言'由是观之，无恻隐之心，非人也'。从人的基本情感出发，才能推出人作为类的普遍性。"① "恻隐之心、羞恶之心、恭敬之心、是非之心并不是四种心，而是人性本心在不同条件下的体现。仁、义、礼、智是不可以分开的，而是人性在不同的情境中的作用体现。"② 即使在今天，孟子这种思想对于我们每个人修身养性，也都具有启发意义。

对于孟子所说的恻隐、羞恶、辞让、是非之心，我们还应该看到，人应该具有什么样的性和心，这是一回事，而实际上人具有什么样的性和心，则是另一回事，即"应该"与"是"之间存在着一定的差异。因此，冯友兰先生认为，"孟子所谓性善，也不还是说，每一个人生下来都是道德完全的人。他是说，每个人生下来，在其本性里面，都自然有善的因素，或者说是原则。这些因素或原则，他称为'端'，就是苗头的意思"③。从人性的历史发展变化来看，人性中许多因素也许并不是先天具有的，而是后天家庭、学校和社会诸多主客观因素所形成的合力下形成的。

本章涉及的成语有："恻隐之心""羞恶之心""辞让之心""是非之心"。"由是观之"是成语"由此观之"的来源。

3.7 术不可不慎

【原文】

孟子曰："矢人岂不仁于函人哉？矢人唯恐不伤人，函人唯恐伤人。巫、匠亦然，故术不可不慎也。孔子曰：'里仁为美。择不处仁，焉得

---

① 李春颖：《孟子恻隐之心中的情感与德性》，《中国哲学史》2018 年第 3 期。
② 刘永佶：《诸子思想》，中国社会科学出版社 2019 年版，第 281 页。
③ 冯友兰：《中国哲学史新编》上卷，中国画报出版社 2020 年版，第 383 页。

智？'夫仁，天之尊爵也，人之安宅也。莫之御而不仁，是不智也。不仁不智，无礼无义，人役也。人役而耻为役，由弓人而耻为弓，矢人而耻为矢也。如耻之，莫如为仁。仁者如射，射者正己而后发；发而不中，不怨胜己者，反求诸己而已矣。"

【译文】

孟子说："造箭的人难道比造甲胄的人残忍吗？造箭的人唯恐箭伤害不了人，而造甲胄的人唯恐箭伤人。巫医唯恐治不好病，造棺材的工匠唯恐卖不掉棺材，因此选择职业不能不慎重。孔子说：'与仁共居最美好。居住不选择与仁共处，怎么能算聪明呢？'仁是天最尊贵的爵位，是人最好的住宅。没有人阻止你行仁，而你不仁就是不明智的。不仁、不智、无礼、无义，就会被人役使。被人役使而自以为耻，就好比造弓的以造弓为耻，造箭的以造箭为耻。如果真以它为耻，不如去践行仁义。仁者如射箭，射箭必先端正姿势然后开弓；开弓没有射中，不埋怨那些胜过自己的人，而是反思自己的原因。"

【评析】

本章中的"矢人"是指造箭的人；"函人"是指造甲胄的人。孟子这里以矢人、函人、巫医和工匠为例，说明职业选择的重要性。用现在的话来说，人生要做好职业规划或者生涯设计，"术不可不慎"。孟子以这四类人作比喻，实际上揭示了价值的相对性。在孟子看来，这四类人都从自己的角度出发，看待事物的价值。造箭者唯恐箭不锋利，造甲胄者唯恐甲胄不坚固，巫医唯恐治不好病，造棺者唯恐卖不掉棺材。角度不同，看问题的着重点也不相同。

孟子还以孔子"里仁为美"来说明行仁的重要性。孟子认为，行仁，是人生明智的选择；不行仁，则是不明智的。"仁心，爱人之心也。仁闻者，有爱人之声闻于人也。先王之道，仁政是也。"[1] 因此，孟子反对不仁、不智、无礼、无义。他认为，人如果不仁、不智、无礼、无义，

---

[1]　胡炳文：《孟子通》，华东师范大学出版社 2020 年版，第 210 页。

就会被人役使，所以，孟子特别强调"为仁"的重要性。

成语"反求诸己"也出于本章，也是孟子非常重要的思想。"反求诸己"是指反省自己的过失，加以改正，而不责怪别人。这一点对于我们正确对待自己的过失和错误，非常具有启发意义。孟子认为"一切道德皆本于心，应该用反求之于心来印证言论的合理性而非相反。所以，孟子最终将不动心的根基建立在内部而不是外部"①。后面的《孟子·离娄上》也有"反求诸己"的表述："行有不得皆反求诸己；其身正而天下归之。"

3.8　君子莫大乎与人为善

【原文】

孟子曰："子路，人告之以有过，则喜。禹闻善言，则拜。大舜有大焉，善与人同，舍己从人，乐取于人以为善。自耕稼、陶、渔以至为帝，无非取于人者。取诸人以为善，是与人为善者也。故君子莫大乎与人为善。"

【译文】

孟子说："子路，别人指出他的错误，他就高兴。禹听到善意的谏言，就给人下拜。大舜气度宏大，善于与人合作，舍弃个人观点而听取他人意见，乐于择其善者而从之。他从干农活、制陶器、打鱼直到做天子，都是取众人所长。学习别人优点用来行善，就是和别人一道行善。君子最高的德行就是和别人一道行善。"

【评析】

在古代孟学诠释及一般语境使用中，"与人为善"大致有以下三个方面的意义："采善于人、知人善任；助人向善、乐道人善；仁者情怀、

①　赵法生：《孟子超越观的三重向度》，《社会科学》2021 年第 2 期。

一体大同。今天使用'与人为善'，更多的是强调在处理人际关系时要善意地理解、对待他人，热心帮助他人、团结他人共同进步；要尊重他人，与他人和睦相处，体现为一种人道主义的态度和友善的行为。从'与人为善'的古典诠释看其现代意义，可以说它是君子最高的美德，也是一种很高的政德修养，是群众路线和民主精神的一种古典表述。"①孟子在这一章阐释与人为善的道理，既有伦理学的含义，也蕴含着人生哲学的智慧。

子路是孔子著名的弟子，年轻时性格直爽，个性张扬，得到孔子教诲以后，开始修身养性，逐渐改掉了以前的毛病。孟子这里说子路闻过则喜，是赞扬子路知过能改的品行。禹听到善意的谏言，竟然给人下拜，可见禹是多么的从谏如流。舜则"善与人同，舍己从人，乐取于人以为善"。向善，是指古代圣人做人处事的重要原则，《道德经》第四十九章："圣人无常心，以百姓之心为心。善者，吾善之；不善者，吾亦善之，德善。"老子这里阐述了圣人使人人向善的高尚品德。

在孟子看来，舜之所以能够成为天子，就在于舜善于与人合作，择其善者而从之，取众人所长。通过学习别人的优点来行仁义，这是君子最高的德行，也就是与人为善。这一章短小精悍，言简意深。"我们强调的，应该是一颗好善之心。"②"与人为善"的本意是与别人一起行善，后来逐渐演绎为"帮助别人"的意思。孟子这里讲的闻过则喜、与人为善和虚心学习别人长处的观点，非常值得我们每个人学习。

本章涉及的成语有："闻过则喜""与人为善"。

3.9 论伯夷与柳下惠

【原文】

孟子曰："伯夷，非其君，不事；非其友，不友。不立于恶人之朝，

---

① 翟奎凤、刁春辉：《君子最高美德、政德修养与世界大同——孟子"与人为善"大义通释》，《道德与文明》2020 年第 3 期。

② 王蒙：《原则：极简孟子》，北京联合出版公司 2019 年版，第 9 页。

不与恶人言；立于恶人之朝，与恶人言，如以朝衣朝冠坐于涂炭。推恶恶之心，思与乡人立，其冠不正，望望然去之，若将浼焉。是故诸侯虽有善其辞命而至者，不受也。不受也者，是亦不屑就已。柳下惠不羞污君，不卑小官；进不隐贤，必以其道；遗佚而不怨，厄穷而不悯。故曰：'尔为尔，我为我，虽袒裼裸裎于我侧，尔焉能浼我哉？'故由由然与之偕，而不自失焉，援而止之而止。援而止之而止者，是亦不屑去已。"

孟子曰："伯夷隘，柳下惠不恭。隘与不恭，君子不由也。"

【译文】

孟子说："伯夷，不是他理想的君主，不去服事；不是志同道合的人，不以为友。不在坏人当道的朝廷做官，不和坏人交谈；站在坏人的朝堂上，与坏人交谈，就像穿戴着礼服礼帽坐在淤泥和炭灰里。把这种厌恶坏人坏事的心情推广开来，他觉得即使与家乡人站在一块，若那人的帽子没有戴正，他也会惭愧地走开，好像自己会被弄脏似的。所以诸侯虽然有善于辞令的使者来请他，他也不接受。不接受的原因，是不屑与之为伍。柳下惠不以侍奉昏君为耻，不以当小官为卑微；当官不隐藏自己的才能，但一定按原则办事；被君主冷落也没有怨愤之情，仕途遇到挫折也不需要怜悯。所以说：'你是你，我是我，就是赤身裸体在我身边，你又怎么玷污我呢？'所以很自然地与人友好相处而不失大的原则。叫他留住，他就留住。叫他留住，他就留住，是因为他不需要离开的缘故。"

孟子说："伯夷气量小，柳下惠不太严肃，气量小与不太严肃，君子是不提倡的。"

【评析】

孟子这一章对伯夷和柳下惠两个人的处事原则进行了评析，在肯定两个人优点的基础上，也指出了他们的不足。

伯夷是商末孤竹君之长子，姓墨胎氏，为人清正廉明，仁义礼让，刚直不阿，坚持原则，不同流合污，"不立于恶人之朝，不与恶人言"。与伯夷相比，柳下惠虽然也是一个贤人，道德高尚，推崇仁义，曾经有坐怀不乱的佳话。柳下惠处事比较随和，不论是乱世还是治世，无论是贤君还是昏君，无论是自己官职卑微或者仕途的顺利与挫折，都能够坦然面对，泰然处之，而又不失做人的原则。但在孟子看来，伯夷气量小，而柳下惠不太严肃。

　　对于做人处事的原则，《大戴礼记》和《汉书》都有"水至清则无鱼，人至察则无徒"的表述。实际上，人生在世，既要坚持原则，超凡脱俗，又要适应社会，具有灵活性，这是对人生很高的要求，大部分人客观上很难做到。

第四章

公孙丑下译评

【本章引语】

《公孙丑下》共 14 节。

4.1：孟子阐明"天时不如地利，地利不如人和"和"得道者多助，失道者寡助"的道理。

4.2：孟子批评了齐王的傲慢，倡导君王要尊德乐道，尊重贤人，这样才能有为。

4.3：孟子提出要正确对待馈送之礼，接受外国君主的馈赠要有接受馈赠的理由。

4.4：孟子通过与孔距心的对话，认为君主和地方官要关爱百姓疾苦，要反思自己的失职。

4.5：孟子提出为官应该尽职进谏。

4.6：孟子认为，对独断专行者最好是沉默。

4.7：孟子表达"君子不以天下俭其亲"的态度，认为棺椁的质量和厚度体现了子女的孝心。

4.8：孟子提出讨伐与杀人的合理性问题，燕国有错可以讨伐，但不是谁都能去讨伐，正如罪人必须由法官治罪一样。

4.9：孟子表明君子对待错误的正确态度，肯定古代君子"过则改之"光明磊落的做法，批评了当时的君子"过则顺之"、文过饰非的错误做法。

4.10：表明了孟子的富贵观。孟子在齐国辞官，就不会再留恋齐国的富贵，不会做"贱丈夫"。

4.11：指出君主对于长者贤者应该尊重，体现孟子"卧而不听"的骨气。

4.12：孟子向高子解释自己没有马上离开齐国，是因为怀着对齐王行仁政的希望，在失望之后才离开齐国。

4.13：表达了孟子欲平治天下、舍我其谁的主体意识与社会责任感。

4.14：孟子继续说明离开齐国的原因，自己无功不受禄。

4.1 天时、地利、人和与"得道者多助，失道者寡助"

【原文】

孟子曰："天时不如地利，地利不如人和。三里之城，七里之郭，环而攻之而不胜。夫环而攻之，必有得天时者矣，然而不胜者，是天时不如地利也。城非不高也，池非不深也，兵革非不坚利也，米粟非不多也，委而去之，是地利不如人和也。故曰：域民不以封疆之界，固国不以山溪之险，威天下不以兵革之利。得道者多助，失道者寡助。寡助之至，亲戚畔之；多助之至，天下顺之。以天下之所顺，攻亲戚之所畔；故君子有不战，战必胜矣。"

【译文】

孟子说："天时不如地利，地利不如人和。一座小城每一边有三里长，外郭每边有七里，敌人围攻却不能取胜。能够围攻这个小城，一定是得到了天时，然而不能取胜，这就是天时不如地利。城墙不是不高，护城河不是不深，兵器甲胄不是不锐利坚固，粮食不是不多，最终却放弃这些而逃走，这就说明地利不如人和。所以说，限制人民不是用国家疆界，巩固国家不是靠山川险阻，威慑天下不是凭兵器锐利。行仁政的人得到大家拥护，不行仁政的人拥护的人就少。拥护的人少到了极点，就连亲戚都背叛他；拥护的人多到了顶点，普天之下都顺从他。用普天之下顺从的力量去攻打连亲戚都背叛的人，所以君子要么不战，若战就一定会胜利。"

【评析】

孟子这段话非常深刻，揭示了天时、地利与人和的关系，认为"天时不如地利，地利不如人和"。即地利比天时重要，人和比地利重要，人和是战争胜负的决定性因素。在孟子看来，人和的本质在于"得道"，这里的"道"实际上就是行仁政，即实行王道，而不是霸道。《道德经》第五十九章："重积德则无不克。"老子的意思是说，不断地积德，就没有什么不能攻克的。孟子这段话与老子这一思想具有异曲同工之妙。

后人多用"天时不如地利，地利不如人和"来解释《三国演义》中曹操、孙权和刘备三分天下的原因，认为曹操之所以成就霸业，就在于他得天时，挟天子之命以令诸侯；孙权坐拥江东之利和长江之险，是得地利；刘备人缘好，占人和。实际上，曹操、孙权和刘备能够三分天下，仅靠天时、地利、人和是不够的，关键的是这三个人都是实践意义上的人才学家，他们都能够凝聚人心，任人唯贤，不拘一格，唯才是举。

孟子还提出著名的"得道者多助，失道者寡助"的论断。从社会发展史的角度来看，这一论断符合社会发展的客观规律。古往今来，凡是得道者，一般都能够得到广大人民群众的支持拥护；相反，那些失道者凭借权威、暴力或者阴谋诡计，也许能够暂时胜利，但真相终会大白于天下，最后成为孤家寡人。"得道者多助"在《孟子·离娄上》中也得到了很好诠释："得天下有道，得其民，斯得天下矣。得其民有道，得其心，斯得民矣。得其心有道，所欲与之聚之，所恶勿施尔也。"由此可见，孟子所说的"得道"，本质上就是得民心。

本章涉及的成语有："天时地利人和""得道多助，失道寡助"。

4.2　尊德乐道才能有为

【原文】

孟子将朝王。王使人来曰："寡人如就见者也，有寒疾，不可以风。

朝，将视朝，不识可使寡人得见乎？"对曰："不幸而有疾，不能造朝。"

明日，出吊于东郭氏。公孙丑曰："昔者辞以病，今日吊，或者不可乎？"曰："昔者疾，今日愈，如之何不吊？"

王使人问疾，医来。孟仲子对曰："昔者有王命，有采薪之忧，不能造朝。今病小愈，趋造于朝，我不识能至否乎？"

使数人要于路，曰："请必无归，而造于朝。"不得已而之景丑氏宿焉。

景子曰："内则父子，外则君臣，人之大伦也。父子主恩，君臣主敬。丑见王之敬子也，未见所以敬王也。"

曰："恶，是何言也！齐人无以仁义与王言者，岂以仁义为不美也？其心曰，'是何足与言仁义也'云尔，则不敬莫大乎是。我非尧舜之道，不敢以陈于王前，故齐人莫如我敬王也。"

景子曰："否，非此之谓也。礼曰：'父召，无诺；君命召，不俟驾。'固将朝也，闻王命而遂不果，宜与夫礼若不相似然。"

曰："岂谓是与？曾子曰：'晋楚之富，不可及也；彼以其富，我以吾仁；彼以其爵，我以吾义，吾何慊乎哉？'夫岂不义而曾子言之？是或一道也。天下有达尊三：爵一，齿一，德一。朝廷莫如爵，乡党莫如齿，辅世长民莫如德。恶得有其一以慢其二哉？故将大有为之君，必有所不召之臣；欲有谋焉，则就之。其尊德乐道，不如是，不足与有为也。故汤之于伊尹，学焉而后臣之，故不劳而王；桓公之于管仲，学焉而后臣之，故不劳而霸。今天下地丑德齐，莫能相尚，无他，好臣其所教，而不好臣其所受教。汤之于伊尹，桓公之于管仲，则不敢召。管仲且犹不可召，而况不为管仲者乎？"

【译文】

孟子要去朝见齐王，齐王派人来传话："我本来应该去看你，但是感冒了，不能吹风。明天早晨，我临朝办公，不知道能让我见见您吗？"孟子说："很不幸，我也有病，不能上朝。"

第二天，孟子要到东郭大夫家去吊丧。公孙丑说："昨天假托有病辞掉了齐王的召见，今天又去吊丧，大概不行吧？"孟子说："昨天有病，今天好了，为什么不去吊丧呢？"

齐王派人来探病，医生也来了。孟仲子对来人说："昨天王有命令来，他得了小病，不能奉命上朝。今天刚好一点，就急忙上朝去了，但我不晓得他能否走到。"然后孟仲子派了好几个人分别在路上拦截孟子，说："您一定不要回家，要赶快上朝去。"孟子没有办法，就去景丑家住了一宿。

景丑说："在家为父子，出门为君臣，这是人际间最重要的伦常。父子之间以德惠为主，君臣之间以恭敬为主。我只看见王对您很尊敬，却没见到您拿什么去敬王。"孟子说："哎，这是什么话啊！齐国人没有一个向齐王进谏仁义的，他们难道以为仁义不好吗？他们心里不过是想着'哪里值得和他谈仁义呢'罢了。对王不敬，没有比这更大的。我如果不是尧舜之道，不敢拿来在王面前陈述。所以说，齐国人中间没有谁比我更崇敬王的。"

景丑说："不，我说的不是这个。《礼经》上说，父亲召唤，立即前往；君主召唤，不等备车马上就走。你本来准备朝见齐王，一听到齐王召见，反而不去了，这与礼不太相符。"

孟子说："难道说的是这个吗？曾子说过：'晋国和楚国的财富，我们是赶不上的。他凭财富，我凭仁德；他凭爵位，我凭道义，我有什么不满足呢？'难道不符合道义的话曾子能说吗？这或许是个真理。天下公认尊贵的东西有三样：爵位高的人，年龄大的人，道德高尚的人。在朝堂上，没什么比得上爵位；在乡党中，没什么比得上年龄；辅助君主治国安民没什么比得上道德。他凭什么侮慢德高望重的人呢？所以大有作为的君主必定有他不能召见的臣子；如有什么要商量，就到臣那儿去。君主如果不尊德乐道，就不能与他一道有所作为。因此，商汤学习伊尹，以他为臣，不费力气就一统天下；桓公学习管仲，以他为臣，不费大力气就称霸诸侯。当今天下各大国土地大小相当，没有谁能够超过别人许多，这没有其他原因，就因为这些国家的君主喜欢用听他说教的人为臣，而不喜欢以能教导他的人为臣。商汤对于伊尹，桓公对于管仲，就不敢召见。管仲尚且不可以召见，何况不屑为管仲的人呢！"

【评析】

这一章很好地诠释了孟子的君臣观。在历史上，如何认识和处理君臣关系，客观上直接影响到国家的治理。

从一般意义上来说，君王要召见臣子，臣子就会受宠若惊，马上前往。但孟子认为不应该这样，在他看来，真正有所作为的君王应该礼贤下士，尊重人才，甚至亲自拜访贤人，而不是等着贤人到朝廷去晋见君王。孟子以商汤和齐桓公为例，说明他们之所以成就大业，就在于他们礼贤下士，商汤学习伊尹，齐桓公学习管仲，认真听取贤臣的意见。

孟子这一章倡导君王要尊贤乐道，实际上批评了齐王没有尊贤乐道的错误做法。陈洪先生认为，孟子和孔子相比的不同首先在于"孟子更强调主体性"①。正因为孟子更加强调主体性，因而也就必然更加重视人格尊严，绝不人云亦云，敷衍趋势，阿谀逢迎，但世俗之见往往很难理解孟子这样的想法和做法。实际上，刘备如果没有礼贤下士的胸怀和态度，就不可能三顾茅庐，也就不可能赢得诸葛亮的鞠躬尽瘁。

孟子这一思想对于正确认识和处理上下级关系、领导干部和群众的关系，也具有重要的启发意义。

本章涉及的成语有："地丑德齐"。

4.3　正确对待馈送之礼

【原文】

陈臻问曰："前日于齐，王馈兼金一百而不受；于宋，馈七十镒而受；于薛，馈五十镒而受。前日之不受是，则今日之受非也；今日之受是，则前日之不受非也。夫子必居一于此矣。"

---

① 陈洪：《国学讲演录》，商务印书馆2020年版，第26页。

孟子曰："皆是也。当在宋也，予将有远行，行者必以赆，辞曰：'馈赆。'予何为不受？当在薛也，予有戒心，辞曰：'闻戒，故为兵馈之。'予何为不受？若于齐，则未有处也。无处而馈之，是货之也。焉有君子而可以货取乎？"

【译文】

陈臻问道："过去在齐国，齐王赠上等金二千两，您不接受；后来在宋国，宋君赠一千四百两，您接受了；在薛，田家赠一千两，您也受了。如果过去不接受是对的，那今天接受就错了；如果今天接受是对的，那过去不接受就错了。老师二者必居其一。"

孟子说："都是对的。在宋国的时候，我正要远行，对远行之人一定要送些盘缠，他说：'奉上些盘缠。'我为什么不受？在薛的时候，我听说路上有危险要戒备，他说：'听说您要戒备，奉上些钱买兵器吧。'我为什么不受？至于在齐国，就没什么理由接受。没什么理由却奉送钱财，这是贿赂我，哪里有正人君子会被贿赂收买呢？"

【评析】

中国是礼仪之邦，自古以来特别重视礼。在人生的修行中，在心为仁，外显为礼。礼既表现为人的言谈举止，也表现为人与人之间赠送的礼物。这一章中，孟子根据自己接受礼物或者拒收礼物的不同情境，认为是否接受他人的礼物，要根据具体情况，具体问题具体分析，不能一概而论。

孟子对待礼物的思想与孔子的思想可谓一脉相承。《论语·里仁》载孔子曰："富与贵，是人之所欲也，不以其道得之，不处也；贫与贱，是人之所恶也，不以其道得之，不去也。君子去仁，恶乎成名？君子无终食之间违仁，造次必于是，颠沛必于是。"孔子以道为标准，君子爱财，取之有道，要求正确对待富贵与贫贱。可以说，孔子与孟子这一思想对于纠正我们现在的社会风气，也具有启发意义。

在对待礼物这个问题上，刘兆伟先生认为："接受他人的财务，只要合乎道义，就合于礼。凡事合于礼，才能立于世。今日人与人之间往来，尤其涉及财物，必须首先考虑合法否，在合法的基础上还要考虑合情否，合法合情的财务方可接受，不合法之财务绝对不能接受，只合法不合情之财务亦不能接受。"①

4.4　君主和地方官要反思失职

【原文】

孟子之平陆，谓其大夫曰："子之持戟之士，一日而三失伍，则去之否乎？"曰："不待三。"

"然则子之失伍也亦多矣。凶年饥岁，子之民，老羸转于沟壑，壮者散而之四方者，几千人矣。"曰："此非距心之所得为也。"

曰："今有受人之牛羊而为之牧之者，则必为之求牧与刍矣。求牧与刍而不得，则反诸其人乎？抑亦立而视其死与？"曰："此则距心之罪也。"

他日，见于王曰："王之为都者，臣知五人焉。知其罪者，惟孔距心。"为王诵之。

王曰："此则寡人之罪也。"

【译文】

孟子到了平陆，对地方长官孔距心说："你的战士一天三次失职，就会开除他吗？"孔距心答道："不用等三次。"

孟子说："那么，你自己的失职也很多了。灾荒之年，你的百姓，年老体弱到沟壑中去等死的，青壮年到四面八方去流浪的，将近一千人了。"答道："这不是我力所能及的。"

孟子说："比如有人接受别人的牛羊而替人放牧，那一定要替牛羊寻找牧场和草料了。找牧场和草料没找到，是把牛羊退还原主呢，还是站在那儿看着它们饿死呢？"孔距心答道："这就是距心的罪过了。"

---

① 刘兆伟：《孟子译评》，中华书局2011年版，第97页。

后来，孟子朝见齐王，说："齐王的地方长官，我认识了五位。明白自己的罪过的，只有孔距心。"他将和孔距心的谈话对齐王复述了一遍。

齐王说："这也是我的罪过啊！"

【评析】

地方长官孔距心对于失职的战士，不用等到失职三次，就会开除失职者，而认识不到自己作为地方长官的责任。孟子认为，地方长官如果不能让百姓过上温饱的生活，甚至让百姓流离失所，这也是失职。

在孟子的启示下，孔距心认识到了自己的失职。孟子把自己与孔距心的对话告诉了齐王，齐王也认识到了自己作为君主的罪过。

由此看来，无论君主还是地方长官，都应该对自己的履行职责的情况进行反思。如果没有很好地尽职尽责，没有让百姓过上温饱的日子，君主和地方长官都难辞其咎，都应该从中认识到自己的失职甚至是罪过。本章中，孔距心和齐王能够虚心纳谏，认识到自己的罪过，真是难能可贵。

4.5 为官应该尽职进言

【原文】

孟子谓蚳鼃曰："子之辞灵丘而请士师，似也，为其可以言也。今既数月矣，未可以言与？"

蚳鼃谏于王而不用，致为臣而去。

齐人曰："所以为蚳鼃则善矣；所以自为，则吾不知也。"公都子以告。

曰："吾闻之也：有官守者，不得其职则去；有言责者，不得其言则去。我无官守，我无言责也，则吾进退，岂不绰绰然有馀裕哉！"

【译文】

孟子对蚳鼃说："你辞去灵丘邑长官，要去做狱官，好像是对的，因为可以向王进言。现在，已经好几个月了，你还不能向王进言吗？"

蚔鼃向齐王进谏不被采纳，就辞职而去。

齐国有人说："孟子替蚔鼃出的主意都很好；但是他如何替自己打算，那我还不知道。"公都子把这话转告孟子。

孟子说："我听说过这样的话：有官职的，不能尽其职责，就应该离去；有进言责任的，进谏不被采纳，也应该离去。我既没有官职，也没有进言的责任，我的进退不是有很大的回旋余地吗？"

【评析】

在这段对话的人物中，蚔鼃是灵丘的地方长官，公都子是孟子的弟子。这段对话表达了孟子对于为官应该尽职尽责、敢于进言的观点。

孔子说过"不在其位，不谋其政"。孔子这句话有一个预设，或者用阐释学的术语就是所谓的"前理解"，即在其位，就要谋其政。孟子是一个富有社会责任感的思想家，他认为"士当有强烈的使命感和救世情怀"①。所以，为官一任，应该尽职尽责，敢于进言，不能随波逐流，甘当庸官，懒政不作为。

4.6　对独断专行者最好是沉默

【原文】

孟子为卿于齐，出吊于滕，王使盖大夫王驩为辅行。王驩朝暮见，反齐滕之路，未尝与之言行事也。

公孙丑曰："齐卿之位，不为小矣；齐滕之路，不为近矣，反之而未尝与言行事，何也？"

曰："夫既或治之，予何言哉？"

【译文】

孟子在齐国做卿，奉命到滕国去吊丧，齐王派盖邑长官王驩当副使

---

① 李振刚：《中国古代哲学史论》，中国社会科学出版社 2004 年版，第 71 页。

同行。王驩与孟子朝夕相处，齐滕两国来回的旅途，孟子没和他谈过公事。

公孙丑说："齐国卿的官位，也不算小了；齐滕间的路途，也不算近了；但来回一趟，却没和他谈过公事，为什么呢？"

孟子说："他既然独断专行，我还说什么呢？"

【评析】

根据赵岐注，王驩是齐国的谄人，有宠于王后，担任右师。在这段对话中，公孙丑询问孟子"未尝与言行事"的原因，而孟子回答"夫既或治之，予何言哉？"从这里看，整个语境是孟子因为王驩是比较独断专行的小人，所以一路上没有与王驩谈及公事。

这段对话启示我们，说话要看对象。对于独断专行的人来说，你说的话再有价值，他也许根本听不进去，所以，你也就只好沉默了。做人之道，要亲君子，远小人。这段对话虽然表现了孟子的性格具有清高孤傲的一面，但也在较大程度上表现了知识分子的独立人格。

4.7 棺椁质量、厚度与孝心

【原文】

孟子自齐葬于鲁，反于齐，止于嬴。充虞请曰："前日不知虞之不肖，使虞敦匠事。严，虞不敢请。今愿窃有请也：木若以美然。"

曰："古者棺椁无度，中古棺七寸，椁称之。自天子达于庶人，非直为观美也，然后尽于人心。不得，不可以为悦；无财，不可以为悦。得之为有财，古之人皆用之，吾何为独不然？且比化者无使土亲肤，于人心独无恔乎？吾闻之也：君子不以天下俭其亲。"

【译文】

孟子从齐国回到鲁国安葬母亲，返回齐国，停在嬴县。弟子充虞请问道："承您看得起我，让我督做棺木。事情很急匆，我不敢请教。现在我私下请教您，棺木似乎感觉太豪华了。"

孟子说："上古棺椁的尺寸，并没有什么规范；到了中古，才规定棺厚七寸，椁的厚度与棺相称。从天子一直到老百姓，讲究棺椁不只为了美观，而是尽孝子之心。得不到好材料，就会不称心；没有财力买好材料，还是不称心。有财力买到了好材料，古人都这样做，我为什么不可以这样做呢？况且仅做到不让遗体挨着泥土，对孝子来说，难道就称心如意了吗？我听说过：君子不应当在父母身上去省钱。"

【评析】

这段话表达了孟子对父母的孝心问题。他认为，做一个材质好而又具有一定厚度的棺椁，这是对已故父母尽孝心的表达方式。孟子这种观点在很大程度上反映了中国古代殡葬习俗和孝道的价值观念，一般来说，达官贵人和富裕家庭使用的棺椁大多材质好而又厚实，而贫穷之家使用的棺椁则材质较差而又比较单薄。

4.8 讨伐与杀人的合理性问题

【原文】

沈同以其私问曰："燕可伐与？"

孟子曰："可；子哙不得与人燕，子之不得受燕于子哙。有仕于此，而子悦之，不告于王，而私与之吾子之禄爵；夫士也，亦无王命而私受之于子，则可乎？何以异于是？"

齐人伐燕。或问曰："劝齐伐燕，有诸？"

曰："未也；沈同问'燕可伐与'，吾应之曰：'可。'彼然而伐之也。彼如曰：'孰可以伐之？'则将应之曰：'为天吏，则可以伐之。'今有杀人者，或问之曰：'人可杀与？'则将应之曰：'可。'彼如曰：'孰可以杀之？'则将应之曰：'为士师，则可以杀之。'今以燕伐燕，何为劝之哉！"

【译文】

沈同从个人的角度问孟子："燕国可以讨伐吗?"

孟子说："可以。燕王子哙不应该把燕国让给别人,相国子之也不应该从子哙那里接受燕国。比如有个读书人,你很喜欢他,不和齐王说一声就把你的俸禄官位都送给他;那读书人呢,也没得到齐王任命就从你那儿接受了俸禄官位,这样可以吗?子哙、子之私相授受与这件事有什么不同呢?"

齐国讨伐燕国。有人问孟子说:"你劝齐国讨伐燕国,有这回事吗?"

孟子回答:"没有。沈同问我'燕国可以讨伐吗?'我回答说:'可以。'他们就这样讨伐燕国了。他如果问谁可以去讨伐它,那我会回答说:'是天子的官吏,才可以讨伐它。'比如现在有个杀人犯,有人问道:'这犯人该杀吗?'那我会说:'该杀。'如果他再问:'谁可以杀他?'那我会回答:'治狱官才可以杀他。'如今却是另一个燕国去讨伐燕国,我为什么去劝他呢?"

【评析】

这一章提出了讨伐他国和杀人的合法性问题。孟子认为,社稷是不可以随便授受的,燕王子哙不应该把燕国让给子之,子之也不应该从子哙那里接受燕国。事实上,燕王子哙把燕国禅让给子之以后不久,子之缺乏治国才能,很快引发了燕国的混乱。但是,在孟子看来,燕国即使内乱,也并非谁都有资格去讨伐的,而只有尊奉天道的仁义之师,才有资格讨伐。孟子认为,杀人亦是如此,即使某个人犯罪该杀,也只有刑事官才可以杀他。

孟子提倡王道和仁政,反对霸道,反对攻城略地的不义战争。"他对于推翻暴政、解民倒悬的正义战争,对于平定内乱,恢复和平秩序的吊民伐罪战争表示赞同,并认为'仁者无敌',表现出可贵的理想主义精神。但孟子只考虑战争的正义性,忽略国家规模、军事训练和武器装备,使王道仁政理想难以真正实现。即使实现,可能也要付出沉重代价。总结孟子战争与和平的思维教训，为王道战胜霸道提供可行的途径，对现代国家确立正义的战争观、捍卫世界和平具有重大现实意义。"①

4.9 过则改之与过则顺之

【原文】

燕人畔。王曰："吾甚惭于孟子。"

陈贾曰："王无患焉。王自以为与周公孰仁且智？"

王曰："恶！是何言也！"

曰："周公使管叔监殷，管叔以殷畔；知而使之，是不仁也；不知而使之，是不智也。仁智，周公未之尽也，而况于王乎？贾请见而解之。"

见孟子，问曰："周公何人也？"

曰："古圣人也。"

曰："使管叔监殷，管叔以殷畔也，有诸？"

曰："然。"

曰："周公知其将畔而使之与？"

曰："不知也。"

"然则圣人且有过与？"

曰："周公，弟也；管叔，兄也。周公之过，不亦宜乎？且古之君子，过则改之；今之君子，过则顺之。古之君子，其过也，如日月之食，民皆见之；及其更也，民皆仰之。今之君子，岂徒顺之，又从为之辞。"

【译文】

燕国人反叛齐国。齐王说："我对孟子感到很惭愧。"

陈贾说："齐王不要惭愧。您和周公相比，认为谁更仁智呢？"

齐王说："哎！这是什么话呀！"

陈贾说："周公让管叔监督殷国遗民，管叔却率领他们叛乱；如果周

---

① 王国良：《试论孟子正义战争与和平思想》，《国学学刊》2020 年第 1 期。

公预知而派管叔去，那就是不仁；如果周公未能预知而派他去，那就是不智。仁和智，连周公都没有完全做到，何况您呢？我请求去见孟子解释。"

陈贾来见孟子，问道："周公是怎样的人？"

孟子回答："古代的圣人。"

陈贾说："他让管叔监督殷朝遗民，管叔却率领他们叛乱，有这回事吗？"

孟子回答："有的。"

陈贾问道："周公预料他会叛乱而派他去的吗？"

孟子回答："没有料到的。"

陈贾说："那么，圣人也会犯错吗？"

孟子回答："周公是弟弟，管叔是哥哥，周公的错误，不是合情合理的吗？而且，古代的君子，有了错误就改正；今天的君子，有了错误，还将错就错。古代的君子，他的过错就像日月之食，百姓都看得到；当他改正时，百姓都仰视他们。今天的君子，又何止将错就错，还要为错误文过饰非呢！"

【评析】

这一章主要讲人对待错误的态度，是"过则改之"还是"过则顺之"。孟子以周公为例，说明古代君子能够"过则改之"，而当时的君子却做不到，反而是"过则顺之"，文过饰非。

"过则改之"是古代君子应有的修行。《左传·宣公二年》记载，晋灵公做事不合为君之道，大臣士会向晋灵公进谏："人谁无过？过而能改，善莫大焉"。孔子与《左传》的作者左丘明是同时代人，而且还是好朋友，《论语·子张》载子贡曰："君子之过也，如日月之食焉。过也，人皆见之；更也，人皆仰之"。子贡这里虽然是说君子之过，如日月之食，但实际上是在歌颂孔子。孟子在本章中歌颂了古代君子"过则改之"如日月之食，很明显是受到《论语》的影响。

《论语·子张》载子夏说："小人之过也必文。"是说小人犯了过错一定要掩饰。孟子这里批评了"今之君子，岂徒顺之，又从为之辞"。

我们从中也可以看到《论语》对孟子的影响。人生在世，应该虚怀若谷，敢于承认错误，过则改之，才能不断完善自己。

4.10 孟子的富贵观

【原文】

孟子致为臣而归。王就见孟子曰："前日愿见而不可得，得侍同朝，甚喜；今又弃寡人而归，不识可以继此而得见乎？"对曰："不敢请耳，固所愿也。"

他日，王谓时子曰："我欲中国而授孟子室，养弟子以万钟，使诸大夫国人皆有所矜式。子盍为我言之！"

时子因陈子而以告孟子，陈子以时子之言告孟子。

孟子曰："然。夫时子恶知其不可也？如使予欲富，辞十万而受万，是为欲富乎？季孙曰：'异哉子叔疑！使己为政，不用，则亦已矣，又使其子弟为卿。人亦孰不欲富贵？而独于富贵之中有私龙断焉。'古之为市也，以其所有易其所无者，有司者治之耳。有贱丈夫焉，必求龙断而登之，以左右望，而罔市利。人皆以为贱，故从而征之。征商自此贱丈夫始矣。"

【译文】

孟子辞官回到住处。齐王到孟子家中说："过去希望看到您而未能如愿，后来能够同朝共事，我很高兴；现在您又扔下我回去了，不知道以后还可以相见吗？"孟子回答："只是不敢请求罢了，这本来是我的愿望。"

过了几天，齐王对时子说："我想在国都中央给孟子一幢房屋，给他万钟之粟，来培养他的学生，使各位大夫和百姓都有个榜样。你何不为我去和孟子谈谈！"

时子通过孟子的弟子陈臻把齐王的话转告孟子，陈臻把时子托付的话告诉了孟子。

孟子说："是的，时子怎么知道这事是不能做的呢？如果我想发财，辞去十万钟的俸禄来接受这一万钟，是为了发财吗？季孙说过：'奇怪呀子叔疑！自己要做官，不被人重用，也就算了，却还要让儿子兄弟来做卿大夫。人谁不想富贵？而他却想垄断富贵。'古代做买卖，用自己有的去换自己没有的，有关部门只是管理罢了。有个贱男人，为了垄断而登高左右张望，想垄断整个市场的利润。大家都觉得这个人卑劣，因此征他的税。向商人征税就是从这个贱男人开始的。"

【评析】

孟子的富贵观是建立在他的人生理想和人格基础上的，他在齐国试图实现仁政的理想无法实现，即使齐王仍然推重他，想把他留下，给他盖房子，给他万钟之粟，他也依然拒绝。有学者认为，"孟子政治哲学之中有两大主题：入仕之道与为官之道。关于为官之道，其中一个重要议题就是孟子去齐。孟子去齐最重要的原因就是齐宣王不能实践孟子的理想。对于孟子离开齐国，齐宣王曾经用财物进行过挽留，也有一些齐国大夫和说客来指责孟子，孟子的一些学生也对这件事情发表不同的意见，孟子对此进行一一回应。在这些回应中，表明孟子作为一个儒者应有的性格，那就是让百姓过上好的生活，实行仁政，一统天下"①。因此，笔者认为，孟子在齐国并不是为了谋取个人物质利益和社会地位，而是为了实现自己行仁政的社会理想。既然齐王不能听取孟子行仁政的思想，孟子也就没有必要再待在齐国了。

孟子以子叔疑和"贱男人"为例，说明做人不能贪得无厌，每个人虽然都希望自己富贵，但不能为了利益而放弃做人的原则。

子叔疑，具体不详，赵岐认为是孟子弟子。

4.11 卧而不听的骨气

【原文】

孟子去齐，宿于昼。有欲为王留行者，坐而言。不应，隐几而卧。

---

① 杜保瑞：《论孟子去齐的君子入仕之道》，《国际儒学论丛》2019年第1期。

客不悦曰："弟子齐宿而后敢言，夫子卧而不听，请勿复敢见矣。"

曰："坐！我明语子。昔者鲁缪公无人乎子思之侧，则不能安子思；泄柳、申详无人乎缪公之侧，则不能安其身。子为长者虑，而不及子思；子绝长者乎？长者绝子乎？"

【译文】

孟子离开齐国，在昼县过夜。有一位想替齐王挽留孟子的人坐着对孟子说话，孟子没有理会，伏在几案上。

来人不高兴地说："弟子来前行斋一夜才敢和您说话，您却伏案不听，今后不敢再和您见面了。"

孟子说："坐下！我明白地告诉你。过去鲁缪公如果没有人在子思身边，就不能使子思安心；如果泄柳、申详没有人在鲁缪公身边，也就不能使自己安心。你替我这个老人考虑，而连鲁缪公怎样对待子思都想不到，那么，是你对我做得绝呢，还是我对你做得绝？"

【评析】

如果不了解具体语境，就很难理解这段话中的孟子为什么要这样做。如前所述，齐王没有采纳孟子行仁政的谏言，孟子在齐国无法实现自己的社会理想。这位客人却一厢情愿地为齐王当说客，这显然不符合孟子的心理期待。所以，孟子的行为看似无礼，其实也在情理之中。在孟子看来，是这位客人不理解自己，不善解人意，而不是自己拒绝这位客人。

孟子是孔子的忠实信徒。"孔子把对道义的坚守视为一个人最重要的品质，要求儒者在任何情况下都不能背离道义，不能背离人生大道。"[1]《论语·述而》载孔子曰："富而可求也，虽执鞭之士，吾亦为之。如不可求，从吾所好。"孟子是一个具有社会责任感的思想家，继承了孔子对待富贵的价值观。从孟子对待这位客人的方式来看，确实体现了孔子"不义而富且贵，于我如浮云"的价值观，我们现代社会也需要倡导这

---

① 刘学智：《儒道哲学阐释》，西北大学出版社 2018 年版，第 56 页。

种价值取向。在官本位大行其道的社会氛围中，知识分子尤其需要具有"卧而不听"的骨气，需要追求真理和社会理想的勇气。

4.12　齐民安与天下之民举安

【原文】

孟子去齐。尹士语人曰："不识王之不可以为汤武，则是不明也；识其不可，然且至，则是干泽也。千里而见王，不遇故去，三宿而后出昼，是何濡滞也？士则兹不悦！"高子以告。

曰："夫尹士恶知予哉？千里而见王，是予所欲也；不遇故去，岂予所欲哉？予不得已也。予三宿而出昼，于予心犹以为速，王庶几改之；王如改诸，则必反予。夫出昼，而王不予追也，予然后浩然有归志。予虽然，岂舍王哉！王由足用为善；王如用予，则岂徒齐民安，天下之民举安。王庶几改之！予日望之！予岂若是小丈夫然哉？谏于其君而不受则怒，悻悻然见于其面，去则穷日之力而后宿哉？"

尹士闻之曰："士诚小人也！"

【译文】

孟子离开了齐国，尹士对别人说："不了解齐王不能够做商汤、周武王，那是孟子不明白；知道齐王不行，然而还要来，就是为富贵来的。千里迢迢来见齐王，不被任用才离开，在昼县住了三晚才走，为什么这么迟延呢？这种做法我很不赞同！"高子把尹士的话告诉了孟子。

孟子说："尹士怎能了解我呢？千里迢迢来见齐王，是我怀着希望；希望落空而离去，岂是我希望的吗？我是不得已罢了。我在昼县住了三晚才离开，我觉得还是太快了，齐王或许会改变态度的；齐王如果改变态度，就一定召我返回。我出了昼县，齐王还没有召回我，我才下决心回乡。我虽然离开，难道舍得齐王吗？齐王具有行仁政的条件；齐王如果用我，又何止齐国的百姓享太平，天下的百姓都将享太平。齐王或许会改变态度的！我天天盼望着！我岂是斤斤计较的小丈夫的样子？向齐王进谏如果不被接受，就生气，失望不满写在脸上，离开时就跑得精疲力竭才肯住下吗?"

尹士听了高子转达的孟子这段话说："我尹士真是个小人哪!"

【评析】

在思想史上，思想家有时不被社会很多人所理解，有时会很孤独。在这段对话中，齐国的尹士就不理解孟子，甚至把孟子看作是一个凡夫俗子。尹士认为，孟子缺乏智慧，居然不理解齐王没有商汤和周武王的品行；孟子明明知道齐王不行，还是来见齐王，就是为了贪图富贵；孟子不被齐王任用，而又恋恋不舍，迟迟不肯马上里开齐国，孟子似乎还贪恋富贵。

孟子从弟子高子那里听到尹士的话以后，感叹尹士不了解自己，接着向高子坦然回答了尹士的世俗之见。孟子来齐国拜见齐王，不是为了个人的荣华富贵，而是希望能够辅佐齐王行仁政，王天下。但是很遗憾，齐王不接受孟子的思想，孟子在对齐王心存希望的前提下，期待齐王能够回心转意，召回自己，在彻底失望以后，才不得不离开齐国。实际上，"齐宣王并不真心重用他。孟子看到自己的许多建议得不到采纳，只好恋恋不舍地离开齐国"①。可以说，孟子当时心理上是比较复杂的，对齐王的希望与失望交织在一起，面对尹士之类的世俗之见，自己也多少会有些烦闷。

人与人之间需要沟通，才能互相信任。高子把孟子的话转达给尹士以后，尹士终于豁然开朗，原来是自己误会了孟子，并且坦然承认自己错了，"士诚小人也!"一个人能够承认自己是小人，这也需要坦诚和勇气。

4.13 欲平治天下，舍我其谁

【原文】

孟子去齐，充虞路问曰："夫子若有不豫色然。前日虞闻诸夫子曰：

---

① 孟祥才：《先秦人物与思想散论》，上海古籍出版社 2019 年版，第 297 页。

'君子不怨天，不尤人。'"

曰："彼一时，此一时也。五百年必有王者兴，其间必有名世者。由周而来，七百有余岁矣。以其数，则过矣；以其时考之，则可矣。夫天未欲平治天下也；如欲平治天下，当今之世，舍我其谁也！吾何为不豫哉？"

【译文】

孟子离开齐国，充虞在路上问道："老师好像不太高兴的样子。前些天我听您讲过，'君子不抱怨天，不抱怨别人'。"

孟子说："彼一时，此一时。每过五百年一定有位圣君兴起，这期间一定有贤人出现。从周武王以来，已经七百多年了。论年数，已经超过了；论时势，也应该有圣君贤臣出来了。上苍还没想到要让天下太平，如果想要让天下太平，当今时代，除了我还有谁呢！我有什么不高兴呢？"

【评析】

这一段话是孟子在离开齐国的路上回答弟子充虞的问话。充虞看到老师离开齐国不太高兴，于是就有了上面的问话。

孟子在回答问话中包含了两个方面的内容：一是关于"五百年必有王者兴，其间必有名世者"。这段话揭示了人才史上的一个规律，即杰出人才的出现并非偶然，而是适应特殊时代应运而生。在历史长河中，不是每个时代都会出现伟大人物，而是经过多少年的历史积淀，才能够酝酿和造就一个或几个伟大的人物，这些伟大人物一定是适应特定社会需要才会出现，既有偶然性，也蕴含着历史的必然性，体现了人才发展的客观规律。

二是高度自信的主体意识与知识分子的高度社会责任感。"欲平治天下，当今之世，舍我其谁也！"这是多么的自信、自豪和霸气！这是对思想家社会价值的高度肯定。李白有"天生我材必有用"的自信，范仲淹《岳阳楼记》则说："不以物喜，不以己悲，居庙堂之高则忧其民，处江湖之远则忧其君。是进亦忧，退亦忧。然则何时而乐耶？其必曰'先天下之忧而忧，后天下之乐而乐'乎！"由范仲淹这段话可以更好地理解孟子作为一个知识分子和思想家忧国忧民的情怀和远大志向，超越了个人利害得失，全心全意为天下谋太平。"在齐国从政的失利不但没有让孟子放弃自己的平生所学，更没有影响到高扬仁义道德的雄心壮志和满怀激情，所以他说'如欲平治天下，当今之世，舍我其谁也'。话语中充满了自信和勇气，同时也表现出难以推卸的责任感和使命感。"① 孟子这里启示我们，我们人生在世，理所当然应该具有主体性和社会责任感，体现出历史创造精神和敢于担当重任的自然意识。

另外，在本章中，"君子不怨天，不尤人"来自孔子。《论语·宪问》载孔子曰："莫我知也夫！"子贡曰："何为其莫知子也？"子曰："不怨天，不尤人。下学而上达，知我者其天乎！"

成语"彼一时此一时"和"舍我其谁"都出于这一章，这些成语到现在还被广泛使用。

4.14　无功不受禄

【原文】

孟子去齐，居休。公孙丑问曰："仕而不受禄，古之道乎？"曰："非也。于崇，吾得见王，退而有去志；不欲变，故不受也。继而有师命，不可以请。久于齐，非我志也。"

【译文】

孟子离开齐国，住在休地。公孙丑问道："做官却不受俸禄，合乎古道吗？"孟子说："不。在崇地，我见到了齐王，回来就有离开的想法；齐王不改变想法，所以我不接受俸禄。不久，齐国有战事，这时不宜请求离开。长久居于齐国，不是我希望的。"

---

① 刘全志：《先秦诸子文献的形成》，中华书局 2016 年版，第 79 页。

【评析】

这一段对话还是围绕孟子离开齐国展开的。其中对"不欲变"一句的理解，杨伯峻先生①和刘兆伟先生②都认为"不欲变"的主体是孟子，意思是说孟子不想改变自己的想法，但结合前面几章对话，孟子希望齐王能够改变想法召回自己，由此可见，这里"不欲变"的主体仍然应该是齐王，也就是说，孟子还是希望齐王能够转变治国的理念，而现实中齐王没有想转变观念接受孟子行仁政的建议，所以，孟子就不愿意继续待在齐国接受俸禄。

---

① 杨伯峻：《孟子译注》，中华书局 2012 年版，第 117 页。
② 刘兆伟：《孟子译评》，中华书局 2011 年版，第 118 页。

第五章

滕文公上译评

【本章引语】

《滕文公上》共5节。

5.1：孟子以尧舜为典范，以成覵、颜渊和公明仪的话为例，向太子说明行善的重要性。

5.2：通过太子举行三年之丧，反映了上行下效的民风。

5.3：孟子教导滕文公如何治国理政：一是"民事不可缓"，要让百姓有谋生之道，国家才能安定。二是要实行井田制，让老百姓先公后私。实行井田制，一定要从划分田界开始。

5.4：孟子对社会分工进行了比较全面的分析。孟子认为，在社会分工中有脑力劳动和体力劳动的区分，阐释了劳心者与劳力者的辩证关系。

5.5：孟子开导墨家信徒夷之。针对墨家薄葬的观点，孟子认为"孝子仁人之掩其亲"有其合理性。

5.1 孟子道性善

【原文】

滕文公为世子，将之楚，过宋而见孟子。孟子道性善，言必称尧舜。世子自楚反，复见孟子。

孟子曰："世子疑吾言乎？夫道一而已矣。成覵谓齐景公曰：'彼，丈夫也；我，丈夫也；吾何畏彼哉？'颜渊曰：'舜，何人也？予，何人也？有为者亦若是。'公明仪曰：'文王，我师也；周公岂欺我哉？'今滕，绝长补短，将五十里也，犹可以为善国。《书》曰：'若药不瞑眩，厥疾不瘳。'"

【译文】

滕文公做太子的时候，要到楚国去，经过宋国时见了孟子。孟子讲人性善的道理，开口不离尧舜。太子从楚国回来，又见孟子。孟子说："太子怀疑我的话吗？天下的真理只有一个。成覸对齐景公说：'他是个男子汉，我也是个男子汉，我凭什么怕他呢？'颜渊说：'舜是怎样的人？我是怎样的人？有作为的人也应像他那样。'公明仪说：'文王是我的老师，周公难道骗我吗？'现在的滕国，截长补短，还有将近方圆五十里的土地，还可以治理成一个好国家。《书经》说：'如果药不叫人头昏脑涨，病是好不了的。'"

【评析】

在本章中，成覸是齐国勇士。公明仪，孔子学生子张的弟子，著名音乐家。孟子以尧舜为典范，以成覸、颜渊和公明仪的话为例，向太子说明行善的重要性。

孟子主张性善论，认为人的本性是善的。在《公孙丑上》中，孟子已经指出"人皆有不忍人之心"，认为"无恻隐之心，非人也；无羞恶之心，非人也；无辞让之心，非人也；无是非之心，非人也。恻隐之心，仁之端也；羞恶之心，义之端也；辞让之心，礼之端也；是非之心，智之端也。人之有是四端也，犹其有四体也"。在《孟子·告子上》中，孟子以水性比喻人性，认为"水信无分于东西，无分于上下乎？人性之善也，犹水之就下也。人无有不善，水无有不下。今夫水，搏而跃之，可使过颡；激而行之，可使在山。是岂水之性哉？其势则然也。人之可使为不善，其性亦犹是也"。孟子认为人的本性善犹如水向低处流一样，是客观的本性。孟子认为，恻隐之心、羞恶之心、恭敬之心和是非之心都是人人具有的本性，这四种心分别对应仁、义、礼、智，而仁义礼智不是外在因素所致，而是人本性就具有的。

孟子对性善论的研究，这"是孟子的一大发明，也是孟子对中国哲学思想的最大贡献"①。"孟子的性善论，其内涵是一种人性本善论。或以孟子的人性论为一种人性向善论，仅将此性善理解为一种向善的可能性。这其实是一种误解。"② 对于人的本性的探讨，孟子只是从理想的人性出发，看到了人的善性，而没有看到人性是通过后天主观与客观因素在互相影响中逐渐形成的，人性充满了变化，是一个复杂的变量，而不是先天具有的一个抽象的常数。

本章中，还有一点值得我们注意，孟子以尧舜为典范，以成覸、颜渊和公明仪的话为例，向太子说明行善的重要性，这对于人才开发具有重要的启迪。从人才开发的角度来看，典范的榜样力量具有重要的示范效应，客观上能够给后来者潜移默化的激励和积极影响。用古罗马美学家郎加纳斯的话来说，前人的榜样"就会象灯塔那样放光来指导我们，而且会提高我们的灵魂使充分达到我们所设想的高度"③。

5.2　上行下效

【原文】

滕定公薨，世子谓然友曰："昔者孟子尝与我言于宋，于心终不忘。今也不幸，至于大故，吾欲使子问于孟子，然后行事。"然友之邹问于孟子。

孟子曰："不亦善乎！亲丧，固所自尽也。曾子曰：'生，事之以礼；死，葬之以礼，祭之以礼，可谓孝矣。'诸侯之礼，吾未之学也。虽然，吾尝闻之矣：三年之丧，齐疏之服，飦粥之食，自天子达于庶人，三代共之。"

然友反命，定为三年之丧。父兄百官皆不欲，曰："吾宗国鲁先君莫之行，吾先君亦莫之行也，至于子之身而反之，不可。且《志》曰：

---

① 复旦大学哲学系中国哲学史教研室编：《中国古代哲学史》上卷，上海古籍出版社2006年版，第56页。

② 李景林：《从论才三章看孟子的性善论》，《北京师范大学学报》2018年第6期。

③ 〔古罗马〕郎加纳斯：《论崇高》，钱学熙译，《文艺理论译丛》1958年第2期。

'丧祭从先祖。'曰:'吾有所受之也。'"

谓然友曰:"吾他日未尝学问,好驰马试剑。今也父兄百官不我足也,恐其不能尽于大事,子为我问孟子。"然友复之邹问孟子。

孟子曰:"然,不可以他求者也。孔子曰:'君薨,听于冢宰,歠粥,面深墨,即位而哭,百官有司莫敢不哀,先之也。'上有好者,下必有甚焉者矣。君子之德,风也;小人之德,草也。草尚之风,必偃。①是在世子。"

然友反命。世子曰:"然,是诚在我。"

五月居庐,未有命戒。百官族人可,谓曰知。及至葬,四方来观之,颜色之戚,哭泣之哀,吊者大悦。

【译文】

滕定公去世,太子对他的师傅然友说:"过去在宋国,孟子曾和我谈话,我一直难以忘怀。现在不幸父亲去世,我想请您到孟子那里请教,然后再办丧事。"然友就到邹国去请教孟子。

孟子说:"这样很对呀!父母去世,本来就应该让自己尽情表达悲痛的。曾子说:'父母健在,依礼奉侍;父母去世,依礼埋葬,依礼祭祀,这才可算是尽到孝心了。'我没有学过诸侯的礼节,却也曾听说过:实行三年的丧礼,穿着粗布缝边的孝服,吃着稀粥,从天子到老百姓,夏、商、周三代都是这样的。"

然友回国传达了孟子的话,太子决定行三年的丧礼。滕国的父老官吏都不愿这样做,说:"我们宗主国鲁国的历代君主没有实行过,我国的历代君主也没有实行过,到你这一代却与此相反,这是不应该的。而且《志》说过:'丧礼祭礼依照先祖之法。'意思是说,'我们有祖训可依'。"

太子对然友说:"我以前不曾做过学问,只喜欢跑马舞剑。现在,父老百官不满意我的主张,恐怕不能让我尽心竭力去办丧事,您再替我去请教孟子吧!"于是,然友又到邹国去请教孟子。

孟子说:"是的,这种事是求不得别人的。孔子说过,'君主去世,

---

① 《论语·颜渊》:"君子之德风,小人之德草,草上之风必偃。"

政务由宰相处理，世子喝着粥，面色墨黑，走近孝子之位就哭，大小官吏没有人敢不悲哀，这是因为世子带了头。'上有所好，下面的人就会更加效仿。君子的德好像风，小人的德好像草。风向哪边吹，草就向哪边倒。这件事完全取决于太子。"

然友回来回复太子。太子说："是的，这事确实取决于我。"

太子在庐守丧五个月，没有发布命令。官吏同族都很赞成，认为知礼。等到举行葬礼的时候，四方人都来观礼，太子表情的悲戚，哭泣的哀痛，吊丧的人心悦诚服。

【评析】

这一章通过滕国太子处理滕定公的丧事，一是反映了太子向孟子请教的谦虚态度；二是反映了孟子对上行下效的阐释。孟子在对话中运用了《论语》"君子之德风，小人之德草，草上之风必偃"的说法，也认为上行下效。他让太子自己决定丧礼，并通过太子在葬礼上所表现的真情实感，得到官吏同族的赞同。但是，太子决定三年的丧礼比传统的丧礼反而增加了时间，从丧礼从简的角度来看，这不符合丧礼的发展趋势。

"上有好者，下必有甚"是成语"上行下效"的来源。从社会治理的角度来看，"上行下效"对于建设干部队伍，发挥各级领导干部的典范作用，形成优良的社会风气，建设和谐社会，具有非常重要的参考价值。

5.3　民事不可缓

【原文】

滕文公问为国。

孟子曰："民事不可缓也。《诗》云：'昼尔于茅，宵尔索绹；亟其乘屋，其始播百谷。'民之为道也，有恒产者有恒心，无恒产者无恒心。苟无恒心，放辟邪侈，无不为已。及陷乎罪，然后从而刑之，是罔民也。焉有仁人在位，罔民而可为也？是故贤君必恭俭礼下，取于民有制。阳虎曰：'为富不仁矣，为仁不富矣。'夏后氏五十而贡，殷人七十而助，周人百亩而彻，其实皆什一也。彻者，彻也；助者，藉也。龙子曰：'治地莫善于助，莫不善于贡。'贡者，校数岁之中以为常。乐岁，粒米狼戾，多取之而不为虐，则寡取之；凶年，粪其田而不足，则必取盈焉。为民父母，使民盼盼然，将终岁勤动，不得以养其父母，又称贷而益之，使老稚转乎沟壑，恶在其为民父母也？夫世禄，滕固行之矣。《诗》云：'雨我公田，遂及我私。'惟助为有公田。由此观之，虽周亦助也。设为庠序学校以教之。庠者，养也；校者，教也；序者，射也。夏曰校，殷曰序，周曰庠。学则三代共之，皆所以明人伦也。人伦明于上，小民亲于下。有王者起，必来取法，是为王者师也。《诗》云：'周虽旧邦，其命惟新。'文王之谓也。子力行之，亦以新子之国！"

使毕战问井地。

孟子曰："子之君将行仁政，选择而使子，子必勉之！夫仁政，必自经界始。经界不正，井地不钧，谷禄不平，是故暴君污吏必慢其经界。经界既正，分田制禄可坐而定也。夫滕，壤地褊小，将为君子焉，将为野人焉。无君子，莫治野人；无野人，莫养君子。请野九一而助，国中什一使自赋。卿以下必有圭田，圭田五十亩；余夫二十五亩。死徙无出乡，乡田同井；出入相友，守望相助，疾病相扶持，则百姓亲睦。方里而井，井九百亩，其中为公田。八家皆私百亩，同养公田。公事毕，然后敢治私事，所以别野人也。此其大略也。若夫润泽之，则在君与子矣。"

【译文】

滕文公请教怎样治理国家。

孟子说："老百姓的事是不能拖延的。《诗经·豳风·七月》说：'白天割茅草，晚上搓绳儿；赶紧修房屋，按时播五谷。'老百姓有他们的规律：有固定产业的人才有恒定的信念，没有固定产业的人就没有恒定的信念。没有一定信念的人，就会胡作非为违法乱纪，什么事都做得出来。等到他们犯了罪，然后加以处罚，这等于陷害。哪有仁人在位却做出陷害老百姓的事呢？所以贤明的君主一定要敬业、节俭、礼遇臣下，取之于民要依照制度。阳虎曾经说过：'要想发财就不能仁爱，要想仁爱就不能发财。'夏代每家五十亩地而行'贡'法，商朝每家七十亩地而行'助'法，周朝每家一百亩地而行'彻'法。这三法的实质都是十分抽一。'彻'是'通'的意思，'助'是借助的意思。龙子说过：'田税最好的是助法，最不好的是贡法。'贡法是把几年的平均数为定数。丰年，谷米撒得遍地都是，多征收一点也不算暴虐，却并不多收；灾年，收到的秸秆连肥田都不够，却非收足平均数不可。作为百姓父母的君主，却让他们一年到头辛苦劳顿，结果连自己的父母都养不活，还需要借高利贷来交足赋税，最终使老小只能到沟壑中去等死，这怎么能算是'为民父母'呢？当官的有世袭的田租收入，滕国早就实行了。《诗经·小雅·大田》上说：'雨先下到公田，然后再下到私田！'只有助法才有公田有私田。这样看来，即使周朝，也是实行助法的。要兴办庠序学校来教化人民。'庠'是教养的意思，'校'是教导的意思，'序'是教射箭的意思。夏代叫'校'，商代叫'序'，周代叫'庠'；'学'这个名称，三代都这么叫。学习是为了让人明白人的伦常。处于上位的人明白了人的伦常，百姓自然就会和睦。这时如有圣王兴起，也一定会来学习效法，这等于做了圣王的老师。《诗经·大雅·文王》说：'岐周虽然是古国，国运却焕然一新。'这是赞美文王的诗。你努力实行吧，也来让你的国家气象一新！"

滕文公派毕战来请教井田制。

孟子说："你的国君准备实行仁政，选中你来问我，你一定要好好干！实行仁政，一定要从划分田界开始。田界划分不正确，井田大小就不均匀，俸禄的田租收入不公平，所以暴虐的君王和贪官污吏总是轻视田界划分。田间界限正确了，土地分配和官吏俸禄都可以轻松决定了。滕国土地狭小，也有贵族和农民的区分。没有贵族，就没人治理农民；没有农民，也没人养活贵族。郊野用九分抽一的助法，都城用十分抽一的贡法。公卿以下的官吏一定有圭田，每家五十亩；如有剩余的劳动力，每人再给二十五亩。无论埋葬或搬家，都不离开本乡本土。一井田中的各家，平日互相友爱，互相帮助；罹患疾病，互相照顾，百姓就亲爱和睦了。每一平方公里土地为一井，每一井为九百亩，当中一百亩是公田，八家都各有私田百亩。这八家共同耕种公田，先把公田料理完毕，才敢去干私田的农活，这是体力劳动者与脑力劳动者的区别法。这不过是一个大略，如何充实完善细节，那就在于你的国君和你本人了。"

【评析】

孟子这一章提出了"民事不可缓"的民本思想，认为老百姓的事不能拖延，这种思想极其可贵。任继愈先生认为，孟子的"民为贵"的思想，是为孟子的仁政学说服务的，为了加强封建君主地位的，不是为民争地位的。"尽管如此，孟子把劳动者（民）的问题放在他的政治学说的重要地位，并促使统治者重视民的问题，这种思想本身还是有积极意义的。"① 我们站在历史的维度来看，孟子以民为本，认为"民事不可缓"，这已经充分表现了孟子关心民生疾苦的情怀，而绝不仅仅是为了加强封建君主地位。

在《孟子·梁惠王上》中，孟子已经阐释了"无恒产而有恒心者，惟士为能。若民，则无恒产，因无恒心"。这一章，孟子继续阐释了恒产与恒心的关系，认为"民之为道也，有恒产者有恒心，无恒产者无恒心。苟无恒心，放辟邪侈，无不为已。及陷乎罪，然后从而刑之，是罔民也"。孟子认为，仁人在位，是决不能做"罔民"的事情，因为"贤君必恭俭礼下，取于民有制"。即按照制度取之于民，而不能随意取之于民。在这段对话中，孟子还以阳虎所说的"为富不仁矣，为仁不富矣"为例，旨在说明君主要行仁政，就不能贪图发财。

孟子在本章中阐释了"人伦明于上，小民亲于下"的人伦关系。这也体现了孟子对上行下效的思考。他认为，只有处于上位的君主、官吏能够懂得人伦纲常，因为君子之德风，小人之德草，所以百姓上行下效，看到君主官吏能够明人伦，他们的人伦关系自然就会和睦。

孟子还客观地揭示了"君子"与"野人"的辩证关系。"无君子，莫治野人；无野人，莫养君子。"在上古时期，野人是指居国城郊野的人，泛指村野之人、农夫，与"国人"相对。从历史的观点来看，孟子

---

① 任继愈:《中国哲学史》（一），人民出版社 2010 年版，第 154 页。

所说的"野人"实际上主要是指社会最底层的农民，从社会治理的角度来看，君子处于社会结构中的上层，具有管理社会的职责，这类似柏拉图所说，在理想国里哲学家当王一样。孟子认为，社会管理离不开君子。与此同时，孟子也看到了是"野人"在养着"君子"，没有"野人"，"君子"就无法生存。因此，"君子"与"野人"之间客观上存在相辅相成、相互依存的辩证关系，尽管这种关系存在一定的不合理性，但这毕竟是历史的客观存在。

孟子虽然也主张实现井田制，但他的井田制不同于历史上的井田制。西周时期，道路和水渠纵横交错，统治者把土地分隔成方块，形状像"井"字，因此称作"井田"。周王把井田分配给庶民使用，庶民要交一定的贡赋。孟子反对君主收取的税赋太多，反对统治者"罔民"，要求"贤君必恭俭礼下，取于民有制"。意思是说，君主不能收取百姓太多的税。因此，他主张每一平方公里土地为一井，每一井为九百亩，当中一百亩是公田，八家都各有私田百亩，这八家共同耕种公田，先把公田料理完毕，才去干私田的农活。孟子这样主张，实际上在兼顾君主与百姓共同利益的基础上，更加倾向于百姓的利益，因为公田占的比例并不太高。"孟子根据时代需求，结合自己对税收史的研究，提出了一套较为完整的税收理论，并将该理论付诸实践。"[1] 孟子关于税收的观点，成为研究中国税收史的重要资料。

5.4　论社会分工

【原文】

有为神农之言者许行，自楚之滕，踵门而告文公曰："远方之人，闻君行仁政，愿受一廛而为氓。"文公与之处。其徒数十人，皆衣褐，捆屦，织席以为食。

陈良之徒陈相与其弟辛，负耒耜而自宋之滕，曰："闻君行圣人之

---

① 　衣抚生：《孟子的税收思想与实践》，《人文天下》2020 年 11 月刊。

政，是亦圣人也，愿为圣人氓。"陈相见许行而大悦，尽弃其学而学焉。

陈相见孟子，道许行之言曰："滕君则诚贤君也。虽然，未闻道也。贤者与民并耕而食，饔飧而治。今也滕有仓廪府库，则是厉民而以自养也，恶得贤？"

孟子曰："许子必种粟而后食乎？"

曰："然。"

"许子必织布而后衣乎？"

曰："否，许子衣褐。"

"许子冠乎？"

曰："冠。"

曰："奚冠？"

曰："冠素。"

曰："自织之与？"

曰："否，以粟易之。"

曰："许子奚为不自织？"

曰："害于耕。"

曰："许子以釜甑爨，以铁耕乎？"

曰："然。"

"自为之与？"

曰："否，以粟易之。"

"以粟易械器者，不为厉陶冶；陶冶亦以其械器易粟者，岂为厉农夫哉？且许子何不为陶冶，舍皆取诸其宫中而用之？何为纷纷然与百工交易？何许子之不惮烦？"

曰："百工之事，固不可耕且为也。"

"然则治天下独可耕且为与？有大人之事，有小人之事。且一人之身，而百工之所为备，如必自为而后用之，是率天下而路也。故曰，或劳心，或劳力；劳心者治人，劳力者治于人；治于人者食人，治人者食于人，天下之通义也。当尧之时，天下犹未平，洪水横流，泛滥于天下；草木畅茂，禽兽繁殖，五谷不登，禽兽偪人，兽蹄鸟迹之道交于中国。尧独忧之，举舜而敷治焉。舜使益掌火，益烈山泽而焚之，禽兽逃匿。

禹疏九河，瀹济漯而注诸海，决汝汉，排淮泗而注之江，然后中国可得而食也。当是时也，禹八年于外，三过其门而不入，虽欲耕，得乎？后稷教民稼穑，树艺五谷，五谷熟而民人育。人之有道也，饱食、暖衣、逸居而无教，则近于禽兽。圣人有忧之，使契为司徒，教以人伦：父子有亲，君臣有义，夫妇有别，长幼有叙，朋友有信。放勋曰：'劳之来之，匡之直之，辅之翼之，使自得之，又从而振德之。'圣人之忧民如此，而暇耕乎？尧以不得舜为己忧，舜以不得禹、皋陶为己忧。夫以百亩之不易为己忧者，农夫也。分人以财，谓之惠；教人以善，谓之忠；为天下得人者，谓之仁。是故以天下与人易，为天下得人难。孔子曰：'大哉尧之为君，惟天为大，惟尧则之，荡荡乎民无能名焉。君哉舜也，巍巍乎有天下而不与焉。'尧舜之治天下，岂无所用其心哉？亦不用于耕耳。吾闻用夏变夷者，未闻变于夷者也。陈良，楚产也，悦周公、仲尼之道，北学于中国。北方之学者，未能或之先也。彼所谓豪杰之士也。子之兄弟，事之数十年，师死而遂倍之。昔者孔子没，三年之外，门人治任将归，入揖于子贡，相向而哭，皆失声，然后归。子贡反，筑室于场，独居三年，然后归。他日，子夏、子张、子游以有若似圣人，欲以所事孔子事之，强曾子。曾子曰：'不可。江汉以濯之，秋阳以暴之，皜皜乎不可尚已。'今也南蛮鴃舌之人，非先王之道，子倍子之师而学之，亦异于曾子矣。吾闻出于幽谷迁于乔木者，未闻下乔木而入于幽谷者。《鲁颂》曰：'戎狄是膺，荆舒是惩。'周公方且膺之，子是之学，亦为不善变矣。"

"从许子之道，则市贾不贰，国中无伪；虽使五尺之童适市，莫之或欺。布帛长短同，则贾相若；麻缕丝絮轻重同，则贾相若；五谷多寡同，则贾相若；屦大小同，则贾相若。"

曰："夫物之不齐，物之情也；或相倍蓰，或相什百，或相千万。子比而同之，是乱天下也。巨屦小屦同贾，人岂为之哉？从许子之道，相率而为伪者也，恶能治国家？"

【译文】

有一位信奉神农氏学说叫许行的人，从楚国到滕国，登门拜见滕文公说："我从远道来听说您实行仁政，希望得到一处住所，做您的子民。"文公给了他住处。他的门徒好几十人，都穿着粗麻编成的衣服，打草鞋织席子为生。

陈良的门徒陈相和他弟弟陈辛背着农具，从宋国到滕国，也对文公说："听说您实行圣人的政治，那您也是圣人了，我愿意做圣人的子民。"陈相见了许行，非常高兴，完全抛弃了以前所学而向许行学习。

陈相拜见孟子，说了许行的话："滕君确实是个贤明的君主，即便如此，还不算懂治国之道。贤人要和人民一道种地吃饭，自己做饭而境内大治。如今滕国有谷仓钱库，这都是损害百姓来奉养自己，怎么能叫作贤明呢？"

孟子问："许先生一定要自己种粮食才吃饭吗？"

陈相回答："对。"

孟子问："许先生一定要自己织布才穿衣吗？"

陈相回答："不，许先生只穿粗麻编织的衣。"

孟子问："许先生戴帽子吗？"

陈相回答："要戴的。"

孟子问："戴什么帽子？"

陈相回答："戴白绸帽子。"

孟子问："是自己织的吗？"

陈相回答："不，用粮食换来的。"

孟子问："许先生为什么不自己织呢？"

陈相回答："担心影响农活。"

孟子问："许先生也用铁锅瓦罐做饭，用铁器耕种吗？"

陈相回答："是的。"

孟子问："自己做的吗？"

陈相回答："不，用粮食换来的。"

孟子问："用粮食换取锅碗瓢盆和农具，不能说损害了瓦匠、铁匠；瓦匠、铁匠用他们的产品来换取粮食，难道损害了农夫吗？况且许先生为什么不亲自干瓦匠活、铁匠活？为什么不放弃把各种器物储备在家里随时使用的方式呢？为什么许先生要一件一件地和各种工匠做买卖？为什么许先生这样不怕麻烦？"

陈相答道："各种工匠的活计本来就不可能一边种地一边又来干的。"

孟子说："难道治理天下就能一边种地一边来干的吗？有官吏的工作，有小民的工作。只要是一个人，各种工匠的产品对他就是必需的；如果每件都要自己制造才用它，这是率领天下的人疲于奔命。所以说，有的人脑力劳动，有的人体力劳动；脑力劳动者管理人，体力劳动者被人管理；被管理者向别人提供吃穿用度，管理者的吃穿用度仰仗于别人，这是天下的通则。当尧的时候，天下还是一片洪荒，洪水泛滥，草木荒芜，鸟兽繁殖，谷物不长，飞禽走兽威逼人类，全国到处都有禽兽足迹。只有尧忧虑这件事，选拔舜来总管治理工作。舜命令伯益管理火，伯益将山野沼泽逐片焚烧，迫使鸟兽逃跑隐匿。禹又疏浚九河，把济水、漯水疏导入海，挖掘汝水、汉水，疏通淮水、泗水，引导众水流入长江，这样中国就能吃上饭。在这一时期，禹八年奔波在外，多次过家门而不入，即使他想种地，做得到吗？后稷教百姓种庄稼，栽培谷物。谷物成熟了，老百姓得到养育。人类的规律是这样的：吃得饱，穿得暖，住得安逸，却没有接受教育，就和禽兽差不多。圣人为这事忧虑，派契做司徒，教育人民明白人际伦常：父子有亲，君臣有义，夫妻有别，长幼有序，朋友有信。尧说：'督促他们，匡正他们，帮助他们，使他们各得其所，然后加以提携和教诲。'圣人为百姓这样操心劳神，还有时间种地吗？尧为得不到舜而忧虑，舜为得不到禹和皋陶而忧虑。为百亩之田种得不好而忧虑的，那是农夫。把钱财分给别人，叫作惠；教导大家都学好，叫作忠；为天下找到好人才，叫作仁。因此，把天下禅让给人家容易，为天下找到好人才很难。孔子说：'尧作为君主真是伟大！只有天最伟大，也只有尧能效法天。尧的圣德浩荡无边，老百姓日受其恩惠都不知如何赞扬了！舜真是个好君主！天下稳如泰山，却不据为己有。'尧舜治理天下，难道不用心思吗？只是不把这心思用于如何种地罢了。我听说用中原文化来改变四夷的，没有听说过用四夷的方式来改变中原文化的。陈良生长在楚国，却喜欢周公和孔子的学说，北上中国来学习。北方的读书人，没有人能超过他的，那真是所谓豪杰之士啊！你们兄弟师从陈良几十年，老师刚去世，竟然背叛了他！从前，孔子去世三年之后，弟子在准备回去前，向子贡作揖告别，相对而哭，都泣不成声，这才回去。子贡又回到墓地重新筑屋，独自住了三年才回去。过了些天，子夏、子张、子游认为有若像圣人，想像服事孔子那样服事他，强迫曾子同意。曾子说：'不可以。曾用江汉之水洗涤过，曾在夏日之下暴晒过，真是白得不能再白了。'如今许行这南蛮子，说话就像鸟叫，也敢来非议我们祖先圣王之道，而你俩却违背师道去向他学，那就和曾子大不相同了。我听说鸟儿从山谷飞往高大的树木，没听说过离开高大的树木再飞进山谷的。《诗·鲁颂·閟宫》说过：'戎狄，应该攻打；荆楚，应该惩罚。'周公还要抗击它，你却向它学，真是变得每况愈下了。"

陈相说："根据许先生说的道理，市场上的物价就能一致，举国没有欺诈，即使小孩子去市场，也没人欺骗他。布匹丝绸的长短相同，价钱就一样；麻线丝棉的轻重相同，价钱就一样；谷米的多少相同，价钱就一样；鞋的大小相同，价钱就一样。"

孟子说："万物各不相同，事物确实这样，有的相差一倍五倍，有的相差十倍百倍，有的相差千倍万倍。你想让它们价钱一致，是扰乱天下。粗制的鞋和精制的鞋一样价钱，谁还做精制的鞋呢？按许先生说的道理，是带领大家去偷工减料，这怎么能治理国家呢？"

【评析】

本章篇幅比较长，孟子在与陈相的对话中，通过追问许行平时吃的、穿的和用的物品，深入阐释了社会分工的思想。

孟子认为，一个人吃的、穿的和工匠用的，不可能仅凭自己就能够生产出来，而是需要各行各业许多人的劳动，社会需要劳心的脑力劳动者，也需要劳力的体力劳动者。君主忙于国家管理，不可能有时间再从事体力劳动，在孟子看来，"劳心者治人，劳力者治于人；治于人者食人，治人者食于人，天下之通义也"。对于劳心者与劳力者的社会分工，亚里士多德指出"统治者和被统治者的结合，使两者互相维系而得到共同保全。凡是赋有理智而遇事能操持远见的，往往成为统治的主人；凡是具有体力而能担任由他人凭远见所安排的劳务的，也就自然地成为被统治者，而处于从属的地位：在这里，主奴两者也具有共同的利害"①。由此可见，在这个问题上，在不同国度而又处于同时代的两个思想家可谓具有异曲同工之妙。

从社会发展史的角度来看，社会分工不仅是历史的客观存在，而且也促进了社会的发展进步。我们看待劳心者与劳力者的关系，应该站在历史的高度，而不能拘泥于阶级观点和个人的情感偏好。事实上，人生在世，由于主客观因素的诸多差异，人与人之间客观上必然存在智力和体力的许多差别，既然社会需要分工，要做到适才适所，只有按照每个人的能力进行社会分工，能力与岗位相匹配，做到各尽所能，才能实现人生价值和社会价值的最大化。

5.5　孝子仁人掩其亲

【原文】

墨者夷之，因徐辟而求见孟子。孟子曰："吾固愿见，今吾尚病，病愈，我且往见。"夷子不来。

他日，又求见孟子。孟子曰："吾今则可以见矣。不直，则道不见，我且直之。吾闻夷子墨者，墨之治丧也，以薄为其道也；夷子思以易天下，岂以为非是而不贵也？然而夷子葬其亲厚，则是以所贱事亲也。"

徐子以告夷子。夷子曰："儒者之道，古之人若保赤子，此言何谓也？之则以为爱无差等，施由亲始。"

徐子以告孟子。孟子曰："夫夷子信以为人之亲其兄之子，为若亲其邻之赤子乎？彼有取尔也。赤子匍匐将入井，非赤子之罪也。且天之生物也，使之一本，而夷子二本故也。盖上世尝有不葬其亲者，其亲死，则举而委之于壑。他日过之，狐狸食之，蝇蚋姑嘬之。其颡有泚，睨而不视。夫泚也，非为人泚，中心达于面目，盖归反虆梩而掩之。掩之诚是也，则孝子仁人之掩其亲，亦必有道矣。"

---

① ［古希腊］亚里士多德：《政治学》，吴寿彭译，商务印书馆1996年版，第5页。

徐子以告夷子。夷子怃然为闲曰："命之矣。"

【译文】

墨家的夷之通过徐辟求见孟子。孟子说："我本来愿意见他，现在还有病，病好了我去看他。"夷子就没有来。

过了一段时间，他又要求见孟子。孟子说："我现在可以见他了。不坦率，就不能表达真理，我就坦率直说。我听说夷子是墨家信徒，墨家办理丧事，以薄葬为原则；夷子也想用这种原则来改革天下，难道认为不薄葬就是不高贵吗？但是夷子埋葬父母亲却很丰厚，就是拿他所看不起的东西来对待父母亲了。"

徐子把这话转达给夷子。夷子说："儒家的学说认为，古代君王爱护百姓就好像爱护婴儿一般。这话是什么意思呢？就是人们之间的爱没有亲疏厚薄的区别，都是由双亲开始实行。"

徐子又把这话告诉了孟子。孟子说："夷子真以为人们爱他的侄儿和爱邻居家的婴儿一样的吗？夷子只看到了一点：婴儿爬行快要掉井里，这不是婴儿的罪过。况且天生万物，只有一个本源，夷子以为有两个本源，道理就在这里。大概上古曾有不埋葬父母的人，父母死了，就抬着扔到山沟里。过了些天再经过那里，他发现狐狸在吃尸体，苍蝇、蚊子在叮咬着尸体。那他不禁额头冒汗，斜着眼睛，不敢正视。这一种汗，不是流给别人看的，而是心中悔恨在脸上的流露。大概后来他回家取了箩筐铲子把尸体埋了。埋葬尸体确实是对的，孝子仁人埋葬他的父母，也自然有道理了。"

徐子把这话又转达给夷子，夷子十分怅惘地停了一会儿，说："我懂得了。"

【评析】

这篇对话反映了墨家与儒家对待葬礼的不同观点。夷之代表墨家的观点，主张薄葬，而孟子认为"孝子仁人之掩其亲，亦必有道矣"。孟子认为，孝子只有厚葬父母，才能表达对父母的感情。实际上，孟子这样分析孝子对父母的感情，从心理学的角度来看，无疑是正确的。但问题在于，人的情感与理智应该和谐统一起来，薄葬与厚葬不仅涉及孝子能否表达对父母的感情问题，还涉及葬礼的物质条件等一系列问题。对于一些贫苦家庭来说，父母即使去世，儿女也只能量力而行，量入为出，一般只能薄葬而已。在旧社会有的极端贫困的家庭，甚至还出现卖身葬父的悲剧，令人感叹不已。由此可见，墨家主张薄葬，也是很有道理的。

第六章

滕文公下译评

【本章引语】

《滕文公下》共10节。

6.1：孟子认为，做人有做人之道，不能为了利益舍弃原则，枉道而从彼。

6.2：孟子提出"富贵不能淫，贫贱不能移，威武不能屈，此之谓大丈夫。"

6.3：孟子提出"欲仕由其道"的观点，认为谋求官职应该通过正道，合乎礼仪，"恶不由其道"。

6.4：孟子进一步阐述了关于社会分工的观点，认为只有通过交换，才能相互满足需要，实现各自需求的互补。

6.5：孟子通过阐释行仁政的重要性，认为行仁政，救民于水火，才能赢得民心，无敌于天下。

6.6：孟子以语言学习作比方，揭示了语言环境对于学习语言的重要性，说明社会氛围对君主的影响。

6.7：孟子肯定士的气节，倡导君主礼贤下士。

6.8：孟子提出闻过即改的道理，"知其非义斯速已"。

6.9：针对弟子"夫子好辩"的困惑，孟子说明自己并非好辩，而是出于自己的使命感，是为了"正人心，息邪说，距诐行，放淫辞，以承三圣"。

6.10：孟子对陈仲子不与统治者合作的态度不以为然，阐释了廉洁不能脱离现实这一基本规律。

6.1　做人不能枉道而从彼

【原文】

陈代曰："不见诸侯，宜若小然。今一见之，大则以王，小则以霸。且《志》曰：'枉尺而直寻。'宜若可为也。"

孟子曰："昔齐景公田，招虞人以旌，不至，将杀之。志士不忘在沟壑，勇士不忘丧其元。孔子奚取焉？取非其招不往也。如不待其招而往，何哉？且夫枉尺而直寻者，以利言也。如以利，则枉寻直尺而利，亦可为与？昔者赵简子使王良与嬖奚乘，终日而不获一禽。嬖奚反命曰：'天下之贱工也。'或以告王良。良曰：'请复之。'强而后可，一朝而获十禽。嬖奚反命曰：'天下之良工也。'简子曰：'我使掌与女乘。'谓王良，良不可，曰：'吾为之范我驰驱，终日不获一；为之诡遇，一朝而获十。《诗》云：不失其驰，舍矢如破。我不贯与小人乘，请辞。'御者且羞与射者比；比而得禽兽，虽若丘陵，弗为也。如枉道而从彼，何也？且子过矣，枉己者，未有能直人者也。"

【译文】

陈代说："不去见诸侯，似乎气量小点。现在见到诸侯，大则可行仁政于天下，小则可称霸中国。而且《志》上说：'弯曲一尺，可以伸直一寻。'似乎应该试一试。"

孟子说："从前齐景公田猎，用旌旗去召唤掌管山泽田猎的小吏，小吏不去，景公要杀他。志士不怕弃尸沟壑；勇士不怕抛头颅。孔子看重这小吏哪一点呢？看重他拒绝非召唤之礼的气节。如果不等诸侯召唤就去，这算什么呢？而且所谓弯曲一尺，可以伸直八尺，是从利的方面来考虑的。如果唯利是图，那么弯曲八尺去伸直一尺，也有小利可图，不也可以做吗？从前，赵简子让王良替他的宠臣奚驾车打猎，一整天也没打到一只猎物。奚向简子汇报说：'王良是天底下最差的驾车人。'有人把这话告诉了王良。王良说：'希望再来一次。'奚勉强答应，结果一早上就打中十只猎物。奚又汇报简子说：'王良是天底下最好的驾车人。'赵简子说：'我让他专门给你驾车。'把这告诉王良，王良不答应，说：'我帮他按规矩奔驰，整天打不着一只；我为他违背规矩奔驰，一早上就打中了十只。《诗经》说："不违背驾车规矩，一箭中的。"我不习惯为小人驾车，请允许我辞去这差事。'驾车者尚且羞于与坏的射手为伍；与他为伍，即使打中的禽兽堆成山，也不肯干。如果违背做人之道而追随诸侯，这是为什么呢？况且你错了，自己不正，就不能纠正别人。"

【评析】

陈代是孟子的弟子，劝孟子拜访诸侯。孟子是一个崇尚理想、坚持原则的人，反对唯利是图，如果拜见诸侯不能实现行仁政的社会理想，宁可不去见诸侯，也不愿意随波逐流。他以驾车人王良为例，王良不愿意与赵简子的宠臣奚为伍，断然拒绝了赵简子让他为宠臣奚继续驾车的命令。孟子以此为例，说明驾车者尚且羞于与坏的射手为伍，那么他作为一个具有独立人格的思想家，不能违背做人之道，绝不会丧失人格和放弃社会理想，不能为了一己之利而附庸诸侯。

《孟子·万章上》："吾未闻枉己而正人者也。"孟子在本章中继续说明"自己不正，就不能纠正别人"的客观事实。

6.2　何谓大丈夫

【原文】

景春曰："公孙衍、张仪岂不诚大丈夫哉？一怒而诸侯惧，安居而天下熄。"

孟子曰："是焉得为大丈夫乎？子未学礼乎？丈夫之冠也，父命之；女子之嫁也，母命之，往送之门，戒之曰：'往之女家，必敬必戒，无违夫子！'以顺为正者，妾妇之道也。居天下之广居，立天下之正位，行天下之大道；得志，与民由之；不得志，独行其道。富贵不能淫，贫贱不能移，威武不能屈，此之谓大丈夫。"

【译文】

景春说:"公孙衍和张仪难道不是真正的大丈夫吗?他们一发怒就使诸侯恐惧;安静时,天下就平安无事。"

孟子说:"这样怎么能算大丈夫呢?你没学过礼吗?男子行加冠礼时,父亲要告诫他;女子出嫁时,母亲要告诫她,把她送到门口,告诫她说:'到了婆家,一定要敬人诚己,不要违背丈夫!'以顺从为正道,是做妇人的道理。以天下为家,以仁义为天下正道,行天下仁义之道;得志时,带领百姓一同走这条路;不得志时,一个人也要走这条路。富贵不能放纵,贫贱不能失志,威武不能失节,这样才是大丈夫。"

【评析】

公孙衍是战国时期的纵横家、政治家、军事家,张仪是战国时期著名的纵横家、外交家和谋略家。根据《汉书·艺文志》"兵权谋家"中载有"《景子》十三篇"。本章中的景春,应该是战国时期的兵家。孟子在反对景春所说的"公孙衍、张仪岂不诚大丈夫哉?一怒而诸侯惧,安居而天下熄"的基础上,提出"富贵不能淫,贫贱不能移,威武不能屈,此之谓大丈夫"这一振聋发聩的著名论断。

这段对话表现了孟子重要的人生哲学。在中国传统社会中,男人与女人的人生责任与社会责任是明显不同的。在孟子看来,男人就应该干一番事业,要做顶天立地的大丈夫。对于富有社会责任感的思想家来说,所谓"得志,与民由之;不得志,独行其道。富贵不能淫,贫贱不能移,威武不能屈,此之谓大丈夫"。已经蕴含了"穷则独善其身,达则兼济天下"的萌芽。这里的"得志,与民由之",就是人生如果能实现仁政理想,就要干一番事业,为百姓谋幸福;"不得志,独行其道"是指如果不能实现仁政理想,就注重自我道德完善,坚持独立人格,绝不随波逐流。

孟子启发我们应该重新认识"大丈夫"的社会价值。孟子具有自强不息的主体精神和忧国忧民的社会责任感,具有"富贵不能淫,贫贱不能移,威武不能屈"的大丈夫气概和英雄人格,这种顶天立地的刚毅精神，是我国传统文化十分可贵的精神财富。"它曾鼓舞着我国历史上的许多志士仁人，为了民族的复兴，祖国的富强，去进行殊死的战斗，留下了许多惊天地泣鬼神的英雄业绩。"①

6.3 欲仕由其道

【原文】

周霄问曰："古之君子仕乎？"

孟子曰："仕。《传》曰：'孔子三月无君，则皇皇如也，出疆必载质。'公明仪曰：'古之人三月无君，则吊。'"

"三月无君则吊，不以急乎？"

曰："士之失位也，犹诸侯之失国家也。《礼》曰：'诸侯耕助以供粢盛；夫人蚕缫，以为衣服。牺牲不成，粢盛不洁，衣服不备，不敢以祭。惟士无田，则亦不祭。'牲杀、器皿、衣服不备，不敢以祭，则不敢以宴，亦不足吊乎？"

"出疆必载质，何也？"

曰："士之仕也，犹农夫之耕也；农夫岂为出疆舍其耒耜哉？"

曰："晋国亦仕国也，未尝闻仕如此其急。仕如此其急也，君子之难仕，何也？"

曰："丈夫生而愿为之有室，女子生而愿为之有家；父母之心，人皆有之。不待父母之命、媒妁之言，钻穴隙相窥，逾墙相从，则父母、国人皆贱之。古之人未尝不欲仕也，又恶不由其道。不由其道而往者，与钻穴隙之类也。"

【译文】

周霄问道："古代的君子做官吗？"

孟子说："做官。《传》上说：'孔子如果几个月没有君主任用他，

---

① 孟祥才：《先秦人物与思想散论》，上海古籍出版社 2019 年版，第 307 页。

就焦急不安；出访时一定要带着礼物。'公明仪也说：'古代的人如果几个月没有君主任用，就要去安慰他。'"

周霄说："几个月没君主任用就去安慰他，不是太性急了吗？"

孟子说："士失掉了官位，就好像诸侯失去国家。《礼》说过：'诸侯耕种，是为了供给祭品；夫人养蚕缫丝，是为了供给祭服。牛羊不肥壮，祭品不洁净，祭服不具备，不敢祭祀。士若没有田地，也不能祭祀。'牛羊、祭具、祭服不具备，不敢祭祀，也就不能举行宴会，这难道不应该安慰吗？"

周霄又问："出访一定要带上见面礼，为什么呢？"

孟子说："士做官，就好像农民耕田；农民难道会因为出国就放弃他的农具吗？"

周霄说："魏国也是一个可以做官的国家，没听说谋官位是这样迫不及待的。谋官位既然迫不及待，君子却不轻易做官，这又是为什么呢？"

孟子说："男人一生下来，父母就愿他早有妻室；女人一生下来，父母就愿她早有婆家。做父母的，都有这样的心愿。但是，不等父母之命、媒妁之言，自己挖墙洞扒门缝互相窥望，翻过墙去私会，爹妈和举国之人就都会轻视他。古代的人不是不想做官，但讨厌不经正道去谋求官职。不经正道去谋求官职，就像挖墙洞扒门缝一样。"

【评析】

在本章中，孟子主张男女婚姻应该由父母之命和媒妁之言才能决定，否则就是不符合礼仪，因此，他反对男女私自约会恋爱，认为这样的行为一定会遭到父母和天下人的鄙视。

孟子在本章中提出"欲仕由其道"的观点。他认为知识分子谋求一定的官职，符合知识分子的本质规定，但谋求官职应该"欲仕由其道"，反对"不由其道"。孟子这一思想体现了他对知识分子人格尊严和历史使命的双重思考。儒家讲究君子爱财，取之有道；士人谋官，取之亦有道。

孟子高度重视人格修养。"从道德境界看，浩然之气是道德之气，是人之为人的根本所在；从修养工夫看，经由道德之气与食色之气的博弈，借助个人与社群的互动，方能成就道德的人生；从伦理秩序看，内心的规矩是四心、四德，外在的规矩是五伦，老老实实做人、规规矩矩做事是人格修养的必由之路；从社会担当看，以时代感、忧患感、正义感为基石，立德、立功、立言与亲亲、仁民、爱物是内圣外王的展开与实现。孟子的人格修养论以浩然之气为纲维，将理想人格定位为既有道德品质、又有科学素养，为当今中国重拾道德自信、建构和谐社会提供了优质战略资源。"① 因此，孟子非常理解士的本质特点，为了实现政治抱负，就必须有一个实现政治抱负的平台，即入仕，但不能为了入仕不择手段，"欲仕由其道"是入仕的基本规律，而"不由其道"则违反了士的本质欲求，违背了士的人格尊严。

6.4 士非无事而食

【原文】

彭更问曰："后车数十乘，从者数百人，以传食于诸侯，不以泰乎？"

孟子曰："非其道，则一箪食不可受于人；如其道，则舜受尧之天下，不以为泰，子以为泰乎？"

曰："否；士无事而食，不可也。"

曰："子不通功易事，以羡补不足，则农有余粟，女有余布；子如通之，则梓匠轮舆，皆得食于子。于此有人焉，入则孝，出则悌，守先王之道，以待后之学者，而不得食于子。子何尊梓匠轮舆而轻为仁义者哉？"

曰："梓匠轮舆，其志将以求食也；君子之为道也，其志亦将以求食与？"

曰："子何以其志为哉？其有功于子，可食而食之矣。且子食志乎？食功乎？"

---

① 杨海文：《"浩然之气"与孟子的人格修养论》，《社会科学战线》2018 年第 12 期。

曰："食志。"

曰："有人于此，毁瓦画墁，其志将以求食也，则子食之乎？"

曰："否。"

曰："然则子非食志也，食功也。"

【译文】

彭更问道："跟随您的车几十辆，跟从的人几百个，从这一国吃到那一国，这不太过分了吗？"

孟子说："如果不符合道义，就是一篮子饭也不接受别人的；如果符合道义，舜接受了尧的天下，也不为过分，你以为过分吗？"

彭更说："不是这个意思。但读书人不干事，吃白饭，是不可以的。"

孟子说："你如果不在各行各业互通有无，用多余的来弥补不够的，农民就会有多余的米，妇女就会有多余的布；如果能互通有无，那么木匠车工都能够从你那儿得到粮食。假如这里有个人，在家孝顺父母，出外尊敬兄长，遵守先王礼法道义，来培养后起的学者，却不能从你那儿得到粮食；那么，你为什么尊敬木匠车工而轻视践行仁义之士呢？"

彭更说："木匠车工，他们只是想谋生；君子践行仁义，他也是想谋生吗？"

孟子说："你为什么非要追究动机呢？他们对你有用处，值得给就给他们。况且，你是凭动机给吃的呢，还是凭用处？"

彭更说："凭动机。"

孟子说："比方这里有个人，打碎屋瓦在墙上乱画，他的动机也是为了弄到吃的，你给他吃的吗？"

彭更说："不。"

孟子说："那么，你并不是凭想法，而是凭用处。"

【评析】

本章非常形象地记载了师徒二人的对话。彭更是孟子的弟子，不理解孟子率领弟子们周游列国的做法，认为孟子这是吃白饭。针对彭更的疑问，孟子在对话中充分肯定了知识分子的社会价值，知识分子并非像彭更所说的"无事而食"，而是为社会提供思想，类似现在的领导智库。

彭更的观点有一定的代表性，但他只注意到了木匠车工是依靠劳动来谋生的，而没有认识到知识分子对于人才培养和社会发展进步的重要性。对此，孟子采取请君入瓮的思路，通过"有人于此，毁瓦画墁，其志将以求食也，则子食之乎？"揭示了彭更还是按照功用来评价人的价值。

实际上，孟子带领弟子周游列国，客观上一方面为社会培养了人才，传播和交流了文化；另一方面也是一种广泛的社会调研，在士与社会需要之间架起一座桥梁，有利于实现士的社会价值。从社会发展进步的高度来看，社会越进步，就越需要知识分子，越需要脑力劳动者，而传统的体力劳动者只有逐步转化为现代技术工人，才能适应和满足未来社会的需要。

6.5　救民于水火，无敌于天下

【原文】

万章问曰："宋，小国也；今将行王政，齐楚恶而伐之，则如之何？"

孟子曰："汤居亳，与葛为邻，葛伯放而不祀。汤使人问之曰：'何为不祀？'曰：'无以供牺牲也。'汤使遗之牛羊。葛伯食之，又不以祀。汤又使人问之曰：'何为不祀？'曰：'无以供粢盛也。'汤使亳众往为之耕，老弱馈食。葛伯率其民，要其有酒食黍稻者夺之，不授者杀之。有童子以黍肉饷，杀而夺之。《书》曰：'葛伯仇饷。'此之谓也。为其杀是童子而征之，四海之内皆曰：'非富天下也，为匹夫匹妇复仇也。'汤始征，自葛载，十一征而无敌于天下。东面而征，西夷怨；南面而征，北狄怨，曰：'奚为后我？'民之望之，若大旱之望雨也。归市者弗止，芸者不变，诛其君，吊其民，如时雨降，民大悦。《书》曰：'徯我后，后来其无罚！'有攸不惟臣，东征，绥厥士女，篚厥玄黄，绍我周王见休，惟臣附于大邑周。'其君子实玄黄于篚，以迎其君子，其小人箪食壶浆，以迎其小人。救民于水火之中，取其残而已矣。《泰誓》曰：'我武惟扬，侵于之疆，则取于残，杀伐用张，于汤有光。'不行王政云尔，苟行王政，四海之内皆举首而望之，欲以为君。齐楚虽大，何畏焉？"

【译文】

万章问道："宋国是个小国，现在想要推行仁政，齐楚两国反对而要出兵讨伐它，该怎么办呢？"

孟子说："汤住在亳地，与葛国为邻；葛伯放纵而不祭祀祖先。汤派人问他：'为什么不祭祀？'葛伯说：'没有牛羊做祭品。'汤就派人送给他牛羊。葛伯把牛羊吃了，却不用来祭祀。汤又派人去问他：'为什么不祭祀？'答道：'没有谷物做祭品。'汤就派亳地的民众去为他们种地。老弱者给种地的人去送饭，葛伯却领着他的百姓拦住那些提着酒菜好饭的人抢劫，谁要不给就杀掉。有个小孩去送饭和肉，葛伯杀了他，夺了饭和肉。《书经》上说'葛伯仇视送饭者'，就是说的这事。

因为杀了这小孩，汤便去征讨葛伯，天下的人都说：'汤不是贪图富有天下，而是为老百姓报仇雪恨。'汤开始征战，即从伐葛开始，十一次征战无敌于天下。朝东方出征，西夷怨恨；朝南方出征，北狄怨恨，都说：'为什么把我们排后面？'老百姓盼望他，就像大旱盼望下雨一样。做买卖的照常营业，干农活的照样耘田，杀掉那个君主，抚慰那些百姓，正像及时雨，老百姓非常高兴。《书经》上说：'等待我王，王来了我们不会再遭罪！'又说：'谁敢不服从，周王就东行讨伐，安定那里的百姓；他们在筐中放上黄色黑色的束帛，请求介绍周王相见，以得到荣光，做大周国的臣民。'当地官员们把黑色黄色的束帛装满筐子来迎接周朝官员，老百姓提着饭篮和酒壶来迎接士兵，这次出征把老百姓从水深火热中拯救出来，除掉那残暴的君主罢了。《尚书·泰誓》说：'我们的威武要发扬，攻到商纣的疆土上，杀死暴君，把该死的杀光，功绩比汤还辉煌。'不实行王政就罢了，如果实行王政，天下的人都要抬起头来盼望，要拥护他来做君主。齐国、楚国虽然是大国，又怕什么呢？"

【评析】

万章是孟子的弟子。本章孟子通过阐释行仁政的重要性，说明只有行仁政，救民于水火，才能赢得民心，无敌于天下。因为葛伯不行仁政，所以汤讨伐葛伯，在很大程度上是为民除害，是救民于水火之中，因而受到百姓的欢迎。孟子倡导仁政，而仁政"就是为政者优先考虑'民'的利益的'政治'。'仁政'有其制度之维，为政者的'仁心'必须通过'仁政'来使自身得到落实和客观化"①。因此，孟子认为，宋国虽然是一个小国，但可以通过仁政，赢得民心，这样即使齐国和楚国这样的大国，也不会轻易进犯宋国。

本章内容与前面《孟子·梁惠王下》有些相似。《孟子·梁惠王下》："《书》曰：'汤一征，自葛始。'天下信之，东面而征，西夷怨；南面而征，北狄怨，曰：'奚为后我？'民望之，若大旱之望云霓也。归市者不止，耕者不变，诛其君而吊其民，若时雨降。民大悦。"这一章与《孟子·梁惠王下》中的相关内容对于统治者具有重要启示：得民心者得天下；失民心者失天下。这是古往今来社会发展史上一条基本规律。

6.6　语言与环境

【原文】

孟子谓戴不胜曰："子欲子之王之善与？我明告子。有楚大夫于此，欲其子之齐语也，则使齐人傅诸，使楚人傅诸？"

曰："使齐人傅之。"

曰："一齐人傅之，众楚人咻之，虽日挞而求其齐也，不可得矣；引而置之庄岳之间数年，虽日挞而求其楚，亦不可得矣。子谓薛居州，善士也，使之居于王所。在于王所者，长幼卑尊皆薛居州也，王谁与为不善？在王所者，长幼卑尊皆非薛居州也，王谁与为善？一薛居州，独如

---

① 宋宽锋：《"义利之辨"的政治哲学意蕴与"仁政"的实际可行性问题——孟子政治哲学新探》，《孔子研究》2018 年第 6 期。

宋王何？"

【译文】

孟子对戴不胜说："你希望你的君王成为贤君吗？我明白告诉你。这里有位楚国的大臣，希望他儿子会说齐国话，那么，让齐国人来教呢，还是让楚国人来教？"

答道："让齐国人来教。"

孟子说："一个齐国人教他，许多楚人喋喋不休，就算每天鞭打逼他说齐国话，也做不到；把他带到临淄城里的庄岳住上几年，就算每天鞭打逼他说楚国话，也做不到了。你说薛居州是个好人，要他住在王宫里。假如住在王宫里的人，长幼卑尊都是薛居州那样的好人，那王跟谁去干坏事呢？假如住在王宫里的人，长幼卑尊都是和薛居州相反的人，那王又跟谁去干好事呢？一个薛居州，难道能把宋王怎么样吗？"

【评析】

本章中的戴不胜和薛居州都是宋国人。

孟子这一章以楚国大夫让儿子学齐语为例，说明语言环境对学习语言的重要性。要学齐语，就不能在楚国学习，而是应该到齐国生活一段时间，在齐国的语言环境下慢慢熏陶。这个例子说明环境对人的重要影响，环境影响人，环境塑造人，环境培养人。众所周知，学习外语，应该具有学习外语的良好环境，就像我们学外语最好要到国外待一段时间一样。从人类与环境的关系来看，环境对人的影响是整体性的、全方位的，其中"居住环境可以改变性情，故孟母三迁，择善而邻，从郊野至市集再至学宫附近，孟子对此当有极深体会"[1]。

在环境影响人的过程中，即使像薛居州这样的贤人，也不可能单独对君主产生决定性的影响。从对君主的影响来看，王宫里应该具有像薛居州这样的很多人，才能形成良好的社会氛围，也才有可能影响君主成为一个贤君。

---

[1]　张定浩：《孟子读法》，译林出版社 2020 年版，第 501 页。

6.7　气节与礼贤下士

【原文】

公孙丑问曰："不见诸侯何义？"

孟子曰："古者不为臣不见。段干木逾垣而辟之，泄柳闭门而不纳，是皆已甚；迫，斯可以见矣。阳货欲见孔子而恶无礼，大夫有赐于士，不得受于其家，则往拜其门。阳货瞰孔子之亡也，而馈孔子蒸豚；孔子亦瞰其亡也，而往拜之。当是时，阳货先，岂得不见？曾子曰：'胁肩谄笑，病于夏畦。'子路曰：'未同而言，观其色赧赧然，非由之所知也。'由是观之，则君子之所养，可知已矣。"

【译文】

公孙丑问道："不去拜见诸侯，是什么道理？"

孟子说："古代如果不是诸侯的臣属就不去谒见。段干木跳墙去躲避，泄柳闭门而不见，这些都太过分；迫不得已，就可以相见。阳货想要孔子来看望他，又不愿自己失礼，大夫对士有所赏赐，当时士如果不在家，不能亲自接受并拜谢，就要亲自去大夫家答谢。阳货远看到孔子外出的时候，给他送去一只蒸小猪；孔子也打听到阳货不在家时，才去答谢。在那时候，阳货若是主动看望孔子，孔子怎么不见他？曾子说：'耸起肩膀满脸媚笑，比夏天在地里干活还辛苦。'子路说：'志趣不同而勉强说话，看到惭愧脸红的样子，我是不赞成这样的。'由此可见，君子如何修养就知道了。"

【评析】

对于弟子公孙丑的问话，孟子从气节和礼仪两个方面进行了阐释。从气节的角度来看，孟子非常注重士和大丈夫的气节，认为如果不是诸侯的臣属，就没有必要主动去拜见诸侯；从礼仪的角度出发，孟子认为"迫，斯可以见"。意思是说，如果君主非常尊重人才，能够礼贤下士，在这种情况下，贤人是可以与君主见面的。贤人段干木跳墙去躲避魏文侯，泄柳闭门而不见鲁穆公。孟子认为，这两个贤人的做法有点过分了。

其实，从人才开发和实现人才价值的角度来看，一方面，君主应该礼贤下士，尊重人才，具有三顾茅庐的精神；另一方面，从君子、贤人的角度来看，只要是为了国家和民族大业，就不应该过于顾及个人的面子，而是可以向贤明的君王毛遂自荐。

6.8　知其非义，斯速已

【原文】

戴盈之曰："什一，去关市之征，今兹未能；请轻之，以待来年，然后已。何如？"

孟子曰："今有人日攘其邻之鸡者，或告之曰：'是非君子之道。'曰：'请损之，月攘一鸡，以待来年，然后已。'如知其非义，斯速已矣，何待来年？"

【译文】

戴盈之说："税率定为十分之一，撤除关卡和市场的赋税，目前还不能完全做到；想先减轻一些，等到明年再实行。怎么样？"

孟子说："如今有个人每天偷邻居一只鸡，有人告诉他说：'这不是君子之道。'他说：'请让我减少一点，先每个月偷一只，等到明年，再不偷了。'如果知道这样做不合道义，就要立即改正，为什么要等到明年呢？"

【评析】

宋国大夫戴盈之问孟子关于降低税收的意见，孟子用偷邻居的鸡为例，说明既然认识到偷鸡不对，就应该马上停止偷鸡的行为，不应该等到明年再停止偷鸡。知错就改，善莫大焉；知错速改，善上加善。

孟子的主观意图是希望宋国撤除关卡和市场的赋税，这种关心百姓利益的想法是正确的，关于偷鸡的比喻本身也没有错误，既然认识到偷鸡是错误的，就应该马上停止。但问题在于，宋国大夫所说的税收采取先降低、后停止的做法客观上也有一定的道理，因为自古以来税收是国家财政的主要来源，这里的关键是如何兼顾百姓与国家之间的利益，要根据百姓实际收入的情况，酌情确定是否纳税和纳多少税，不能一概而论。

6.9　知识分子的使命

【原文】

公都子曰："外人皆称夫子好辩，敢问何也？"

孟子曰："予岂好辩哉？予不得已也。天下之生久矣，一治一乱。当尧之时，水逆行，泛滥于中国，蛇龙居之，民无所定；下者为巢，上者为营窟。《书》曰：'洚水警余。'洚水者，洪水也。使禹治之。禹掘地而注之海，驱蛇龙而放之菹；水由地中行，江、淮、河、汉是也。险阻既远，鸟兽之害人者消，然后人得平土而居之。尧舜既没，圣人之道衰，暴君代作，坏宫室以为污池，民无所安息；弃田以为园囿，使民不得衣食。邪说暴行又作，园囿、污池、沛泽多而禽兽至。及纣之身，天下又大乱。周公相武王，诛纣伐奄，三年讨其君，驱飞廉于海隅而戮之，灭国者五十，驱虎、豹、犀、象而远之，天下大悦。《书》曰：'丕显哉，文王谟！丕承哉，武王烈！佑启我后人，咸以正无缺。'世衰道微，邪说暴行有作，臣弑其君者有之，子弑其父者有之。孔子惧，作《春秋》。《春秋》，天子之事也。是故孔子曰：'知我者其惟《春秋》乎！罪我者其惟《春秋》乎！'圣王不作，诸侯放恣，处士横议，杨朱、墨翟之言盈天下。天下之言，不归杨，则归墨。杨氏为我，是无君也；墨氏兼爱，是无父也。无父无君，是禽兽也。公明仪曰：'庖有肥肉，厩有肥马；民有饥色，野有饿莩，此率兽而食人也。'杨、墨之道不息，孔子之道不著，是邪说诬民，充塞仁义也。仁义充塞，则率兽食人，人将相食。吾为此惧，闲先圣之道，距杨、墨，放淫辞，邪说者不得作。作于其心，害于其事；作于其事，害于其政。圣人复起，不易吾言矣。昔者禹抑洪水而天下平，周公兼夷狄，驱猛兽而百姓宁，孔子成《春秋》而乱臣贼子惧。《诗》云：'戎狄是膺，荆舒是惩，则莫我敢承。'无父无君，是周公所膺也。我亦欲正人心，息邪说，距诐行，放淫辞，以承三圣者，岂好辩哉？予不得已也。能言距杨墨者，圣人之徒也。"

【译文】

公都子说："别人都说您喜欢辩论，请问为什么？"

孟子说："我怎么喜欢辩论呢？我迫不得已啊！自有人类很久以来，总是太平一阵混乱一阵。当唐尧的时候，江河倒流，全国泛滥，蛇龙盘踞，百姓无处安身。低处的人们就架木为屋，高处的人们就挖洞为屋。《尚书》说：'洚水警告我们。'洚水就是洪水。舜派禹来治理。禹疏通河道，把水引向大海，把蛇和龙都赶回草泽中。引水在疏通的河中流动，形成了长江、淮河、黄河和汉水。危险既已远去，害人的野兽也无影无踪，人们才能在平原上居住。尧舜死后，圣人之道衰微，残暴的君主不断出现。他们毁掉民居来挖掘池塘，使百姓无处安身；毁坏良田营造园林，使百姓不得衣食。荒谬的学说、残暴的行为再度产生，园林、深池、大沼泽多了，禽兽随之而至。到商纣的时候，天下又大乱。周公辅佐武王，诛杀了纣王；又经过三年征战讨伐奄国，诛杀了奄君；把飞廉赶到海边杀死。灭掉了五十个国家，同时，把老虎、豹子、犀牛、大象驱赶到远方，天下百姓都非常高兴。《尚书》说：'文王的谋略多么光明！武王的功烈多么伟大！帮助我们，启发我们，直到后代，让大家都走正道而不犯错。'社会衰微失道，荒谬的学说、残暴的行为又出现了：有臣杀君主的，有儿子杀父亲的。孔子担心王道湮灭，编写了《春秋》。编撰史书本是天子的大事。所以孔子说：'了解我的，恐怕只是通过《春秋》吧！怪罪我的，恐怕也只是通过《春秋》吧！'圣王再也没出现，诸侯肆无忌惮，一般士人也胡乱议论，杨朱、墨翟的言论遍及天下。所有的主张不属杨朱一派，就是墨翟一流。杨朱派主张一切为自己，这是目无君上；墨翟派主张爱要一视同仁，这是目无父母。无视父母和君上，这便成了禽兽。公明仪说：'厨房里有很厚的肉，马厩里有健壮的马；老百姓面黄肌瘦，野外有饿死的人，这就是率领着禽兽来吃人。'杨朱、墨翟的言论不消除，孔子的学说就不能发扬光大，这是荒谬学说欺骗百姓，阻塞了仁义大道。仁义之道阻塞，是率领禽兽吃人，人将吃人。我为此而忧虑，捍卫古代圣人的真理，反对杨、墨的谬说，驳斥错误的言论，使谬论邪说不能抬头。荒谬的念头，从心底萌发，就会危害工作；危害了工作，就会危害政治。圣人再生，也会赞同我的言论。从前大禹控制了洪水，天下得到太平；周公兼并了夷狄，赶跑了猛兽，百姓才得到安宁；孔子写了《春秋》，叛臣和逆子就有所畏惧。《诗》说：'抗击戎狄，惩罚荆舒，就所向无敌。'心里没有父母、眼里没有尊长的人，正是周公所要惩罚的。我也要端正人心，消灭邪说，反对错误行为，排斥荒唐言论，以继承大禹、周公、孔子三位圣人的事业。我难道喜欢辩论吗？我是迫不得已啊！能够以言论来反对杨、墨的，也就是圣人的门徒了。"

【评析】

　　孟子针对弟子公都子关于"夫子好辩"的疑问，说古道今，用历史事实说明自己并非好辩，而是出于使命感，是为了"正人心，息邪说，距诐行，放淫辞，以承三圣。"

　　孟子赞扬了舜、禹、周文王、周公、周武王和孔子的历史功绩，认为舜、禹、周文王、周公和周武王这些先贤行仁政，造福百姓；而孔子写《春秋》则为后人制定了做人做事的规范，使叛臣和逆子有所畏惧。

　　孟子这一章批驳了杨朱和墨子的思想。对此，我们应该进行辩证分析。杨朱学派是战国时期道家学派之一，创始人为杨子，杨子原名杨朱，又称阳子居或杨生。杨朱主张"贵己"与"为我"，在战国时期影响非常大。孟子反对墨子的"兼爱"论，孔子倡导"君君、臣臣、父父、子子"，儒家虽然主张仁政，但讲究社会等级秩序。墨子却认为"官无常贵，民无终贱"，要求"饥者得食，寒者得衣，劳者得息"。墨子要求君臣、父子、兄弟都要在平等的基础上相互友爱，爱别人就像爱自己，并认为社会上出现强执弱、富侮贫、贵傲贱的现象，是因天下人不相爱所致。因此，孟子认为墨子认为爱要一视同仁，这就是目无父母。

　　实际上，在孟子看来，"杨朱和墨子的错误正在于没有将自然情欲与道德所要求的某种'普适性'予以结合并找到恰当的中介，这使得杨朱偏于为我，墨子偏于兼爱，都偏离了孟子心中的道德理想"①。笔者认为，从思想史的角度来看，无论是杨朱的个人本位和墨子的无差别的兼爱，都包含着合理的内核，而不能简单否定，孟子对杨朱和墨子的思想在一定程度上是攻其一点，不及其余，亦有偏颇之处。

关于孟子好辩，"瑞恰慈认为孟子式的论辩服务于说服性的目的，而无心于推导概念的差异本身；只是在驳论的意义上注意到对手的论证形式，但并没有对其进行细致考察，所以孟子的论辩亦有漏洞可寻；论证偏好使用具体的例子，关注辩论潜在的现实影响，而非像西方思想家那样偏好诉诸抽象的逻辑原则（注重精确性、明晰性和内在一致性）来论理服人"②。也就是说，孟子好辩并不说明他的辩论具有严密的逻辑性，但他也不是为辩而辩，也不是喜欢辩论，更不是逞论辩之才，而是为了言明自己的政治主张，弘扬社会的正气，以继承大禹、周公、孔子三位圣人的事业。

孟子是一个忧国忧民的思想家，他为社会的混乱和灾难深感忧虑，"吾为此惧，闲先圣之道，距杨、墨，放淫辞，邪说者不得作"。孟子明确阐明自己并非好辩，而是"欲正人心，息邪说，距诐行，放淫辞，以承三圣者，岂好辩哉？予不得已也"。在这章对话中，最难能可贵的是孟子表达了他的使命感。当今社会的知识分子，也要敢于担负历史使命，不畏人言，敢于捍卫和追求真理，为建立和谐社会贡献聪明才智。

6.10　廉洁不能脱离现实

【原文】

匡章曰："陈仲子岂不诚廉士哉？居於陵，三日不食，耳无闻，目无见也。井上有李，螬食实者过半矣。匍匐往，将食之，三咽，然后耳有

---

① 刘旻娇：《孟子评"淫辞邪说"新解——以"辟杨墨"为中心》，《哲学动态》2019 年第 8 期。

② 韩振华：《他乡有夫子：西方〈孟子〉研究与儒家伦理建构》，中国社会科学出版社 2017 年版，第 209 页。

闻，目有见。"

孟子曰："于齐国之士，吾必以仲子为巨擘焉。虽然，仲子恶能廉？充仲子之操，则蚓而后可者也。夫蚓，上食槁壤，下饮黄泉。仲子所居之室，伯夷之所筑与？抑亦盗跖之所筑与？所食之粟，伯夷之所树与？抑亦盗跖之所树与？是未可知也。"

曰："是何伤哉？彼身织屦，妻辟纑，以易之也。"

曰："仲子，齐之世家也；兄戴，盖禄万钟。以兄之禄为不义之禄而不食也，以兄之室为不义之室而不居也。辟兄离母，处于於陵。他日归，则有馈其兄生鹅者。己频顣曰：'恶用是鶂鶂者为哉！'他日，其母杀是鹅也，与之食之。其兄自外至，曰：'是鶂鶂之肉也。'出而哇之。以母则不食，以妻则食；以兄之室则弗居，以於陵则居之，是尚为能充其类也乎？若仲子者，蚓而后充其操者也。"

【译文】

匡章说："陈仲子难道不真是个廉洁之士吗？住在於陵，三天没吃东西，耳朵听不见，眼睛看不见。井上有棵李子，蛴螬吃掉一大半。他爬过去，拿来吃，咽了几口，然后耳朵听见了，眼睛也看见了。"

孟子说："在齐国人士中，我一定要把仲子当作杰出者。但是，他怎么能真做到廉洁？要推广他的这种'操守'，那只有把人变成蚯蚓才行。蚯蚓吃着地面上的干土，喝着地下的泉水。但仲子所住的房屋，是伯夷所盖的呢，还是盗跖所盖的？他吃的谷米，是伯夷种的呢，还是盗跖种的呢？这个却是不知道的。"

匡章说："这有什么关系呢？他编草鞋，妻子纺线，用这些换来的。"

孟子说："仲子是齐国的世家大族，他哥哥陈戴，盖邑的俸禄有几万石。他却认为哥哥的俸禄是不义之物，不去吃它；认为哥哥的住宅是不义之产，不去住它。避开哥哥，远离母亲，住在於陵。有一天回家，有人送他哥哥一只活鹅，他皱着眉头说：'要这种呃呃叫的东西干什么？'过了几天，他母亲杀了这只鹅，和他一起吃了。他哥哥从外面回家，说：'这就是那呃呃叫的东西的肉哇。'陈仲子就跑到外面呕了出来。母亲做的东西不吃，却吃妻子做的；哥哥的房子不住，却住在於陵，这能算是廉洁之义达到极点了吗？像仲子的这种'操守'，若要加以推广，只有把人变成蚯蚓才行。"

【评析】

匡章是齐国名将，也是孟子的弟子。他认为陈仲子是齐国真正的廉洁之士。孟子肯定陈仲子是齐国的"巨擘"，但孟子认为，陈仲子的所作所为并不是一个真正的廉洁之士。在孟子看来，一个真正的士应该具有使命感，达则兼善天下，而不是迂腐的书呆子，不食人间烟火。

《汉书·东方朔传》："水至清则无鱼，人至察则无徒。"这句话客观上反映了人生哲学要避免极端化倾向，一切要从实际出发。一个真正的知识分子，既不能随波逐流，也不能脱离现实，采取消极避世、孤芳自赏的态度。在这篇对话中，孟子不赞同陈仲子避开哥哥、远离母亲的做法，认为像仲子的这种"操守"，若要加以推广，只有把人变成蚯蚓才行。

对于陈仲子这样所谓的廉洁之士，我们一方面可以赞扬他孤芳自赏、不与统治者同流合污的高洁品格；但另一方面我们认为，知识分子应该积极参政议政，做社会发展进步的实际推动者，而不仅仅是一个孤独的看客，或者躲进象牙之塔而孤芳自赏。

第七章

离娄上译评

【本章引语】

《离娄上》共 28 节。

7.1：孟子强调做事要有规矩规范，不以规矩，不能成方圆，治国要继承先王之道，也就是"遵先王之法"，"行先王之道"，提出"惟仁者宜在高位"的观点。

7.2：孟子提出"君道臣道皆法尧舜"的观点，认为君主和臣子都当尽责，"欲为君，尽君道；欲为臣，尽臣道。"

7.3：孟子阐释了"不仁"的严重危害性。"天子不仁，不保四海；诸侯不仁，不保社稷；卿大夫不仁，不保宗庙；士庶人不仁，不保四体。"

7.4：孟子提出"行有不得者，皆反求诸己。其身正，而天下归之。"孟子认为任何事情如果没有达到预期的效果，都应当反躬自问。要求君主"身正"，才能"天下归之"。

7.5：论天下之本。孟子提出"天下之本在国，国之本在家，家之本在身。"

7.6：孟子讲治国理政不要得罪贤明的卿大夫。贤明的卿大夫所推崇的，国人都会推崇；国人所推崇，天下人都会推崇，所以德教就会迅速传播天下。

7.7：孟子分析"天下有道"与"天下无道"两种社会状况，认为只有效法周文王行仁政，才能无敌于天下；总结历史规律：顺天者存，逆天者亡。

7.8：孟子提出"人必自侮，然后人侮之"的观点，再次引用《尚书·太甲》的"天作孽，犹可违；自作孽，不可活"。

7.9：孟子提出"得天下有道"的观点，认为"得天下有道""得其民有道""得其心有道"。君主要因势利导，"所欲与之聚之，所恶勿施尔也。民之归仁也，犹水之就下、兽之走圹也"。

7.10：孟子反对自暴自弃，主张以仁为安宅，以义为正路。

7.11：孟子反对舍近求远和易而求诸难。

7.12：孟子提出"诚者，天之道"和"诚身有道"的观点，主张一切从做人的诚开始。

7.13：孟子赞扬周文王"善养老者"，行仁政必须善待年长的贤人。

7.14：孟子反对增加赋税，反对不行仁政而富，揭示战争的危害性，"善战者"必须"服上刑"。

7.15：孟子认为，眼睛是心灵的窗户，观察眼睛能看出一个人的善恶。

7.16：孟子倡导"恭者"和"俭者"，反对那些夺人和侮人的诸侯的伪善。

7.17：孟子认为，男女虽然授受不亲，但嫂溺也须援之以手，应该学会变通，不能拘泥于礼节。

7.18：孟子提出教者必以正，出于正，提出"易子而教"的观点。

7.19：孟子提出"事亲为大"与"守身为大"的观点，认为侍奉父母不能仅仅"养口体"，还要"养志"，让父母心情愉悦。

7.20：孟子提出"君仁，莫不仁；君义，莫不义；君正，莫不正。一正君而国定。"认为要治理好国家，君主应该率先垂范。

7.21：孟子提出"不虞之誉与求全之毁。"

7.22：孟子提出"不能轻易易其言。"

7.23：孟子提出"人之患在好为人师。"

7.24：孟子认为，应该尊重老师，不能等舍馆定了以后，再求见长者。

7.25：孟子认为，学习古人之道不是为了吃喝。

7.26：孟子提出"不孝有三，无后为大。"

7.27：孟子认为，有了快乐，就不知不觉足之蹈之手之舞之。

7.28：孟子提出为人与为子的思考。

7.1 惟仁者宜在高位

【原文】

孟子曰："离娄之明，公输子之巧，不以规矩，不能成方圆；师旷之聪，不以六律，不能正五音；尧舜之道，不以仁政，不能平治天下。今有仁心仁闻，而民不被其泽，不可法于后世者，不行先王之道也。故曰：徒善不足以为政，徒法不能以自行。《诗》云：'不愆不忘，率由旧章。'遵先王之法而过者，未之有也。圣人既竭目力焉，继之以规矩准绳，以为方圆平直，不可胜用也；既竭耳力焉，继之以六律正五音，不可胜用也；既竭心思焉，继之以不忍人之政，而仁覆天下矣。故曰，为高必因丘陵，为下必因川泽；为政不因先王之道，可谓智乎？是以惟仁者宜在高位。不仁而在高位，是播其恶于众也。上无道揆也，下无法守也；朝不信道，工不信度；君子犯义，小人犯刑，国之所存者幸也。故曰：城郭不完，兵甲不多，非国之灾也；田野不辟，货财不聚，非国之害也。上无礼，下无学，贼民兴，丧无日矣。《诗》曰：'天之方蹶，无然泄泄。'泄泄犹沓沓也。事君无义，进退无礼，言则非先王之道者，犹沓沓也。故曰：责难于君，谓之恭；陈善闭邪，谓之敬；吾君不能，谓之贼。"

【译文】

孟子说："有离娄的视力，公输般的手艺，不用圆规和曲尺，也不能画好方和圆；有师旷的听力，不用六律，也不能校正五音；有尧舜之道，不行仁政，也不能治理好天下。现在有些诸侯仁心声名远播，但百姓没有得到他的恩泽，他的作为不能成为后世的楷模，这是由于不实行以前圣王之道的缘故。所以说，只有善心不足以治国理政，只有好办法自己也不会实行。《诗经·大雅·假乐》说：'不出错，不遗忘，都按传统规章办。'依循前代圣王规章而犯错误的，是从来没有过的。圣人既已用尽视力，又用圆规、曲尺、水平仪、绳墨来制造方的、圆的、平的、直的各种器物，各种器物就用之不尽了；圣人既已用尽听力，又用六律来校正五音，各种音阶也就用之不尽了；圣人既已用尽脑力，又实行仁政，仁德就广泽天下了。所以，筑高台要依靠山陵，挖深池要依赖沼泽。治国理政不继承前代圣王之道，可以说聪明吗？因此，只有仁人应该处于统治地位，不仁的人处于统治地位，就会把他的罪恶扩散给群众。在上的没有道德规范，在下的无章可循；朝廷不信守道义，工匠不信守尺度；君子违背正义，百姓触犯刑法。这样的国家还能勉强存在的，真是太侥幸了。所以说，城墙不坚固，军备不充足，不是国家的灾难；田野没开辟，经济不富裕，不是国家的祸害；但如果君主不重礼制，百姓没有受教育，违法乱纪的百姓都起来了，离国家灭亡的日子也就没几天了。《诗经·大雅·板》说：'上天正在动，闭嘴莫起哄！'瞎起哄就是喋喋不休的意思。侍奉君主无忠义之心，举止进退失礼仪之节，一说话就诋毁前代圣人之道，这样就是'喋喋不休'。所以说，用尧舜之道要求君主，这叫作'恭'；向君主进善言预防错误，这叫'敬'；如果认为君主无能而不进谏的，这叫'戕贼'。"

【评析】

这一章内容比较丰富。离娄：传说中黄帝时人，视力特强，能看到百步之外的秋毫之末。公输子：鲁国人，也称"鲁班"。六律：六律是我国古代的一种律制，古乐的十二调。十二调是按照乐音长短的标准，把乐音分为六律和六吕，合称为十二律。这里的六律是指单数的六个律，即黄钟、太簇、姑洗、蕤宾、夷则、无射六阳律。

孟子开篇就以"离娄之明，公输子之巧，不以规矩，不能成方圆；师旷之聪，不以六律，不能正五音；尧舜之道，不以仁政，不能平治天下"来说明"规矩"和"六律"的重要性，揭示了运用尧舜之道践行仁政，才能平治天下的基本规律。

第一，孟子认为，不以规矩，不能成方圆。孟子这一思想对于管理来说非常重要。在任何社会、任何组织，都需要依靠规章制度来规范人们的行为，既不能有法不依，也不能无章可循。

第二，遵循尧舜之道不能停留在口头上，而是要在实践上实行仁政，理论不能脱离实际。在孟子看来，有尧舜之道，不行仁政，也不能治理好天下。这一点对于我们现在的党员干部也很有教育意义，如果仅仅停留在作报告、学文件，党纪国法即使滚瓜烂熟，不能付诸实践，口是心非，言行不一，在实践上也是非常有害的。

第三，继承先王之道对于治国理政的重要性。孟子引用《诗》云："不愆不忘，率由旧章。"认为"遵先王之法而过者，未之有也。"从文化继承与发展的角度来看，孟子所说"先王之道"，实际上就是孟子时代传统文化的精华，是非常重要的文化遗产。因此，从治国理政的角度来看，君主理所当然应该自觉继承先王之道。我们要明确先王之道最重要的内容有两点：一是先王不是指所有的王，而是指以前的圣王。这些圣王品德高尚，以天下为己任，舍己为公，关爱百姓；二是用仁政来治国理政，仁者爱人。很显然，先王之道不但值得孟子时代的君主所继承，也值得我们今天继承和发扬光大。

第四，孟子本章分析了影响国家安危的主要原因。他认为"城郭不完，兵甲不多，非国之灾也；田野不辟，货财不聚，非国之害也。上无礼，下无学，贼民兴，丧无日矣。"孟子这段话非常重要，揭示了影响国家安危的主要不是城郭不完、兵甲不多、田野不辟和货财不聚这些经济方面的原因，而是在于"不仁而在高位，是播其恶于众也。上无道揆也，下无法守也；朝不信道，工不信度；君子犯义，小人犯刑"，是因为"上无礼，下无学，贼民兴"。这些社会治理方面出现了问题，必然会影响到国家的安危，这对于我们正确认识经济与政治的关系具有重要的参考价值。

第五，提出"仁者宜在高位"的观点。孟子认为，"不仁而在高位，是播其恶于众也"，也是影响国家安危的重要原因，所以应该让仁者处在高位；相反，如果让不仁的人处在高位，昏君暴君执政，就是"播其恶于众"，不但不能治国理政，反而只能导致国家衰亡。

第六，通过区分对待君主的三种态度，提出了正确的"恭""敬"观。孟子指出："责难于君，谓之恭；陈善闭邪，谓之敬；吾君不能，谓之贼。"也就是说，针对君主真正的恭敬不是甜言蜜语、阿谀奉承，而是用尧舜之道鞭策君主，这才是"恭"，向君主进善言预防错误，这才是"敬"。如果认为君主无能而不进谏的，这叫害天下人。

　　孟子的上述观点对于正确认识和处理上下级关系，特别具有启发意义。上级领导要认真听取下级的意见和建议，不能顺我者昌，尤其是应该善于倾听不同的意见，甚至是虚心接受下级的批评；下级要忠诚上级，但不是媚上，而是应该敢于向上级进谏。下级如果认识到上级的错误，熟视无睹，事不关己高高挂起，这就是孟子所说的"贼"，也就是害天下人的人。简言之，孟子实质上强调了君臣应该恪尽职守，各尽其道。用孔子的话来说，就是"君君臣臣"，君应该像个君，臣应该像个臣。

7.2　君道、臣道皆法尧舜

【原文】

　　孟子曰："规矩，方圆之至也；圣人，人伦之至也。欲为君，尽君道；欲为臣，尽臣道。二者皆法尧舜而已矣。不以舜之所以事尧事君，不敬其君者也；不以尧之所以治民治民，贼其民者也。孔子曰：'道二，仁与不仁而已矣。'暴其民甚，则身弑国亡；不甚，则身危国削，名之曰'幽''厉'，虽孝子慈孙，百世不能改也。《诗》云：'殷鉴不远，在夏后之世。'此之谓也。"

【译文】

　　孟子说："圆规和曲尺是方和圆的极致，圣人是做人的极致。要做君主，就要尽君主之道；要做臣子，就要尽臣子之道。这两者都效法尧和舜就行了。不像舜服事尧那样服事君主，就是不敬君主；不像尧治理百姓那样治理百姓，就是残害百姓。孔子说：'治国之道两条，行仁政或不行仁政罢了。'暴虐百姓太过分，君主就会被杀亡国；不太过分，君主也岌岌可危，国力削弱，死后被谥为'幽''厉'，即使他有孝子贤孙，一百代也背着坏名声而不能更改。《诗经·大雅·荡》说过：'殷商之鉴并不遥远，就在夏朝的教训中。'说的就是这个意思。"

【评析】

孔子曾经提出"不在其位，不谋其政"。孔子这里预设了一个前提：就是"在其位，就要谋其政"。如何"谋其政"呢？孟子这里提出了君臣之道，就是"欲为君，尽君道；欲为臣，尽臣道"。

孟子倡导民本思想，为社会提出了效法的榜样——尧舜。曾春海先生指出："孟子为道德的实践寻出形上的根源及普遍的可行性，从而激励人类向上向善的心志，勉励人类自尊自信自悦于尽性成德的历程，以转向尽善尽美的理想人格。孟子道德学说之有根有源可寻，及其谆谆诱发人类向善行善的方法，和立人之道之极，使人生有一共同的最高价值理想之归宿，这是孟子学说值得赞誉弘扬处。"① "孟子对尧舜形象的塑造呈现了儒家思想内部的诸多张力：既强调道德的内在价值、崇高性又对道德的社会教化功能抱有过分期待。"② 毛泽东在《七律二首·送瘟神》中也曾经写下"春风杨柳万千条，六亿神州尽舜尧"的光辉诗句。

孟子认为，君主应该效法尧，做一个仁君；臣子应该效法舜，像舜那样对待尧。判断君主是否一个仁君，就看其是否能够像尧那样对待百姓；如果不能像尧那样对待百姓，就是残害百姓。孟子正告君主："暴其民甚，则身弑国亡；不甚，则身危国削。"这些表述都体现了孟子的民本思想。在孟子看来，君主如果不行仁政，死后仍然留下骂名，殃及后世。这种表述客观上对君主具有一定的警示作用。

7.3 不仁的严重危害性

【原文】

孟子曰："三代之得天下也以仁，其失天下也以不仁。国之所以废兴存亡者亦然。天子不仁，不保四海；诸侯不仁，不保社稷；卿大夫不仁，不

---

① 曾春海：《中国哲学史纲》，华东师范大学出版社 2013 年版，第 40 页。
② 赵武、梁艳阳：《由孟子对尧舜形象的塑造看儒家思想的内在张力》，《广西社会科学》2020 年第 12 期。

保宗庙；士庶人不仁，不保四体。今恶死亡而乐不仁，是犹恶醉而强酒。"

【译文】

孟子说："夏、商、周三代取得天下是由于仁，他们失去天下是由于不仁。国家兴盛衰亡也是如此。天子不仁，不能保天下；诸侯不仁，不能保有国家；卿大夫不仁，不能保有祖庙；士和百姓不仁，不能保全身体。现在有人怕死却喜欢不仁，这就如同怕醉却拼命喝酒一样。"

【评析】

本章阐释了"不仁"的严重危害性。孟子继承了孔子关于仁的思想，"直接将孔子的仁学发展为性善论，对中国哲学思想的发展有着重要影响"。① 孟子认为"天子不仁，不保四海；诸侯不仁，不保社稷；卿大夫不仁，不保宗庙；士庶人不仁，不保四体"。孟子这段话直接揭示了不仁的严重危害性。

孟子分析了夏、商、周三代是依靠行仁政取得天下，而因为后来不行仁政，就失去了天下。由此，孟子总结出了国家兴亡的基本规律：行仁者得天下；失仁者失天下。由此推论，然后再具体到天子、诸侯、卿大夫、士和百姓，任何人如果失去了仁，就都会产生严重的后果。

从社会发展史的角度来看，得民心者得天下，失民心者失天下，自古皆然。仁者爱人，从君主、诸侯、卿大夫，到士和百姓，都应该具有仁心，社会才能和谐稳定。

7.4　反求诸己

【原文】

孟子曰："爱人不亲，反其仁；治人不治，反其智；礼人不答，反其敬。行有不得者，皆反求诸己。其身正，而天下归之。《诗》云：'永言

---

① 复旦大学哲学系中国哲学史教研室编：《中国古代哲学史》上卷，上海古籍出版社2006年版，第50页。

配命，自求多福。'"

【译文】

孟子说："爱别人却得不到他的亲近，就要反思自己仁爱是否足够；没有管好别人，就要反思自己智慧是否足够；礼貌待人却得不到他的礼应，就要反思自己恭敬是否足够。任何事情没有达到预期的效果，都要反躬自问。自己处事端正，天下的人都会归附于他。《诗经·大雅·文王》说得好：'永按天理而行，自己求得多福。'"

【评析】

孟子这段话对于我们每个人修身养性，都非常具有参考价值。在人与人之间的关系中，爱是相互的，当你对别人付出一定的爱时，一般而言，别人也会用一定的爱来反馈给你。但在实际生活中，可能会出现像孟子所说的三种情况。

第一，"爱人不亲，反其仁"。即你爱别人，却没有得到别人的亲近。对此，孟子认为，你应该反思自己对别人的仁爱是否足够。也就是说，在孟子看来，只有你对别人有足够的仁爱，别人就一定会反馈给相应的爱。在这方面，我们还应该树立一种"只求耕耘，不问收获"的观念，即我只要对别人仁爱就行了，而不必太在意别人是否回报自己。

第二，"治人不治，反其智"。即没有管好别人，就要反思自己智慧是否足够。在这方面，自古以来，有很多管理者一旦在管理中出现了问题，就会怨天尤人，总是埋怨和责怪下级，从来没有从自己那里找原因，从没有想到自己缺乏足够的领导智慧。当然，由于人的复杂性，管理本身客观上也不是万能的。

第三，"礼人不答，反其敬"。即礼貌待人却得不到他的礼应，就要反思自己恭敬是否足够。对于人际交往，一般而言，只要你对别人以诚相待，礼贤下士，尊老爱幼，别人一般也会对你以礼相待。《诗经·大雅·抑》"投我以桃，报之以李"。中国是礼仪之邦，自古以来，投桃报李是人际关系中最基本的礼节。因此，如果你礼貌待人，却得不到别人的回敬，孟子认为你要对自己的礼貌待人进行反思，看一下自己的礼貌是否到位。

孟子通过简要分析，得出结论："行有不得者，皆反求诸己。其身正，而天下归之。"成语"反求诸己"出于这里。"反求诸己"对于人生修身养性非常重要，能够促使自己保持清醒，正确认识自己。情商理论的第一点就是自我认知，而自我认知的前提就是反求诸己。另外，孔子说"其身正，不令而行"。孟子说"其身正，而天下归之"，可谓得孔子真传。由此可见，君主如果做到了"身正"，即使不下令，下属也会不令而行，甚至"天下归之"。

7.5 论天下之本

【原文】

孟子曰："人有恒言，皆曰，'天下国家。'天下之本在国，国之本在家，家之本在身。"

【译文】

孟子说："人们常言都说'天下国家。'天下的根本是国家，国家的根本是家庭，而家庭的根本是每个人。"

【评析】

孟子这里对人们常说的"天下国家"展开了论述，认为"天下之本在国，国之本在家，家之本在身。"我们可以对这段话作如下理解：要治理天下，根本是国家要治理好；要治理国家，就要建设好家庭；要建设好家庭，根本是每个家庭成员。

孟子这种推论是非常深刻的，体现了宏观与中观和微观的辩证统一关系。从社会学的角度来看，家庭是社会的细胞；而从以人为本的角度来看，每个家庭成员则是家庭和社会最基本的元素。可以设想：如果每个人都身心健康，能够接受良好的教育，具有较高的素质和能力，那么，家庭内部关系就和谐，社会上的人际关系也会和谐，国家就和谐稳定，进而推及到世界，世界也会和谐。由此可见，加强个人修身养性的重要性。孟子重视个体生命的修身养性，从性善论出发，探讨如何实现和维护整个社会和平有序的政治学说。他"是在坚持和倡导一种以个人的自我管理为基础的社会治理模式，性善是说个人天生地具备完全、完美的自我管理能力，而且能够自我提供判断善恶是非的标准。他倡导社会秩序应该建立在个人自我管理的基础上，反对专制统治"①。这样理解，可以更好地把握"天下之本在国，国之本在家，家之本在身"的内在逻辑。

《礼记·大学》："古之欲明明德于天下者，先治其国；欲治其国者，先齐其家；欲齐其家者，先修其身；欲修其身者，先正其心；欲正其心者，先诚其意；欲诚其意者，先致其知，致知在格物。"《礼记》这段话反过来恰恰可以验证天下、国家、家庭和个人的内在关系。从天下治理出发，就是"天下之本在国，国之本在家，家之本在身"。从个人修身出发，就是修身、齐家、治国、平天下。

7.6 为政不得罪于巨室

【原文】

孟子曰："为政不难，不得罪于巨室。巨室之所慕，一国慕之；一国之所慕，天下慕之。故沛然德教溢乎四海。"

【译文】

孟子说："治国理政并不难，不要得罪贤明的卿大夫。贤明的卿大夫所推崇的，国人都会推崇；国人所推崇，天下人都会推崇，所以德教就会迅速传播天下。"

【评析】

治国理政有很多条路径，其中应该发挥"巨室"的作用是非常重要

---

① 王雯：《亚里士多德"善"的哲学思想与孟子"性善论"思想比较研究》，《文化集萃》2021年第34期。

的。孟子认为，治国理政并不难，不能得罪贤明的卿大夫，因为这些贤明的卿大夫对社会心理和价值观都有很大的影响，"巨室之所慕，一国慕之；一国之所慕，天下慕之"。因此，孟子认为，治国理政要依靠贤明的卿大夫，发挥他们的积极影响，只有这样，德教才会迅速传播天下。

社会心理学和管理学表明，上行下效这是普遍的规律，古今中外，概莫能外。因此，如何发挥名门望族、书香门第、专家学者、艺术家等各种社会名人对社会的积极影响，这是决策者应该考虑的重要问题。

7.7 行仁政才能无敌于天下

【原文】

孟子曰："天下有道，小德役大德，小贤役大贤；天下无道，小役大，弱役强。斯二者，天也。顺天者存，逆天者亡。齐景公曰：'既不能令，又不受命，是绝物也。'涕出而女于吴。今也小国师大国，而耻受命焉，是犹弟子而耻受命于先师也。如耻之，莫若师文王。师文王，大国五年，小国七年，必为政于天下矣。《诗》云：'商之孙子，其丽不亿。上帝既命，侯于周服。侯服于周，天命靡常。殷士肤敏，裸将于京。'孔子曰：'仁不可为众也。夫国君好仁，天下无敌。'今也欲无敌于天下而不以仁，是犹执热而不以濯也。《诗》云：'谁能执热，逝不以濯？'"

【译文】

孟子说："政治清明的时代，道德不高的人被道德高的人管理，不太贤能的人被贤能的人管理；政治黑暗的时代，小的被大的管理，弱的被强的管理。这两种情况，都取决于天。顺天者存，逆天者亡。齐景公说：'既不能命令别人，又不听别人命令，这就是绝路。'流着泪把女儿嫁到吴国。如今小国以大国为师，却以听命于人为耻，这就像学生以听命于老师为耻一样。如以此为耻，最好师法文王。师法文王，大国五年，小国七年，就一定可以统一天下了。《诗经》说：'商代的子孙，人数不到十万。上帝已授命文王，就臣服于周。臣服于周，天意无常。商朝大臣仪华美，到周京城行裸祭之礼。'孔子也说过：'仁德的力量不是人多可以抵挡的。君主爱仁，天下无敌。'如今想天下无敌却不行仁政，这就好比苦于暑热却不肯洗澡一样。《诗·大雅·桑柔》说：'谁能承受热的煎熬，誓不洗澡？'"

【评析】

孟子在本章中多次提到"天"，他心目中的"天"，不仅是大自然的天，而且也是具有民心向背和人格神的天。"在诸多古代天下理论中，孟子的天下之思具有独特的地位，它是对西周天下范式的继承和新创，将天下推向一个新的境界。"① 内山俊彦认为，只有把孟子的"天"解读为"一种宇宙理法，即一种自然观类型的天，才能更好把握孟子的核心思想——性善论"②。其实，内山俊彦这种观点并不准确，因为孟子所说的"天"不仅指大自然的天的客观规定性，而且还具有代表民心的意味。所谓"顺天者存，逆天者亡"，实际上是孟子要求君主通过仁政实现王道，这是"顺天"；而实行霸道，通过武力残暴的方式，这就是"逆天"。

孟子分析了"天下有道"与"天下无道"两种社会状态下出现的现象："天下有道，小德役大德，小贤役大贤；天下无道，小役大，弱役强"。也就是说，在政治清明的前提下，仁者贤者在位，是以仁德服人，管理社会上道德不高的人和不太贤能的人；相反，在政治黑暗的前提下，社会弱肉强食，倚强凌弱。所以，《孟子·公孙丑上》指出："以力服人者，非心服也，力不赡也；以德服人者，中心悦而诚服也。"由此出发，孟子总结了社会基本规律："斯二者，天也。顺天者存，逆天者亡"。

在分析"天下有道"与"天下无道"的基础上，孟子进而倡导效法周文王，只有行仁政，才能"为政于天下"。孟子还以孔子的"国君好仁，天下无敌"来说明行仁政的重要性，批评了当时社会存在的主观上想天下无敌，而在实践上却不行仁政的错误做法，认为这是"犹执热而不以濯也"。

---

① 林国敬：《民、仁、天下——论孟子对天下范式的重构》，《孔子研究》2019 年第 6 期。
② 高晓峰：《内山俊彦对孟子"天"概念的解读》，《中国社会科学》2021 年 3 月 30 日。

7.8　人必自侮，然后人侮之

【原文】

　　孟子曰："不仁者可与言哉？安其危而利其菑，乐其所以亡者。不仁而可与言，则何亡国败家之有？有孺子歌曰：'沧浪之水清兮，可以濯我缨；沧浪之水浊兮，可以濯我足。'孔子曰：'小子听之！清斯濯缨，浊斯濯足矣，自取之也。'夫人必自侮，然后人侮之；家必自毁，而后人毁之；国必自伐，而后人伐之。《太甲》曰：'天作孽，犹可违；自作孽，不可活。'此之谓也。"

【译文】

　　孟子说："不仁的人可以与他商议吗？别人有危险却趁火打劫，别人亡国败家却幸灾乐祸。假如不仁的人还可以同他商议，那么会有亡国败家呢？有小孩歌唱道：'沧浪的水清啊，可以洗我的帽缨；沧浪的水浊呀，可以洗我的脚。'孔子说：'弟子听好了！水清就洗帽缨，水浊就洗脚，取决于自己。'人必先自取其辱，别人才侮辱他；家必先自我败坏，别人才毁坏它；国必先内乱，别国才讨伐它。《尚书·太甲》说：'天造的罪孽，还可以逃掉；自己造的罪孽，却无处可逃。'正是这个意思。"

【评析】

　　孟子这一章的核心内容是强调内在因素对事物的决定性影响。孟子指出："人必自侮，然后人侮之；家必自毁，而后人毁之；国必自伐，而后人伐之。"这就是说，在主客观因素的相互影响方面，个人作为主体如果不是自信自强、自尊自爱，而是自取其辱，客观上就会遭受到别人的无视、鄙视甚至是侮辱；家庭内部如果不和睦，家庭成员之间不团结，也会被别人瞧不起；国内发生内乱，就会引起别国的攻伐。虽然说弱肉强食是自然界的法则，人类社会不会完全像自然界那样，但客观上也存着一定的适者生存和弱肉强食的现象。所以，孟子这段话与前面孟子所说的"天下之本在国，国之本在家，家之本在身"可以相互诠释，要修身齐家治国平天下，自信自强，练好内功，家和万事兴，全国人民同心同德，就会立于不败之地。

事业的成败得失在很大程度上取决于组织内部的诸多因素，堡垒最容易从内部攻破。对于主体的责任，《孟子·公孙丑上》就已经引用了《尚书·太甲》的"天作孽，犹可违；自作孽，不可活"。孟子在本章中又再次引用了这段话。这足以说明人生在世，遇到挫折或失败时，不能怨天尤人，而是应该多找个人自己或组织内部的原因。

7.9　得天下有道

【原文】

孟子曰："桀纣之失天下也，失其民也；失其民者，失其心也。得天下有道：得其民，斯得天下矣；得其民有道：得其心，斯得民矣；得其心有道：所欲与之聚之，所恶勿施尔也。民之归仁也，犹水之就下、兽之走圹也。故为渊驱鱼者，獭也；为丛驱爵者，鹯也；为汤武驱民者，桀与纣也。今天下之君有好仁者，则诸侯皆为之驱矣。虽欲无王，不可得已。今之欲王者，犹七年之病求三年之艾也。苟为不畜，终身不得。苟不志于仁，终身忧辱，以陷于死亡。《诗》云：'其何能淑，载胥及溺。'此之谓也。"

【译文】

孟子说："桀和纣丧失天下，是由于失去百姓；失去百姓，是由于失去民心。得到天下有方法：得到百姓，就得到天下了；得到百姓有方法：赢得民心，就得到老百姓了；赢得民心也有方法：他们所希望的，替他们聚积起来；他们所厌恶的，不要加在他们头上。百姓心向仁政，像水向低处流、野兽奔向旷野一样。所以，为深潭把鱼赶来的是水獭，为森林把鸟雀赶来的是鹯鹰，为商汤、周武把百姓赶来的，就是桀和纣了。当今天下的君主中如有好施仁政的，其他诸侯都会为他把百姓赶来的。即使他不想一统天下，也是办不到的。如今希望用仁政一统天下的人，就像害了七年的痼疾，要寻求三年的陈艾来医治；平时若不积蓄，终身都不会得到。如果不立志实行仁政，终身沉溺于忧患与屈辱，直到陷入死亡的深渊。《诗经·大雅·桑柔》上说：'那如何能办得好，不过相率落水淹死了。'正是说的这个。"

【评析】

孟子这一章继续探讨得民心者得天下，失民心者失天下。孟子认为桀纣之所以失去天下，就在于他们失去了百姓的支持，失去了民心；要得天下，就必须得到百姓的拥护，而要得到百姓的拥护，就必须得到百姓的民心。

范仲淹在《岳阳楼记》中抒发了"先天下之忧而忧，后天下之乐而乐"的豪情壮志。在孟子看来，君主要得到民心，就必须通过实际行动，尽最大努力去满足百姓所希望得到的。孟子在分析的基础上，认为"苟为不畜，终身不得"。孟子希望君子行仁政要善于从平时积累，要下决心追求仁，因为"苟不志于仁，终身忧辱，以陷于死亡"。刘备说："勿以善小而不为，勿以恶小而为之。"行仁政，就要从平时开始"积跬步"而至千里，"积土成山"，才能风雨兴焉。

7.10　人生不能自暴自弃

【原文】

孟子曰："自暴者，不可与有言也；自弃者，不可与有为也。言非礼义，谓之自暴也；吾身不能居仁由义，谓之自弃也。仁，人之安宅也；义，人之正路也。旷安宅而弗居，舍正路而不由，哀哉！"

【译文】

孟子说："自己糟蹋自己的人，不能和他讲道理；自己抛弃自己的人，不能和他有所作为的。开口就非议礼义，这就叫作自己糟蹋自己；认为自己不能内心存仁，行事循义，这就是自我抛弃。仁，是人的好住宅；义，是人的正路。空闲着好住宅不住，放弃正路不走，可悲啊！"

【评析】

从命运的角度来看，每个人的命运都是主客观因素相互作用的结果；从人才开发的角度来看，人的主体性因素对人才发展具有最直接的主要影响。孟子对于那些自暴自弃的人，认为既不能和他讲道理，也不能与他一起有所作为。孟子如此思考问题，恰恰说明他非常注重人的主体性因素。在此基础上，他进而认为，人生应该追求仁义，把仁视为最好的住宅，把义视为人生的正道。"追求人生价值和人生目标之实现，追求完美崇高之理想人格境界，一直是包括孟子在内之儒家学者所孜孜以求之重要课题。"① 孟子这种积极进取的人生价值观，反对自暴自弃的思想，对于广大青少年严于自律，加强自我激励，都具有非常积极的意义。

成语"自暴自弃"出于这一章。

7.11　舍近求远，易而求诸难

【原文】

孟子曰："道在迩而求诸远，事在易而求诸难。人人亲其亲，长其长，而天下平。"

【译文】

孟子说："道在近处却往远处求，事情简单却往难处做。人人都爱亲人，尊敬他的上级，天下就太平。"

【评析】

舍近求远：意思是舍去近处的，追求远处的，形容做事走弯路。孟

---

① 王杰：《孟子心目中的"君子"》，《学习时报》2021年3月12日。

子这一章主要说了两点：一是反对舍近求远和易而求诸难。舍近求远很好理解，"易而求其难"的实质是把简单问题复杂化，反而事倍功半，甚至劳而无功。二是继承孔子尊亲敬长的传统，认为只有尊亲敬长，才能使天下太平。从社会治理的角度来看，要建立和谐社会，就必须建立科学有序的人际关系。

成语"舍近求远""舍易求难"出于这一章。

7.12　诚身有道：善

【原文】

孟子曰："居下位而不获于上，民不可得而治也。获于上有道，不信于友，弗获于上矣；信于友有道，事亲弗悦，弗信于友矣；悦亲有道，反身不诚，不悦于亲矣；诚身有道，不明乎善，不诚其身矣。是故诚者，天之道也；思诚者，人之道也。至诚而不动者，未之有也；不诚，未有能动者也。"

【译文】

孟子说："下级得不到上级信任，百姓是不可能治理好的。得到上级信任有方法：得不到朋友信任，就不能让上级信任了；得到朋友信任有方法：侍奉父母不能让他们高兴，也就不能让朋友信任了；让父母高兴有方法：自我反省不诚，不能让父母高兴；为人诚实有方法：不明白什么是善，就不能做诚实之人。所以，'诚'是天之道，追求'诚'是做人之道。至诚而不能打动人心，是从来没有过的事；不诚心，是不能打动人心的。"

【评析】

这一章集中围绕做人的诚字展开。孟子认为，诚是天之道；追求诚是做人之道。因此，孟子认为，做人要从懂得什么是善开始。在孟子看来，儿女要诚实地自我反思，才能让父母高兴；让父母高兴，才能得到朋友的信任；得到朋友的信任，才能得到上级的信任；得到上级的信任，才能有利于治理百姓。

人才学有个原理，叫作用人不疑，疑人不用。如果上级不信任下级，下级就很难开展工作。所以，孟子这里说："居下位而不获于上，民不可得而治也。"

孟子认为，人只有至诚，才能打动人心。《庄子·渔父》："真者，精诚之至也。不精不诚，不能动人。"中国有句俗语"精诚所至，金石为开"，意思是说，人的诚心所到，能感动天地，使金石为之开裂。《中庸》："诚者，天之道也。诚之者，人之道也。"① 因此，孟子得出结论："至诚而不动者，未之有也；不诚，未有能动者也。"

7.13　善养老者

【原文】

孟子曰："伯夷辟纣，居北海之滨，闻文王作兴，曰：'盍归乎来！吾闻西伯善养老者。'太公辟纣，居东海之滨，闻文王作兴，曰：'盍归乎来！吾闻西伯善养老者。'二老者，天下之大老也，而归之，是天下之父归之也。天下之父归之，其子焉往？诸侯有行文王之政者，七年之内，必为政于天下矣。"

【译文】

孟子说："伯夷躲避纣王，住在北海之滨，听见文王兴起，说：'何不回去呢！我听说西伯善养老人。'姜太公躲避纣王，住在东海之滨，听说文王兴起，说：'何不回去呢！我听说西伯善养老人。'这两位老人，是德高望重的长者，他们归向西伯，这等于天下的父亲都归向西伯了。天下的父亲归向西伯，他们的儿子去哪里呢？诸侯中有践行文王仁政的，七年就一定能治理天下了。"

---

① 李学勤主编：《十三经注疏·礼记正义》下卷，北京大学出版社 1999 年版，第 1446 页。

【评析】

《史记·齐太公世家》："太公望吕尚者，东海上人。……盖尝穷困，年老矣，以渔钓奸周西伯。……或曰，太公博闻，尝事纣。纣无道，去之。游说诸侯，无所遇，而卒西归周西伯。或曰，吕尚处士，隐海滨。周西伯拘羑里，散宜生、闳夭素知而招吕尚。吕尚亦曰：'吾闻西伯贤，又善养老，盍往焉'。"西伯，即周文王。

孟子这里通过伯夷和姜太公归向周文王的故事，说明周文王行仁政、善待老人的做法得到了普遍的赞誉。由于伯夷和姜太公具有很高的社会声望，那么他们归心周文王，客观上必然会引起社会的连锁反应，用孟子的话来说，就是"二老者，天下之大老也，而归之，是天下之父归之也。天下之父归之，其子焉往？"无论是人口抑或人才，都会自觉不自觉地流向周文王。

建设国家智库，在人才战略上实施"银发工程"，充分发挥老专家的重要作用，仍然是我们需要关注的社会话题。

7.14　反对不行仁政而富

【原文】

孟子曰："求也为季氏宰，无能改于其德，而赋粟倍。他日，孔子曰：'求非我徒也，小子鸣鼓而攻之可也。'由此观之，君不行仁政而富之，皆弃于孔子者也，况于为之强战？争地以战，杀人盈野；争城以战，杀人盈城。此所谓率土地而食人肉，罪不容于死。故善战者服上刑，连诸侯者次之，辟草莱、任土地者次之。"

【译文】

孟子说："冉求当了季康子的总管，不能改变他的品德，而田赋反而加倍。有一天，孔子说：'冉求不再是我的学生，同学们可以大张旗鼓地批评他。'由此可见，君主不实行仁政敛财而富，都是背离了孔子之道，何况为不仁之君拼命作战呢？为争夺土地而战，杀人尸横遍野；为争夺城池而战，杀人尸体遍城。这就是带领着土地来吃人肉，其罪死有余辜。所以擅长打仗的人应该受最重的刑罚，鼓吹合纵连横的人应该受次一等的刑罚，为了增加税收而砍伐烧荒、侵占土地的人该受再次一等的刑罚。"

【评析】

孟子以民为本，主张实现仁政，反对冉求为季康子加税的做法，也反对不仁而富，认为君主不实行仁政却敛财致富，都是背离了孔子之道。

孟子在这一章还表达了反对战争的思想。应该说，孟子反战的思想动机是好的，但他没有看到战争的客观性，因为战争有时是不以人的意志为转移的，不是一厢情愿。当然，孟子反对的不是一般的战争，而是反对"争地以战，杀人盈野；争城以战，杀人盈城"。所以，中国古代在军事策略上主张攻心为上，攻城为下，能够不战而胜，不战而屈人之兵，才是上策。至于孟子所说的"善战者服上刑"，似乎有点天方夜谭。实际上，君王不但不会处罚为其赢得战争的将帅，而且还会为其加官晋爵，予以表彰和奖励。

7.15 眼睛是心灵的窗户

【原文】

孟子曰："存乎人者，莫良于眸子。眸子不能掩其恶。胸中正，则眸子瞭焉；胸中不正，则眸子眊焉。听其言也，观其眸子，人焉廋哉？"

【译文】

孟子说："一个人身上存于内而表现于外的，没有超过眼睛的。眼睛不能隐藏人的丑恶。心正，眼睛就明亮；心不正，眼睛就阴暗。听他说话，观察他的眼睛，这人的善恶怎么隐藏呢？"

【评析】

孟子这一章非常精练地概括了眼睛与心灵的关系，认为眼睛最能反映和表达人的内心世界。"胸中正，则眸子瞭焉；胸中不正，则眸子眊焉。"我们用现在的话来说，一个人内心真善美，其行为光明磊落，他的眼睛一定是明亮的，是一片澄明；相反，一个如果心术不正，他的目光就会闪烁不定，具体表现为阴险、奸诈、阴暗、暗淡、幽暗、晦暗等具体样态。因此，孟子主张对人要"听其言也，观其眸子"。

成语"察言观色"出于《论语·颜渊》。孔子曾经提出"察言而观色"。实际上，孔子说的"色"虽然主要是指脸色，但脸色中最核心和关键的就是眼睛和眼神。由此可见，孟子主张要"听其言也，观其眸子"是非常有道理的。

达·芬奇有句名言："眼睛是心灵的窗户。"从审美感官来看，达·芬奇认为，眼睛是人最主要的审美感官，是心灵的窗户，它是知解力用来最完满最大量欣赏自然的无限作品的主要工具。从孟子到达·芬奇，在眼睛与心灵的关系上，中西不同时代的两位哲人可谓异曲同工。

7.16　恭者和俭者

【原文】

孟子曰："恭者不侮人，俭者不夺人。侮夺人之君，惟恐不顺焉，恶得为恭俭？恭俭岂可以声音笑貌为哉？"

【译文】

孟子说："恭敬的人不侮辱别人，节俭的人不掠夺别人。侮辱人掠夺人的诸侯，生怕别人不顺从，怎么能做到恭敬节俭？恭敬和节俭难道只凭甜言蜜语和笑脸装出来吗？"

【评析】

恭，是指恭谨谦逊；俭，是指俭约、勤俭、俭朴、俭省、俭约等。孟子认为："恭者不侮人，俭者不夺人。"由此推论，那些夺人、侮人的诸侯就不可能是"恭者"和"俭者"。孟子这里提倡"恭者"和"俭者"，反对那些"侮夺人之君"的伪善。子贡曾经赞扬孔子温良恭俭让，孟子这里提到了恭和俭，也是对孔子思想的继承。

7.17　男女授受不亲

【原文】

淳于髡曰："男女授受不亲，礼与？"

孟子曰："礼也。"

曰："嫂溺，则援之以手乎？"

曰："嫂溺不援，是豺狼也。男女授受不亲，礼也；嫂溺援之以手者，权也。"

曰："今天下溺矣，夫子之不援，何也？"

曰："天下溺，援之以道；嫂溺，援之以手，子欲手援天下乎？"

【译文】

淳于髡问："男女之间不亲手交接东西，这是礼吗？"

孟子说："是礼。"

淳于髡说："嫂子掉在水里，用手去拉她吗？"

孟子说："嫂子掉在水里不拉，这是豺狼。男女之间不亲手交接，这是平常的礼；嫂子掉在水里用手去拉，这是通权达变。"

淳于髡说："现在天下的人都掉水里了，您不去救援，这是为什么？"

孟子说："天下的人都掉在水里，用'道'去救援；嫂子掉在水里，要用手去救援，你难道要我用手去救援天下人吗？"

【评析】

古往今来，人际交往都有一定的礼节，而在男女交往中，要遵循男女之间的礼节。在中国封建社会，男女授受不亲，这就是男女之间需要遵循的礼。孟子针对齐国大夫淳于髡的问话，对男女授受不亲做了解释。

孟子认为，平时男女之间应该遵循男女授受不亲之礼，但针对淳于髡所说的嫂子落水是否可以援之以手时，他明确告诉淳于髡，可以用手去拉落水的嫂子，这是"权"，即变通。针对天下人的"落水"问题，孟子主张用"道"来救援，这确实看到了治国之道的重要性。

成语"男女授受不亲"出于这一章。

7.18　教者必以正，出于正

【原文】

公孙丑曰："君子之不教子，何也？"

孟子曰："势不行也。教者必以正；以正不行，继之以怒。继之以怒，则反夷矣。'夫子教我以正，夫子未出于正也。'则是父子相夷也。父子相夷，则恶矣。古者易子而教之，父子之间不责善。责善则离，离则不祥莫大焉。"

【译文】

公孙丑问："君子不亲自教育自己的孩子，为什么呢？"

孟子说："情势行不通。教育一定要讲正理，用正理讲不通，接着就要发怒。一发怒，就反而损害父子之情。'您用正理教我，您的行为却不正确。'这样，父子间就互相伤害了。父子互伤感情，这是大坏事。古时候交换小孩子教育，父子之间不因追求善而互相责备。追求善而互相责备就会产生隔阂；父子之间生出隔阂，没有比这更不祥的了。"

【评析】

自古以来，家庭教育对于孩子的成长都是非常重要的，关键看父母如何教育孩子。孟子在这里回答了公孙丑的问话，分析了家庭教育中存在的问题。他认为，家长在给孩子讲道理时，如果讲不通，孩子不理解，家长就容易发怒，进而影响父子之间的感情。因此，孟子认为"古者易子而教之"是非常有道理的。

孟子这里提出了家庭如何教育孩子的问题，即教者必以正，出于正。

孟子的意思是说，家长不但要给孩子讲正道，而且还要率先垂范，不能言行不一，也不能对孩子轻易发脾气。如果父子因为沟通不畅，就会产生严重的后果。孟子这一思想对于我们现在的家庭教育和学校教育，都具有重要的参考价值。对于孩子而言，一个好父亲未必就是好的老师。从心理学的角度来看，老师对学生一般都比较耐心，但在教育自己的孩子时，往往缺乏耐心，这也是客观事实。

7.19　事亲为大，守身为大

【原文】

孟子曰："事孰为大？事亲为大；守孰为大？守身为大。不失其身而能事其亲者，吾闻之矣；失其身而能事其亲者，吾未之闻也。孰不为事？事亲，事之本也；孰不为守？守身，守之本也。曾子养曾皙，必有酒肉；将彻，必请所与；问有余，必曰：'有。'曾皙死，曾元养曾子，必有酒肉；将彻，不请所与；问有余，曰：'亡矣。'将以复进也。此所谓养口体者也。若曾子，则可谓养志也。事亲若曾子者，可也。"

【译文】

孟子说："侍奉谁最重要？侍奉父母最重要。守护什么最重要？守护良心最重要。不失去自己的良心又能侍奉父母的，我听说过；失去了良心又能侍奉父母的，我没有听说过。侍奉的事都应该做，侍奉父母是根本；守护的事都应该做，守护良心是根本。曾子奉养他的父亲曾皙，每餐一定有酒肉；撤席时一定要问剩下的给谁；曾皙若问是否还有剩余，一定答道：'还有。'曾皙死了，曾元养曾子，也一定有酒肉；撤席时就不问剩下的给谁了；曾子若问是否还有剩余，就说：'没有了。'准备下餐再给曾子吃。这个叫作口体之养。至于曾子，可以叫作顺从亲意之养。侍奉父母能做到像曾子那样，就可以了。"

【评析】

孟子这一章中提出了"事亲为大"和"守身为大"的问题。孟子认为，事亲与守身都非常重要。他以曾子为例，说明事亲不仅要满足父母的口体之养，而且还应该顺从亲意之养。在满足父母饮食需要的同时，还要对父母和颜悦色，从内心表达对父母的孝敬之情。

关于"守身为大"，这涉及主体的自我认知、自我定位和自我调控问题，也涉及人与动物的联系及其区别。动物完全凭本能来适应环境，而人类虽然具有动物性，但不能把自己混同于动物，而是需要后天的修身养性，这就关乎自我认知、自我定位和自我调控问题。通过自我认知，认识自己的不足，这才需要修身；通过自我定位，确立人在宇宙中的地位，需要高扬人的主体性，这也需要修身。孟子这里强调"守身为大"，就在于他充分认识到修身对于人生的重要性。

7.20　君仁、君义、君正

【原文】

孟子曰："人不足与适也，政不足与间也；唯大人为能格君心之非。君仁，莫不仁；君义，莫不义；君正，莫不正。一正君而国定矣。"

【译文】

孟子说："一般人没有能力指责国君，一般政见没有能力去非议；只有大人才能纠正君主的过失。君主仁，没有人不仁；君主义，没有人不义；君主正，没有人不正。一旦君主端正了，国家也就安定了。"

【评析】

本节中的"适"，是指过责、指责；"间"，是指非难；"格"，是指纠正、端正。

孟子本章主要揭示了君主修身养性的重要性。他认为，如果君主犯了错误，一般人没有能力去指出君主的过失，也没有条件参政议政。所以，孟子认为，只有那些大人，即对社会具有重要影响的知名人物，才能纠正君主的过失。由此可见，君主个人的修为非常重要，"君仁，莫不仁；君义，莫不义；君正，莫不正。一正君而国定矣"。俗话说，上梁不正下梁歪，如果上梁正了，下梁自然就正了，因为上行下效，所以，孔子说"其身正，不令而行；其身不正，虽令不从"。

《荀子·致士》："川渊深而鱼鳖归之，山林茂而禽兽归之，刑政平而百姓归之，礼义备而君子归之。"反之，"川渊枯则龙鱼去之，山林险则鸟兽去之，国家失政则士民去之。"荀子说："今人主有能明其德，则天下归之，若蝉之归明火也，"这与孟子所说的"一正君而国定矣"，可谓不谋而合。

7.21　不虞之誉，求全之毁

【原文】

孟子曰："有不虞之誉，有求全之毁。"

【译文】

孟子说："有意料不到的赞扬，也有过于苛求的诋毁。"

【评析】

人生在世，兴衰荣辱，没有绝对的一帆风顺。既有"不虞之誉"，也有"求全之毁"。这就需要每个人对于荣辱得失，做到处变不惊。得到"不虞之誉"时，不能得意忘形，沾沾自喜；遇到"求全之毁"时，浊者自浊，清者自清，要学会泰然处之，泰山压顶不弯腰，不断增强心理的抗压能力。

7.22　不能轻易易其言

【原文】

孟子曰："人之易其言也，无责耳矣。"

【译文】

孟子说："一个人说话太随便，是因为他不必为此负责罢了。"

【评析】

儒家一直强调人生要谨言慎行，注重自省，曾子重视"吾日三省乎吾身"。很显然，一个人如果说话非常随便，那么说话的含金量就会大打折扣。这里的"无责耳矣"可以有两解：一是言说者不为自己的言说负责；二是他人对言说者没有责备。

言为心声。人生在世，语言要恰到好处的表情达意，而绝不能信口开河，也不能朝令夕改。大丈夫一言既出，驷马难追，要一诺千金。

7.23 人之患在好为人师

【原文】

孟子曰："人之患在好为人师。"

【译文】

孟子说："人的毛病在于喜欢当别人的老师。"

【评析】

在人际交往的过程中，正确的交往方式是彼此之间相互尊重，相互学习，共同提高。孟子恰恰看到了这一点，指出"人之患在好为人师"。好为人师，是指做人不谦虚，自以为是，爱摆老资格，一有机会就喜欢显摆自己。这种好为人师的做法是做人的大毛病，没有人喜欢好为人师的人。即使从事教师职业，教师也只能在教书育人的过程中，做学生的老师；即使做学生的老师，教师也不能在学生面前显摆自己，而是要做到教学相长。在现实中，一个人如果好为人师，就会失去很多学习的机会，而且还会影响人际关系的和谐。

成语"好为人师"出自这一章。

7.24　定舍馆与尊师

【原文】

乐正子从于子敖之齐。乐正子见孟子。

孟子曰："子亦来见我乎?"

曰："先生何为出此言也?"

曰："子来几日矣?"

曰："昔者。"

曰："昔者,则我出此言也,不亦宜乎?"

曰："舍馆未定。"

曰："子闻之也,舍馆定,然后求见长者乎?"

曰："克有罪。"

【译文】

乐正子跟随王子敖到了齐国。乐正子去见孟子。

孟子说："你也来看我吗?"

乐正子答道："老师为什么讲这样的话?"

孟子问："你来几天了?"

乐正子答道："昨天才来。"

孟子说："昨天来的,那我说这样的话,不也是应该的吗?"

乐正子说："住所还没找好。"

孟子说："你听说过,要住所找好了才来求见长辈吗?"

乐正子说："我有罪。"

【评析】

乐正子,战国时人,仕于鲁,名克,孟子弟子。孟子这里以弟子乐正子没有及时拜访自己为例,指出其对老师的失礼现象。

《荀子·致士》："师术有四,而博习不与焉。尊严而惮,可以为师;耆艾而信，可以为师；诵说而不陵不犯，可以为师；知微而乱，可以为师。"
因此，在中国古代的师生关系中，师道尊严是一种客观存在的现象。在师道
尊严的社会价值观中，按照孟子的观点，学生即使没安排好住处，也应该在
第一时间来看望老师，否则就是学生对老师失礼。应该说，孟子这种说法是
有一定道理的，因为中国古代非常讲究"一日为师，终身为父"。当然，在
现代社会中，师生关系已经不同于古代的师生关系，而是具有了新的时代内
容。但无论时代怎样变，学生对老师的尊重却应该是真诚而持久的。

7.25　学习古人之道不是为了吃喝

【原文】

　　孟子谓乐正子曰："子之从于子敖来，徒餔啜也。我不意子学古之道
而以啖啜也。"

【译文】

　　孟子对乐正子说："你跟着王子敖来，只是吃吃喝喝罢了。我没想到
你学习古人之道，只是为了吃喝。"

【评析】

　　学习古人之道，是为了学习和继承传统文化的精华，古为今用，学
以致用，绝不仅仅是为了吃喝。孟子对于乐正子的做法，明确表明了反
对的态度。孟子这种观点对于我们今天的国学热，对于我们正确对待中
国传统文化，都具有启发意义。

7.26　不孝有三，无后为大

【原文】

　　孟子曰："不孝有三，无后为大。舜不告而娶，为无后也。君子以为
犹告也。"

【译文】

孟子说："不孝顺父母的事有三种，其中以没有子孙为最大。舜不先禀告父母就娶妻，因为怕没有子孙。君子认为他如同禀告了。"

【评析】

传统文化非常注重子女孝顺父母，而不孝敬父母主要表现为三种情况：一是对父母阿谀曲从，陷亲不义；二是家贫亲老，不为禄士；三是不娶无子，绝先族嗣。孟子这里说的是第三种情况，认为这是最大不孝。

在古代社会生产力比较落后的情况下，社会基本没有什么公共福利，人到老年，主要依靠子女侍奉父母。如果儿子没有娶妻生子，就意味着这个家庭无法传承下去了，这是儿子对父母最大的不孝。虽然现代社会有各种不同的生活方式，如何解决鳏寡孤独的社会问题，仍然体现着国家的文明程度。

7.27　足之、蹈之，手之、舞之

【原文】

孟子曰："仁之实，事亲是也；义之实，从兄是也；智之实，知斯二者弗去是也；礼之实，节文斯二者是也；乐之实，乐斯二者，乐则生矣。生则恶可已也？恶可已，则不知足之蹈之手之舞之。"

【译文】

孟子说："仁的实质，就是侍奉父母；义的实质，就是顺从兄长；智的实质，就是明白这二者的道理并坚持下去；礼的实质，是对这二者加以调节与修饰；乐的实质，就是以这二者为快乐，快乐就产生了；有了快乐怎么压抑住呢？压抑不住，就不知不觉手舞足蹈了。"

【评析】

孟子这里讲什么是仁、义、礼、智、乐。仁就是侍奉父母；义就是顺从兄长；智就是明白如何侍奉父母、遵从兄长；礼是对仁义的调节与修饰；乐就是以仁义为快乐。人心中有了快乐，就会不知不觉手舞足蹈了。《毛诗序》："诗者，志之所之也，在心为志，发言为诗，情动于中而形于言，言之不足，故嗟叹之，嗟叹之不足，故永歌之，永歌之不足，不知手之舞之，足之蹈之也。"孟子这里强调了仁义之乐是发自内心的快乐，有了仁义之乐以后，就不知不觉地手舞足蹈了，这如《毛诗序》所说的诗歌之乐颇有异曲同工之妙。

孟子这里的快乐观充满了文化内涵或文明内涵，超越了人的动物性的本能欲望，也超越了人的感官的快感，认为把快乐建立在仁义的基础上，人才能获得情感和精神的高层次愉悦。孟子这种思想是儒家的，也是审美的，体现了知识分子对人生价值的真正追求。

7.28　为人与为子

【原文】

孟子曰："天下大悦而将归己，视天下悦而归己，犹草芥也，惟舜为然。不得乎亲，不可以为人；不顺乎亲，不可以为子。舜尽事亲之道，而瞽瞍厎豫；瞽瞍厎豫，而天下化；瞽瞍厎豫，而天下之为父子者定，此之谓大孝。"

【译文】

孟子说："天下人都很高兴归附自己，对天下悦而归己如同草芥一般，只有舜是这样的。不能得到父母的欢心，不能称作人；不能顺从父母的旨意，不能称作儿女。舜尽心侍奉父母，父亲得以欢乐；父亲得以欢乐，天下风俗随之变好；父亲得以欢乐，天下父子伦常由此确定，这叫作大孝。"

【评析】

本章高度评价了舜的高尚品格和侍奉父亲的典范作用。"孟子凸现舜的孝行孝迹，倡导崇孝与治国密不可分，解决了个体家庭形成后'孝'与'忠'、'家'与'国'之间的矛盾，从而使'孝'与'忠'相契合，以构设'忠''孝'合一的理论体系。"①

首先，舜对天下悦而归己如同草芥，这说明舜得天下，得民心，不是为了个人利益，而是为天下太平。与舜相比，很多人也许会认为得天下是为了满足个人的名利，是个人扬名立万，光宗耀祖。舜得到天下归附，明确视如草芥，淡然处之，其胸怀由此可见一斑。

其次，孟子认为"不得乎亲，不可以为人；不顺乎亲，不可以为子"。孟子这里把是否能够让父母高兴，是否顺从父母，视为判断一个人和儿女的重要标准。

最后，上行下效在家庭伦理中也是如此。孟子还评价了舜侍奉父亲瞽瞍的事实，这在客观上能够产生积极的社会效益。"孟子将重点放在舜'终身慕父母'的情感特质上，认为'慕'的情感帮助舜克服了怨与慕的冲突，也化解了情与理的张力，他的致思中带有鲜明的情感取向，侧重道德情感涵养与转化功能的实践进路。"② 可以说，舜能够尊重父亲，让父亲瞽瞍高兴，这种事亲之道客观上为天下人树立了榜样。

---

① 梁奇：《〈孟子〉对虞舜孝行的书写与"忠""孝"一体的理论构设》，《中国人民大学学报》2018 年第 6 期。

② 王文娟：《孝道实践的情理张力及其克服——以〈孟子〉"怨慕"的考察为中心》，《中国哲学史》2021 年第 3 期。

第八章

离娄下译评

【本章引语】

《离娄下》共33节。

8.1：提出"先圣后圣，其揆一也"。孟子认为，舜和文王相隔千年，其法度却是一样的。

8.2：孟子认为，为政者不能每人而悦之，行仁政不必事事躬亲。

8.3：孟子分析了君视臣如手足、犬马和土芥的三种状况，试图引起齐宣王尊贤爱才的注意。

8.4：孟子认为，无罪而杀士与无罪而戮民，都会导致人才外流。

8.5：孟子分析了君仁莫不仁与君义莫不义。《离娄上》7.20已有"君仁，莫不仁；君义，莫不义"的表述。

8.6：孟子分析了大人弗为非礼之礼与非义之义。

8.7：孟子启发君子应该具有育人的责任感。

8.8：孟子提出"人有不为而后可以有为"的论断。

8.9：孟子认为，人际关系中不要背后说别人的坏话。

8.10：孟子认为孔子不做过分的事，"仲尼不为已甚者"。

8.11：孟子认为，大人不必拘泥于信与果，而是惟义所在。

8.12：孟子认为大人不失其赤子之心。

8.13：孟子认为，能够为父母养老送终的人，才可以干大事。

8.14：孟子谈治学，以道深造，自觉领会，左右逢源。

8.15：孟子分析了博学与以反说约。

8.16：以善服人者与以善养人。孟子认为应该以善养人，而不仅仅是以善服人。

8.17：孟子认为，言无实，不祥，蔽贤者当之。

8.18：孟子认为，声闻过情，君子耻之。倡导言符其实，名实相副。

8.19：孟子高度赞扬舜，认为舜能够自觉践行仁义。

8.20：孟子赞扬历代先王的美德；歌颂周公仰而思之、夜以继日的敬业精神。

8.21：孔子超越以往的史官，"丘窃取之"。

8.22：孟子认为，无论是君子之泽还是小人之泽，都是五世而斩。

8.23：孟子认为，勿伤廉、伤惠、伤勇。

8.24：孟子通过逢蒙杀害后羿和尹公之他的故事，说明老师授徒要慎重择人。

8.25：孟子认为应该辩证认识西子与恶人。

8.26：孟子分析了天下言性，以利为本。求真为了向善。

8.27：孟子针对右师王驩对他的责备，认为自己没有失礼，而是应该行礼有序。

8.28：孟子通过分析君子与一般人的区别，提出非仁无为与非礼无行的观点。

8.29：孔子和孟子都以禹、稷和颜回为贤。

8.30：孟子通过对"世俗所谓不孝者五"的分析，认为匡章不属于不孝者。

8.31：曾子弃城与子思守城同道。

8.32：孟子表示自己与一般人一样，"尧舜与人同耳"。

8.33：齐人有一妻一妾，妻妾终于发现丈夫乞讨的秘密。

8.1　先圣后圣，其揆一也

【原文】

孟子曰："舜生于诸冯，迁于负夏，卒于鸣条，东夷之人也。文王生于岐周，卒于毕郢，西夷之人也。地之相去也，千有余里；世之相后也，千有余岁。得志行乎中国，若合符节，先圣后圣，其揆一也。"

【译文】

　　孟子说："舜出生在诸冯，迁居到负夏，死在鸣条，是东方人。文王生在岐周，死在毕郢，是西方人。两地相隔一千多里，相隔一千多年。他们得志时在中国行仁政，两者完全吻合，古代的圣人和后代的圣人，他们的仁政原则是一样的。"

【评析】

　　这一章不仅反映了孟子对舜和周文王的赞扬之前，而且对于我们现在理解文明的共同性和普遍性，也非常具有启发意义。

　　舜和文王出生地不同，生活的区域不同，舜在东方，而周文王在西方，两个人不但在地理空间上相隔千里之遥，而且时间也相隔了千余年，然而，两个人在治国理政方面都实行仁政。这一点恰恰反映了人类社会发展进步的基本规律，行仁政者昌，行暴政者亡；得民心者得天下，失民心者失天下。历史证明，大凡开明的君主都会自觉践行仁政，通过赢得民心来平治天下。

　　从孟子对舜和文王的评价，我们可以得出这样的结论：文化或文明的发展可以不谋而合，也可以异曲同工。西方古代的智慧可以为我们中国现在的国家治理提供启迪；中国古代先哲的智慧也可以走向世界，为世界各国发展提供借鉴。

8.2　为政者不能每人而悦之

【原文】

　　子产听郑国之政，以其乘舆济人于溱洧。

　　孟子曰："惠而不知为政。岁十一月，徒杠成；十二月，舆梁成，民未病涉也。君子平其政，行辟人可也，焉得人人而济之？故为政者，每人而悦之，日亦不足矣。"

【译文】

子产主持郑国的行政，用他的专车帮助别人渡过溱水和洧水。

孟子说："帮助别人却不懂治国理政。如果十一月修成人行桥，十二月修成车可以走的桥，百姓就不会愁着渡河了。君子只要修平政治，他外出时鸣锣开道都可以，哪能够帮人逐个渡河呢？所以执政者取悦每一个人，时间就不够用了。"

【评析】

孟子认为，为政者不能每人而悦之，行仁政不必事事躬亲。这一点非常值得我们重视。

从管理学的角度来看，执政者主要考虑宏观的问题，关键是要制定科学的规划和政策，而不是沉溺于琐事，也没有必要像诸葛亮一样，事必躬亲。因此，子产如其帮助别人逐个过河，倒不如建造一座桥，因为子产不可能帮助所有想过河的百姓一一过河；而建造一座桥，则可以从根本上解决所有百姓过河的问题。从辩证思维的角度来看，我们解决矛盾时，应该抓大放小，善于抓主要矛盾，分清主次，抓关键，纲举目张，而不是妇人之仁，因小失大，忽略了根本和大局。

从道与术的关系来看，"道"立而本生。子产帮助别人过河，这属于"术"的范畴，而建造一座桥，则是属于"道"的范畴。在教育界，一直强调老师培养学生"授之以鱼，不如授之以渔"的育人理念，说的也是这个道理。"道"为本，"术"为末。

8.3 君视臣如手足、犬马和土芥

【原文】

孟子告齐宣王曰："君之视臣如手足，则臣视君如腹心；君之视臣如犬马，则臣视君如国人；君之视臣如土芥，则臣视君如寇仇。"

王曰："礼，为旧君有服，何如斯可为服矣？"

曰："谏行言听，膏泽下于民；有故而去，则君使人导之出疆，又先于其所往；去三年不反，然后收其田里。此之谓三有礼焉。如此，则为之服矣。今也为臣，谏则不行，言则不听，膏泽不下于民；有故而去，则君搏执之，又极之于其所往；去之日，遂收其田里。此之谓寇仇。寇仇，何服之有？"

【译文】

孟子告诉齐宣王说："君主把臣看作自己的手和脚，臣就会把君主看作自己的腹和心；君主把臣看作狗和马，臣就会把君主看作一般的人；君主把臣看作泥土草芥，臣就会把君主看作强盗仇敌。"

齐宣王说："礼制规定，离职的臣为过去的君主穿孝服；君主怎样做，臣才会为他服孝呢？"

孟子说："君主虚心纳谏听从善言，恩惠施于百姓；臣有缘故离开，君主派人引导他离开国境，又先派人去布置住所；离开好几年还不回来，才收回他的土地和住房。这叫作三有礼。这样做，臣就会为他服孝了。现在做臣的，谏言君主不接受，建议君主不采纳。恩惠不施于百姓；臣子有缘故离开，君主把他绑起来，还到他要去的地方叫他走投无路。离开那一天，君主马上收回他的土地和住房。这个叫强盗仇敌。对这样的强盗仇敌，为何要为他服孝呢？"

【评析】

这段话包含着孟子非常深刻的管理学思想和人才学思想。

从管理学的角度来看，君主如何对待下属，这是一个非常重要的问题。孟子这里强调君主对待下属的三种情况和下属反过来对待君主的三种情况：一是"君之视臣如手足，则臣视君如腹心"；二是"君之视臣如犬马，则臣视君如国人"；三是"君之视臣如土芥，则臣视君如寇仇"。也就是说，君主视下属为手足，与君主为一体，下属自然就会衷心于君主；君主不把下属当人来看，下属也不会把君主当君主来看；君主视下属如同土芥，甚至草菅人命，下属就会把君主当仇敌。

《论语·八佾》："定公问：'君使臣、臣事君如之何？'孔子对曰：'君使臣以礼，臣事君以忠。'"孔子讲的君臣关系对于我们理解孟子这里的思想颇有启迪。俗话说，你敬我一尺，我敬你一丈。君主要管理好社会，就必须礼贤下士，尊重下属，特别是要尊重那些大臣。公共关系学认为，你要别人怎样对待你，你要先学会怎样对待别人。君主只有礼贤下士，虚心纳谏，只有听从善言，才能集中智慧，恩惠施于百姓，才能增加凝聚力和发展力。

8.4 无罪而杀士与无罪而戮民

【原文】

孟子曰："无罪而杀士，则大夫可以去；无罪而戮民，则士可以徙。"

【译文】

孟子说："士没犯罪而被杀，大夫就可以离去；百姓没犯罪却被杀，那么士就可以搬走。"

【评析】

"无罪而杀士"，说明这里的政治非常专制残暴，在这种社会政治条件下，士大夫很难有所作为，甚至有可能引火烧身，那么离开这样的政治环境，就是合理和必要的；同理可证，"无罪而戮民，则士可以徙。"

孟子这段话在一定程度上反映了人才流动的推拉定律，也从另一个角度说明人才发展需要有良好的社会环境和政治环境。政治清明，有利于稳定和吸引人才；政治专制残暴，就只能导致人才外流。我们要实现人才强国，必须创设良好的宽松环境，才能建设好人才高地，实现人才集聚的共生效应。

8.5 君仁莫不仁，君义莫不义

【原文】

孟子曰："君仁，莫不仁；君义，莫不义。"

【译文】

孟子说:"君主仁,没有人不仁;君主义,没有人不义。"

【评析】

前面《离娄上》7.20 已有"君仁,莫不仁;君义,莫不义;君正,莫不正。一正君而国定矣"。

此省略评析。

8.6 大人弗为非礼之礼与非义之义

【原文】

孟子曰:"非礼之礼,非义之义,大人弗为。"

【译文】

孟子说:"不符合礼的礼,不符合义的义,德高位重的人是不做的。"

【评析】

《易·乾·文言》:"夫大人者,与天地合其德,与日月合其明,与四时合其序,与鬼神合其吉凶。先天而天弗违,后天而奉天时。"在古人看来,大人就是德高位重的圣人,一切行为都合乎规律,合乎善行,合乎礼义。因此,孟子才说"非礼之礼,非义之义,大人弗为"。

孔子说:"随心所欲不逾矩。"孔子这里所说的"矩"也包含礼义的内涵。

8.7 育人的责任感

【原文】

孟子曰:"中也养不中,才也养不才,故人乐有贤父兄也。如中也弃不中，才也弃不才，则贤不肖之相去，其间不能以寸。"

【译文】

孟子说："品质好的人教养品质不好的人，有才能的人教养没才能的人，所以人人都喜欢有好父兄。如果品质好的人不去教养品质不好的人，有才能的人不去教养没才能的人，所谓好和不好的差别，他们也就不能用分寸来衡量了。"

【评析】

孟子是一个思想家和教育家，非常重视得天下英才而教育之。此外，在这一章中，他还看到了德才兼备的君子的社会责任。在他看来，君子应该教养那些品质不好和没有才能的人，这样社会才能进步。

从环境对人的影响来看，人与人之间是相互影响的。一方面君子如果不去教养那些品质不好和缺乏才能的人，这既说明君子缺乏培养人才的使命感和责任感，也意味着那些缺德少才的人会继续走向错误的道路，进而对社会产生负面的影响。另一方面作为一个社会成员而言，应该"乐有贤父兄"，如果自己没有"贤父兄"，也应该主动向君子请教，亲君子，远小人，不断提升自己的品行素养和能力。

8.8　人有不为，而后可以有为

【原文】

孟子曰："人有不为也，而后可以有为。"

【译文】

孟子说："人要有所不为，才能有所作为。"

【评析】

孟子这句话一字千金，反映了深刻的人生智慧。"人的欲望无限，要有所作为，有所不为，守住自己道德的底线，不违背良心，不做不想做的事情，不拿不该拿的东西。"① 人生在世，时间和精力都非常有限，要在有限的时间和精力下实现人生价值，就必须有所选择，有所取舍，所谓舍得，就是有舍有得。

人有不为，就是要学会放弃那些没有价值的事情，放弃那些违反道德甚至犯罪的行为，不把时间和精力浪费在一些琐细的杂事上；有所作为，就是集中时间和精力做好自己应该做好的事情，比如认真学习，努力工作，开发生命潜能，为社会发展进步做出较大贡献。

从哲学角度来看，孟子这话还启发我们，要学会抓大放小，抓住主要矛盾，先主后次，先急后缓，统筹协调自己的时间和精力，努力实现生命的最大价值。

8.9　不要说别人的坏话

【原文】

孟子曰："言人之不善，当如后患何？"

【译文】

孟子说："说人家的坏话，有了后患怎么办呢？"

【评析】

在人际交往过程中，彼此之间如果有意见，最好是光明正大，当面进行交流，而不是当面不说，背后才说别人的坏话。孟子看到了这一点，而且还发现如果背后说别人的坏话，很可能引发严重的后果。因此，我们应该从孟子这段话里吸取教训，注意防患于未然，正确处理好人际矛盾。

己所不欲，勿施于人。与人交往，还是多一分宽容，退一步海阔天空，多看别人的长处，尽量包容别人的短处。

---

① 郭庆祥：《浩然正道：孟子详解》，东方出版社 2014 年版，第 362 页。

8.10　仲尼不为已甚者

【原文】

孟子曰:"仲尼不为已甚者。"

【译文】

孟子说:"仲尼不做过分的事。"

【评析】

孔子提出中庸之道,认为过犹不及,注重适度、恰当与平衡。孔子在一生中,始终践行儒家的准则,是"随心所欲不逾矩"的践行者和倡导者。

从哲学的角度来看,人的社会实践应该注重合规律性与合目的性的有机统一,如果超出了"度",就必然违背规律性与目的性。"中道,中正之大道也。"① 因此,孔子不做过分的事,确实是非常明智的表现。

8.11　大人惟义所在

【原文】

孟子曰:"大人者,言不必信,行不必果,惟义所在。"

【译文】

孟子说:"德高位重的人,说话不一定句句守信,行为不一定都有结果,追求道义才是最重要的。"

---

① 赵岐:《孟子赵注》,景宋蜀刻本,广西师范大学出版社 2018 年版,第486页。

【评析】

　　《论语·子路》：“言必信，行必果，硁硁然小人哉。”孟子认为“大人者，言不必信，行不必果，惟义所在”。孟子这里所说的“大人”是指德高位重的重要人物。孟子的意思是说，这些“大人”不要拘泥于一些具体的诚信，也不要执着于每一件事情都能够落实，而是要善于权变，要从全局出发考虑问题，只有追求道义，这才是最重要的。

　　对此，我们在评价这些历史人物时，不要以小德掩大贤，许多大人物做大事有时可能不拘小节。如对管仲的评价，就需要从整体上衡量和判断他对国家的贡献，而不能拘泥于他的私德。

8.12　不失其赤子之心

【原文】

　　孟子曰：“大人者，不失其赤子之心者也。”

【译文】

　　孟子说：“德高位重的人，是能保持纯真童心的人。”

【评析】

　　人生在世，无论社会怎么发展变化，无论人情世故多么复杂多变，唯一不变的是每个人都应该保持一颗赤子之心。“因此，如何在变化的环境中保持住本心，保持住善端，便成为孟子思想中的一个重要问题。”①孟子这里赞扬了大人的赤子之心，我们每个人应该从这里学会自我鞭策和自我激励，人的一生应该不断完善自我，始终不忘赤子之心，不要丢失了人的天性。

　　赤子之心也就是人的初心，成语“赤子之心”即出于本章。

---

　　① 汤一介、李中华：《中国儒学史（先秦卷）》，北京大学出版社 2011 年版，第 333 页。

8.13 为父母养老送终者，才可以干大事

【原文】

孟子曰："养生者不足以当大事，惟送死可以当大事。"

【译文】

孟子说："只能赡养父母，还不足干大事，只有能给父母送终才能干大事。"

【评析】

人生在世，如果能够为父母养老送终，就说明这个人具有孝心，也具有养老送终的能力。具有孝心的人，符合儒家的做人标准，肯定能够得到该社会的认可；而具有养老送终的能力，说明这个人具有较强的经济头脑，具有赡养父母的能力，客观上能够为父母养老送终，而不至于让父母老无所养。按照孟子的观点，这样的人具有较强的素质和能力，也具备干大事的潜能，也是值得信赖的人。可以设想，一个人如果不孝敬父母，也没有善养父母的能力，就不可能忠君爱国，奉献社会，为人民谋福祉。

可以参照前面《离娄上》7.28 为人与为子。

8.14 以道深造，左右逢源

【原文】

孟子曰："君子深造之以道，欲其自得之也。自得之，则居之安；居之安，则资之深；资之深，则取之左右逢其原，故君子欲其自得之也。"

【译文】

孟子说："君子以道得到高深的造诣，要求他自觉领会。自觉领会，

就能牢固掌握它；牢固掌握它，就能积蓄深厚；积蓄深厚，就能取之不尽、左右逢源，所以君子要自觉领会。"

【评析】

孟子这段话谈治学求道，言简义丰，颇给人益启迪。

首先，孟子这里谈以道深造，而不是随意深造。深造，即探索高深的学问。孟子认为，深造要有所依据，必须遵循道，即要凭借正确的深造方法，同时，还要自觉领会，不是被动的感知或者被灌输。

其次，孟子认为，只有自觉领会，才能牢固掌握高深的造诣。我们每个人都有自己的人生之路，但并非每个人都能对人生之路进行理性思考，也很难把自己的人生经验上升到人生哲学的高度，所以大部分人只能感悟人生和体验人生，而不能自觉领会人生的本质和规律。比如，许多人对命运的认识是模糊的，甚至是错误的。

再次，孟子认为，只有"居之安，则资之深"。也就是说，一个人逐渐掌握了高深的造诣，日积月累，就能够越积累越深厚，最终成为一个学识渊博的人。

最后，孟子认为"资之深，则取之左右逢其原，故君子欲其自得之也。"一个人积累了渊博的知识，在实践中可以取之不尽，左右逢源。因此，孟子非常重视人的主体性，人生为了获得高深造诣，就要学会自觉领会，不能被动学习。

成语"左右逢源"出于此。

8.15　博学与以反说约

【原文】

孟子曰："博学而详说之，将以反说约也。"

【译文】

孟子说："博学而详细地阐释，能做到简明扼要。"

【评析】

孟子这段话旨在说明治学需要博学而又能理清脉络，提纲挈领，简明扼要。治学需要博学，而且还要求能做到详尽的阐释，这就要求人们做学问不能囫囵吞枣，走马观花。如果没有扎扎实实的学问，没有融会贯通，就不可能对问题进行详尽的阐释，也做不到简明扼要。

在现代学术研究中，我们可以借鉴孟子这一思想，积极进行多学科的交叉融合，善于在融会贯通中获得博学的知识，才能更好地提纲挈领，理清内在义理及其逻辑性。

8.16　以善服人者与以善养人

【原文】

孟子曰："以善服人者，未有能服人者也；以善养人，然后能服天下。天下不心服而王者，未之有也。"

【译文】

孟子说："拿善来使人信服，没有能使人信服的；拿善来教养人，这才能使天下的人都归服。天下人不心服而能统一天下的，是从来没有的事。"

【评析】

孟子这里指出了"以善服人"与"以善养人"的区别。所谓"以善服人"，是指用好的道理来说服人。"人有潜在的、有待于现实化的向善能力，这就构成了孟子修身观念的现实根据，使修身具有了得以成立的现实性。"[1] 孟子这里为什么说"以善服人"却不能服人呢？孟子这里看到了理论与实践的差别，也就是说，仅仅从理论上或者口头

---

① 李闫如玉：《孟子修身观念的源头》，《学习时报》2020 年 12 月 18 日。

上讲大道理，讲仁政，但实践上并不实行仁政，老百姓就不会相信你讲的大道理。"以善养人"，就是君主在实践上行仁政，确实关心百姓疾苦，这样才能天下归心。所以，孟子得出结论说，"天下不心服而王者，未之有也"。

8.17　言无实，蔽贤者当之

【原文】

孟子曰："言无实不祥。不祥之实，蔽贤者当之。"

【译文】

孟子说："说空话是不吉利的。不好的结果，阻碍贤人的人应该承担。"

【评析】

孟子这里批评了言之无物，认为言之无物是不好的。对于说空话产生的不好的结果，孟子认为应该由那些阻碍贤人的人来承担。

这里的"言无实"可以有几种解释：一是说空话，言之无物；二是说假话；三是造谣中伤他人。不管哪种解释，"言无实"都是不好的。孟子这里很有可能是有所指，否则不可能说"蔽贤者当之"。

我们提倡实事求是，最基本的就是言符其实，言为心声，既要反对语言空洞无物，也要反对造谣中伤等假话。

8.18　声闻过情，君子耻之

【原文】

徐子曰："仲尼亟称于水，曰：'水哉，水哉！'何取于水也？"

孟子曰："源泉混混，不舍昼夜，盈科而后进，放乎四海。有本者如是，是之取尔。苟为无本，七八月之间雨集，沟浍皆盈；其涸也，可立而待也。故声闻过情，君子耻之。"

【译文】

徐子说："孔子多次称赞水，说：'水啊，水啊！'他从水中看到什么呢？"

孟子说："河水滚滚向前，昼夜不息，灌满沟壑继续流淌，都流到大海。有本源的都是这样，孔子看到这一点。如果没有本源，即使七八月间大雨滂沱，把沟壑都灌满，但是它的干涸，也就一会儿的工夫。所以声誉超过实情的，君子以它为耻。"

【评析】

古希腊赫拉克利特曾经说过："我们踏进又踏不进同一条河流，我们存在又不存在。太阳每天都是新的，永远不断地更新。"[①] 赫拉克利特揭示了水和太阳不断变化的规律。《论语·子罕》载孔子曰："逝者如斯夫，不舍昼夜。"孔子通过观察不舍昼夜的河水，感悟人生的易逝，启示人们应该珍惜时光。孟子这里肯定了有源之水才能奔流到海，而无源之水即使再多，也很快容易干涸，比不上源源不断的有源之水。由此出发，孟子引发了对做人的思考，他认为君子要以"声闻过情"为耻，做人要名副其实，不能言过其实，名实不副。

成语"声闻过情"出于这一章。

8.19 舜自觉践行仁义

【原文】

孟子曰："人之所以异于禽兽者几希，庶民去之，君子存之。舜明于庶物，察于人伦，由仁义行，非行仁义也。"

---

① 北京大学哲学系外国哲学史教研室编译：《西方哲学原著选读》上卷，商务印书馆2014年版，第23页。

【译文】

孟子说："人与禽兽不同之处很少，一般百姓丢弃它，君子保存它。舜懂得事物的道理，了解人伦，自觉践行仁义，不是按照仁义标准去践行的。"

【评析】

从哲学的角度来看，人类具有动物性，但不同于一般动物。"人禽之别在孟子思想中具有两个不同层面的意涵：自然层面的人禽之别与文化层面的人禽之别。自然层面的人禽之别是将人作为一个类从动物中加以区分的那种生物学属性；文化层面的人禽之别所区分的则是选择发挥自身善端的大人与漠视自身为善能力的小人。"① 孟子的性善论从人禽之别和君庶之别的问题出发，"由明心和存心的工夫建立了性善立本论和性善存养论"②。孟子认为，人与动物的区别虽然很少，但体现了一般百姓与君子的差别。这种差别就是人能够行仁义，而动物却不能行仁义。"人与禽兽不同，人有道德，动物没有道德，要想成为一个人，就必须讲道德，而道德就是义，所以要想成为一个人，就必须讲义。"③ 在孟子看来，一般百姓恰恰容易丢弃了仁义，而只有君子才能保持仁义。

孟子关于"人禽之别"的命题既具有儒家思想上的学理意义，又给予现代人们以警醒和深思。我们在追求物质财富的同时，"不但要警惕道德上的妥协和堕落、精神上的松懈和沉沦，更要'见贤思齐'，不忘初心，做具有崇高精神境界的'大丈夫'"④。孟子在肯定舜的基础上，进而推论出舜是自觉践行仁义，即是发自内心自由自觉地践行仁义，而不是硬性地执行仁义的标准，即行仁义不是外在的，也不是被动的，而是

---

① 王开元：《从心之能到人之善：一项有关孟子人性论的分析》，《管子学刊》2021 年第 4 期。

② 李世平：《孟子性善的内在理路》，《哲学研究》2021 年第 3 期。

③ 复旦大学哲学系中国哲学史教研室编：《中国古代哲学史》上卷，上海古籍出版社 2006 年版，第 65 页。

④ 曹喜博、关健英：《孟子"人禽之别"命题中关于人存在的三个维度》，《伦理学研究》2018 年第 3 期。

主体自由的价值选择，体现了舜的主体性和自由的生命活动，孟子这一思想对于我们每个人修身养性，学会自我反思和自我激励，都可以给我们有益的启示。

8.20 仰而思之，夜以继日

【原文】

孟子曰："禹恶旨酒而好善言。汤执中，立贤无方；文王视民如伤，望道而未之见；武王不泄迩，不忘远；周公思兼三王，以施四事，其有不合者，仰而思之，夜以继日；幸而得之，坐以待旦。"

【译文】

孟子说："禹厌恶美酒，却喜欢良言；汤持中正之道，破格提拔人才；文王抚恤百姓，追求仁义之道又似乎看不见；武王不轻慢近臣，也不遗忘远臣；周公效法夏、商、周的君王，实践禹、汤、文、武的事业，有不足之处，抬头思考，夜以继日；豁然开朗了，坐等天亮。"

【评析】

孟子这一章分别评价和赞扬了历代先王各自的优长。大禹厌恶美酒而喜欢良言；汤持中正之道，破格提拔人才；文王关爱和抚恤百姓；武王对近臣和远臣都能关注到；周公效法夏、商、周而集大成。尤其是周公为了实践禹、汤、文、武的事业，发现不足之处，能够夜以继日思考解决问题的方案，而一旦找到了思路和方法，就坐等天亮，马上就付诸实施。

成语"夜以继日"出于这一章。

8.21 丘窃取之

【原文】

孟子曰："王者之迹熄而《诗》亡；《诗》亡，然后《春秋》作。

晋之《乘》、楚之《梼杌》、鲁之《春秋》，一也：其事则齐桓、晋文，其文则史。孔子曰：'其义则丘窃取之矣。'"

【译文】

孟子说："圣王的事迹成为绝响，《诗》也就消亡了；《诗》消亡了，孔子创作的《春秋》就应运而生。晋国的《乘》、楚国的《梼杌》、鲁国的《春秋》，都是一个样：所记载的都是齐桓公、晋文公之类，而其文风不过一般史书的笔法。孔子说：'《诗》所蕴含的褒贬善恶的大义，我私下在《春秋》里吸取了。'"

【评析】

孟子这段话描述了从先秦采诗到各诸侯国写史书的概况。各诸侯国虽然都写史书，史书的名字也不相同，但其内容大致都是记载齐桓公与晋文公建立霸业的事迹。在孟子看来，唯有孔子与众不同，因为孔子在撰写《春秋》的过程中，已经把《诗经》三百篇所蕴含的褒贬善恶之义融汇到《春秋》的字里行间了。

俗话说，不会看的看热闹，会看的看门道。一般史官只能记载齐桓公和晋文公建立霸业的丰功伟绩，但看不到故事中所蕴含的正义与非正义。孔子的伟大之处就在于，他是会看门道的思想家，善于通过现象看到问题的本质，能够从齐桓公、晋文公的霸业中看到常人看不到的东西，因此通过编纂诗书，可以更好地体现自己的历史观和价值观。

8.22　五世而斩

【原文】

孟子曰："君子之泽，五世而斩；小人之泽，五世而斩。予未得为孔子徒也，予私淑诸人也。"

【译文】

孟子说："君子的恩德，五代就断绝了；小人的恩德，五代就断绝了。我没有能够成为孔子的学生，我是私下从别人那里学来的。"

【评析】

历史长河，大浪淘沙。一个人无论多么伟大，要在历史长河中千古流芳是非常困难的；一个人无论多么坏，要遗臭万年也很难。孟子在这段话中指出，无论是君子还是小人，他们对后世的影响到五代就断绝了。这对于我们理解历史和历史人物的价值变迁，都具有启发意义。

从孟子与孔子的师承关系来看，根据司马迁《史记》所言，孟子"受业子思之门人"。也就是说，孟子是孔子的孙子子思的学生的学生。所以，孟子与孔子不在一个时代，也就不能成为孔子的直接弟子。按照孟子的"五世"说，从孔子到孟子之间，恰恰是五世。孟子因为没有能够成为孔子的直接弟子而遗憾，但又强调了他是私下学来的，也是孔子的门徒。

8.23 勿伤廉、伤惠、伤勇

【原文】

孟子曰："可以取，可以无取，取伤廉；可以与，可以无与，与伤惠；可以死，可以无死，死伤勇。"

【译文】

孟子说："可以拿，可以不拿，拿了损害廉洁；可以给，可以不给，给了损害恩惠；可以死，可以不死，死了损害勇敢。"

【评析】

孟子这里分析了"可以取""可以与"和"可以死"三种情况，认为这三种情况都是有害的，所以他认为"可以无取"，就不要取；"可以无与"，就不要与；"可以无死"，就不要死。因为这三种情况可以不做而去做了，就分别会出现"伤廉""伤惠"和"伤勇"的情况。孟子这种思维方式对于我们做人做事，都有一定的启发意义。

8.24　授徒要慎重择人

【原文】

逢蒙学射于羿，尽羿之道，思天下惟羿为愈己，于是杀羿。

孟子曰："是亦羿有罪焉。"

公明仪曰："宜若无罪焉。"

曰："薄乎云耳，恶得无罪？郑人使子濯孺子侵卫，卫使庾公之斯追之。子濯孺子曰：'今日我疾作，不可以执弓，吾死矣夫！'问其仆曰：'追我者谁也？'其仆曰：'庾公之斯也。'曰：'吾生矣。'其仆曰：'庾公之斯，卫之善射者也；夫子曰吾生，何谓也？'曰：'庾公之斯学射于尹公之他，尹公之他学射于我。夫尹公之他，端人也，其取友必端矣。'庾公之斯至，曰：'夫子何为不执弓？'曰：'今日我疾作，不可以执弓。'曰：'小人学射于尹公之他，尹公之他学射于夫子。我不忍以夫子之道反害夫子。虽然，今日之事，君事也，我不敢废。'抽矢，扣轮，去其金，发乘矢而后反。"

【译文】

古时候，逢蒙向羿学射箭，完全学到了羿的本领，想到天下只有羿比自己强，因此杀了羿。

孟子说："这事羿也有错误。"

公明仪说："好像没什么错误吧。"

孟子说："错误不大罢了，怎么能说一点没有呢？郑国派子濯孺子侵犯卫国，卫国派庾公之斯来追击他。子濯孺子说：'今天我的病发作了，拿不了弓，我死定了！'他问驾车的人说：'追我的是谁呀？'驾车的人回答：'庾公之斯。'他说：'我死不了啦。'驾车的人说：'庾公之斯是卫国有名的射手，您反说能活命了，这是什么道理呀？'答道：'庾公之斯跟尹公之他学射，尹公之他又跟我学射。尹公之他是正派人，他选取的朋友学生也一定正派。'庾公之斯追上了，问道：

'老师为何不拿弓？'子濯孺子说：'今天我的病发作了，拿不了弓。'庾公之斯便说：'我向尹公之他学射，尹公之他又向您学射。我不忍心拿您的本领反过来伤害您。但是，今天的事情是国家的公事，我又不敢废弃。'抽出箭，在车轮上敲了几下，去掉箭头，发射四箭然后就回去了。"

【评析】

孟子讲这个故事能给人多方面的启发。首先，交友与收徒不可不慎，要考察对方的人品德行。后羿把射箭的技术传授给逢蒙，结果反而被逢蒙杀害，颇有点"以其人之道，还治其人之身"① 的意味。因此，孟子说"是亦羿有罪焉"。是说后羿择人不慎。其次，从逢蒙的角度来看，逢蒙虽然射箭技术高超，基本与后羿齐名，但其妒贤嫉能，竟然把自己的老师也杀害了，其品行由此暴露无遗。再次，子濯孺子择人有眼光，因为子濯孺子选对了尹公之他，而尹公之他又选对了庾公之斯，所以，当庾公之斯追上不能拿弓的子濯孺子，子濯孺子反而认为自己有救了。庾公之斯最后的选择既体现了师生之情，也考虑到了"君事"的原则性，把原则性和灵活性结合起来。

8.25　西子与恶人

【原文】

孟子曰："西子蒙不洁，则人皆掩鼻而过之；虽有恶人，齐戒沐浴，则可以祀上帝。"

【译文】

孟子说："西施沾上了污秽，人捂着鼻子远离她；即使面目丑陋的人，斋戒沐浴，就可以祭祀上帝。"

---

① 朱熹：《中庸集注》第十二章。

【评析】

　　孟子这段话充满了辩证法的意味。西施是众所周知的美女，但一旦沾上了污秽，别人就会远离她。因为从审美的角度来看，西施的形象虽然是美的，但沾上了污秽，她的形象就前后判若两人了，必然影响别人对她的审美判断和价值判断。相反，一个丑陋的人，但如果斋戒沐浴，内心虔诚，也可以祭祀上帝。孟子这段话启发我们：一是要珍惜自己的美德，不要轻易沾上污秽；二是即使自己丑陋甚至是个坏人，也可以通过修身养性，转化为内心向善的人。

　　刘义庆《世说新语·自新》记载西晋周处浪子回头的故事。周处年轻时为非作歹，与猛虎、蛟龙被父老乡亲称为"三害"，而周处是三害之首。他觉悟之后，杀猛虎，擒蛟龙，建功立业，功成名就，成为人生楷模。雨果《巴黎圣母院》中的敲钟人卡西莫多奇丑无比，但因为心灵美而赢得吉卜赛女郎埃斯梅拉达的芳心。由此可见，无论是相貌丑陋还是有罪过的人，只要下决心修身养性，最终都可以成为一个品德高尚的人。

8.26　天下言性，以利为本

【原文】

　　孟子曰："天下之言性也，则故而已矣。故者，以利为本。所恶于智者，为其凿也。如智者若禹之行水也，则无恶于智矣。禹之行水也，行其所无事也。如智者亦行其所无事，则智亦大矣。天之高也，星辰之远也，苟求其故，千岁之日至，可坐而致也。"

【译文】

　　孟子说："天下人谈论事物的本性，就是认识事物的由来。认识事物的由来，是为了得到好处。人们讨厌聪明，是因为聪明容易让人穿凿附会。如果聪明人像禹疏导河流，就没有人讨厌聪明了。禹疏导河水，就是顺其自然像没事一样。如果聪明人也都顺其自然而为，就是大智慧了。天极高，星辰极远，只要认识其由来，以后一千年的冬至，可以坐着推算出来。"

【评析】

孟子这段话充满了哲学智慧。人类社会永恒的三大主题：求真、向善、审美。孟子这里涉及前两大主题。孟子认为，天下人谈论事物本性，就是探究事物的由来，或者说事物的来龙去脉，发现其内在规律。认识事物的由来，这就属于求真的范畴；"以利为本"，这属于向善的范畴。孟子认为，人类的智慧需要建立在认识事物本性即规律的基础上，要顺势而为，顺其自然，就像大禹治水一样，尊重水的本性，对河道进行疏导，也就是说，求真就是为了向善。由此推论出，人类的一切实践都应该"行其所无事"，尊重自然，认识规律，这就是大智慧。人只要认识了天体运行的规律，就可以坐而论道，推论到千年之后的节气。

8.27　行礼有序

【原文】

公行子有子之丧，右师往吊。入门，有进而与右师言者，有就右师之位而与右师言者。孟子不与右师言。

右师不悦曰："诸君子皆与驩言，孟子独不与驩言，是简驩也。"

孟子闻之，曰："礼，朝廷不历位而相与言，不逾阶而相揖也。我欲行礼，子教以我为简，不亦异乎？"

【译文】

公行子死了儿子，右师去吊唁。他一进门，就有人上前和他说话，他坐下后又有人走近他的座位和他说话。孟子不和他说话。

他不高兴，说："各位大夫都和我说话，只有孟子不和我说话，这是怠慢我王驩。"

孟子听到后说："依礼节，在朝廷中，谈话不能越位，作揖也不能越过石阶。我依礼而行，子敖却以为我怠慢他，这不很奇怪吗？"

【评析】

右师在先秦时期是一个很高的官职，也是六卿之一。因此，很多人见了王驩，主动向他行礼，而唯独孟子对其熟视无睹，因而王驩心中不悦，认为这是孟子怠慢了他。

孟子为什么"怠慢"王驩呢？一是因为王驩是一个势利小人，而且还刚愎自用，此前曾与孟子一起出使滕国，往返一路没有与孟子有任何沟通，可见道不同不相为谋。二是孟子虽然没有向王驩行礼，但是符合礼的规定，因为礼制规定："朝廷不历位而相与言，不逾阶而相揖。"由这个事件可以看到，孟子具有独立刚直的人格，绝不会阿谀逢迎和趋炎附势。

8.28 非仁无为，非礼无行

【原文】

孟子曰："君子所以异于人者，以其存心也。君子以仁存心，以礼存心。仁者爱人，有礼者敬人。爱人者，人恒爱之；敬人者，人恒敬之。有人于此，其待我以横逆，则君子必自反也：我必不仁也，必无礼也，此物奚宜至哉？其自反而仁矣，自反而有礼矣，其横逆由是也，君子必自反也：我必不忠。自反而忠矣，其横逆由是也，君子曰：'此亦妄人也已矣。如此，则与禽兽奚择哉？于禽兽又何难焉？'是故君子有终身之忧，无一朝之患也。乃若所忧则有之：舜，人也；我，亦人也。舜为法于天下，可传于后世，我由未免为乡人也，是则可忧也。忧之如何？如舜而已矣。若夫君子所患则亡矣。非仁无为也，非礼无行也。如有一朝之患，则君子不患矣。"

【译文】

孟子说："君子与一般人不同的地方，就在于养心不同。君子以仁养心，以礼养心。仁就是爱人，有礼就是敬人。爱别人，别人总是爱他；敬别人，别人总是敬他。假如这里有个人，他对待我蛮横无礼，君子一定反思：我一定不够仁，一定不够有礼，不然，这种情况怎么会出现呢？反思后仍然觉得自己做到了仁和礼，那人还是蛮横无礼，君子一定又反思：我一定不够忠心。反思后仍然觉得自己做到了忠心，那人还是蛮横无礼，君子就会说：'这不过是个妄人罢了，这样不讲理，那和禽兽有什么区别呢？对禽兽又有什么好责备的呢？'所以君子有长远的忧患，却没有突发的忧患。但下面这样的忧虑是有的：舜是人，我也是人。舜为天下人所效法，能流芳百世，我却仍然不免是个普通人。这个才是值得忧虑的事。有了忧虑怎么办呢？尽力向舜学习罢了。至于君子别的忧患，可是没有的。不是仁义的事不干，不合礼节的事不做。即使有突发的忧患，君子也不要担心。"

【评析】

孟子认为，君子与一般人的区别就在于养心不同。"君子以仁存心，以礼存心。仁者爱人，有礼者敬人。爱人者，人恒爱之；敬人者，人恒敬之。"君子平时要用仁和礼来修养心灵，爱人、敬人，因而也得到他人的爱和以礼相待。如果他人对你蛮横无理，君子就要反思自己是否做到了仁和礼，是否做到了忠。君子做到了仁、礼和忠，那个人仍然蛮横无理，那么这个人只能是一个妄人，无异于禽兽。既然妄人与禽兽无疑，君子就不必与之一般见识。人们常说，君子不把小人怪，不要与小人一般见识。

孟子认为，君子之忧不是遇到个别蛮横无理的妄人，而是有"终身之忧"，即与舜相比差别太大了！如果为此感到忧虑，就应该向舜学习，"非仁无为也，非礼无行"。

孟子这里所说的"是故君子有终身之忧，无一朝之患也"来源于子思。《礼记·檀弓上》载子思曰："故君子有终身之忧，而无一朝之患。"孟子非常崇拜舜，所以他认为，人生应该向舜学习，绝不做违反仁义和礼节的事情。

8.29　孔子以禹、稷和颜回为贤

【原文】

禹、稷当平世，三过其门而不入，孔子贤之。颜子当乱世，居于陋巷，一箪食，一瓢饮，人不堪其忧，颜子不改其乐，孔子贤之。

孟子曰："禹、稷、颜回同道。禹思天下有溺者，由己溺之也；稷思天下有饥者，由己饥之也，是以如是其急。禹、稷、颜子易地则皆然。今有同室之人斗者，救之，虽被发缨冠而救之，可也；乡邻有斗者，被发缨冠而往救之，则惑也，虽闭户可也。"

【译文】

禹、稷在治世，多次过家门而不入，孔子赞扬他们是贤人。颜子在乱世，住在狭小的巷子里，一篮子饭，一瓜瓢水，别人忍受不了那苦日子，他却不改变修道的快乐，孔子赞美他是贤人。

孟子说："禹、稷和颜回的处世之道相同。禹觉得天下有人遭了水淹，就像自己淹了他；稷觉得天下有人饿着肚子，就像自己饿了他，所以他们才这样着急。禹、稷和颜子如果互换位置，也都会那样做的。假若有同住一室的人互斗，救人时即使披发散缨去救人，也是可以的；如果本乡的邻居在斗殴，也披发散缨去救，那就是糊涂，即使把门关着也是可以的。"

【评析】

孟子通过孔子对禹、稷、颜三位贤人的肯定，间接表达了他对这三位贤人的赞扬之情。达则兼善天下，穷则独善其身。禹、稷处于盛世，达则兼济天下，三过家门而不入；颜回处于乱世，穷则独善其身，注重自我修身悟道。孟子认为这三位贤人的处世之道都是相同的，是"同道。"

关于救人的举例，孟子的意思是说，如果同室操戈，内部互斗，这有悖于伦理纲常，作为同室的一员，应该不顾披发散缨来制止同室操戈的互斗；相反，如果看到本乡的邻居在斗殴，就不应该披发散缨前去劝谏，甚至是把门关起来也无妨。对于这一点，有学者认为"乡人邻里之间有争斗，距离远，不知其情，贸然往救，是糊涂，是助人热心肠过分了。"① 这种说法有一定道理。

8.30　世俗所谓不孝者五

【原文】

公都子曰："匡章，通国皆称不孝焉，夫子与之游，又从而礼貌之，敢问何也？"

孟子曰："世俗所谓不孝者五：惰其四支，不顾父母之养，一不孝也；博弈好饮酒，不顾父母之养，二不孝也；好货财，私妻子，不顾父母之养，三不孝也；从耳目之欲，以为父母戮，四不孝也；好勇斗狠，以危父母，五不孝也。章子有一于是乎？夫章子，子父责善而不相遇也。责善，朋友之道也；父子责善，贼恩之大者。夫章子，岂不欲有夫妻子母之属哉？为得罪于父，不得近，出妻屏子，终身不养焉。其设心，以为不若是，是则罪之大者，是则章子而已矣。"

【译文】

公都子说："匡章，全国人都说他不孝，您与他来往，还以礼待他，请问这是为什么？"

孟子说："一般人所谓的不孝有五条：四肢不勤，不顾赡养父母，是第一不孝；下棋好喝酒，不顾赡养父母，是第二不孝；好钱财，偏爱妻室儿女，不顾赡养父母，是第三不孝；放纵耳目的欲望，使父母蒙羞，是第四不孝；逞勇打架，危及父母，是第五不孝。章子有其中一条吗？章子，不过是儿子与父亲之间要求做到善而把关系搞僵了。以善相要求，

① 刘兆伟：《孟子译评》，中华书局 2011 年版，第 252 页。

这是朋友相处之道；父子之间以善相要求，最容易伤感情。章子难道不想有夫妻母子的团聚吗？就因为得罪了父亲，不能和他亲近，因此把自己的妻室赶了出去；把儿子也赶得远远的，终身不要儿子赡养。他觉得不这样做，那罪过就更大了，这就是章子的为人呢！"

【评析】

孟子在分析"五不孝"中，充分体现了对父母权益的保护，其中前四条都视"不顾父母之养"为不孝的内容，第五条把"以危父母"视为不孝的内容，可见古代非常重视儿女对父母的赡养。在这五条中，要求儿子不能懒惰，"惰其四支"，不能"博弈好饮酒"，不能"好货财，私妻子"，不能"从耳目之欲"，不能"好勇斗狠"。这五点放在现代社会的孝道中，也是儿女非常值得注意的。因为在这"五不孝"中，即使有一条，这个儿子就是个不孝子，其后果是非常严重的。

孟子这一章还揭示了一个道理：不要人云亦云，兼听则明，偏信则暗。对于匡章的评价是"通国皆称不孝"，但孟子通过逐条分析，发现匡章的所谓不孝，并非像天下人所认为的那样不孝。

8.31 曾子、子思同道

【原文】

曾子居武城，有越寇。或曰："寇至，盍去诸？"曰："无寓人于我室，毁伤其薪木。"寇退，则曰："修我墙屋，我将反。"

寇退，曾子反。左右曰："待先生如此其忠且敬也，寇至，则先去以为民望；寇退，则反，殆于不可。"沈犹行曰："是非汝所知也。昔沈犹有负刍之祸，从先生者七十人，未有与焉。"子思居于卫，有齐寇。或曰："寇至，盍去诸？"子思曰："如伋去，君谁与守？"

孟子曰："曾子、子思同道。曾子，师也，父兄也；子思，臣也，微也。曾子、子思易地则皆然。"

【译文】

曾子住在武城，越国军队来侵犯。有人说："越寇要来了，怎么不离开？"曾子说："不要让别人借住在我这里，破坏那些树木。"敌寇退了，曾子说："修理我的墙屋吧，我要回来。"

敌寇退了，曾子回来。他旁边的人说："武城军民对您忠诚恭敬，敌人来了，就早早地躲避，成为民众所仿效的对象；敌寇退了，马上回来，这恐怕不可以吧？"沈犹行说："这不是你们所知道的。从前我遇到负刍来捣乱，跟随先生的七十个人，也都早早地走开了。"子思住在卫国，齐国军队来侵犯。有人说："敌人来了，何不走开呢？"子思说："如果连我都走开了，君主和谁来守城呢？"

孟子说："曾子、子思殊途同归。曾子是老师，是前辈；子思是臣子，是小官。曾子、子思如果互换位置，他们也会像对方那样做的。"

【评析】

沈犹行是孟子的弟子，在本章中为曾子辩护。

曾子是孔子晚年弟子之一，儒家学派的重要代表人物。公元前468年（鲁哀公二十七年），他三十八岁时，被武城大夫聘为宾师，设教于武城。曾子一生勤于治学，淡泊功名，五十岁时，齐国聘以相，楚迎以令尹，晋迎以上卿，曾子都拒绝了。在越军入侵武城时，他只是一个教书先生，不是在职的行政人员或者军队官员。当战乱发生时，撤离战乱之地，等战乱结束后再回来，这是正常的人生选择。很显然，有些人对曾子的责备有些"道德绑架"嫌疑。

在孟子看来，曾子撤出武城，与子思守护卫国，二者虽然表现形式不同，但都合乎道，而两人如果互换位置，彼此也都会像对方那样去做。

8.32　尧舜与人同耳

【原文】

储子曰："王使人瞯夫子，果有以异于人乎？"

孟子曰："何以异于人哉？尧舜与人同耳。"

【译文】

储子说："君王派人来窥探您，果然有什么与他人不同的地方吗？"

孟子说："有什么与别人不同的呢？尧舜也与别人一样啊！"

【评析】

储子在齐宣王时曾为相，与孟子相交。他向孟子说齐王派人来了解孟子，看一下孟子与一般人有什么不同。孟子很幽默地说，我没有什么与别人不同的，就连尧舜也与一般人相同。

孟子这句话启发我们做人要敢于学习杰出人物，学习先贤时哲。

8.33　丈夫与妻妾

【原文】

齐人有一妻一妾而处室者，其良人出，则必餍酒肉而后反。其妻问所与饮食者，则尽富贵也。其妻告其妾曰："良人出，则必餍酒肉而后反；问其与饮食者，尽富贵也，而未尝有显者来。吾将瞷良人之所之也。"

蚤起，施从良人之所之，遍国中无与立谈者。卒之东郭墦间，之祭者，乞其余；不足，又顾而之他。此其为餍足之道也。

其妻归，告其妾，曰："良人者，所仰望而终身也，今若此！"与其妾讪其良人，而相泣于中庭；而良人未之知也，施施从外来，骄其妻妾。

由君子观之，则人之所以求富贵利达者，其妻妾不羞也，而不相泣者，几希矣。

【译文】

齐国有个人和一妻一妾住在一起。丈夫每次外出，一定酒足肉饱然后回家。他妻子问他一道吃喝的都是什么人，他说都是富贵人士。他妻子告诉妾说："丈夫外出，一定酒足肉饱然后回家，问他一道吃喝的是什么人，总说是些富贵人士，但从没见显贵人物到家来。我要跟踪看他究竟到什么地方。"

清早起来，她尾随丈夫后面，走遍全城没有人站住同丈夫说话的。最后丈夫到了东郊外的墓地，走向祭祀人那里，乞讨祭祀的供品；没有吃饱，又回头走到别处乞讨。这就是他酒足肉饱的办法。

他妻子回家后，把所看到的都告诉妾，说："丈夫，是我们需要仰仗一辈子的人，现在他却这样！"她与妾在院子里咒骂着，哭泣着；而丈夫还不知道妻妾已经知道了他的秘密，怡然自得从外边回来，向妻妾显摆。

由君子看来，有些人用以乞求升官发财的办法，能不让他妻和妾引为羞耻相拥而哭的，真是太少了！

【评析】

这一章记述了一个生动滑稽和具有讽刺意味的故事。故事中的丈夫游手好闲，无所事事，更没有什么富贵朋友，天天靠祈求祭祀者的施舍，竟然回家在妻妾面前吹嘘自己，甚至对妻妾颐指气使。这个故事颇引读者深思。

首先，女人选择丈夫要慎重，要把人品德行放在第一位。故事中的妻妾本来以为丈夫是"所仰望而终身"的依靠，没有想到竟然如此不堪，在失望之余，既悲伤难过，又气愤不已。

其次，男人要自立自强，不能沽名钓誉，用虚荣心来显摆自己。故事中的丈夫具有极强的虚荣心，沽名钓誉而不知羞耻，这是做人的失败，也是男人的悲哀。好男儿应当自立自强，在家庭中当一个真正的好丈夫。

最后，君子不能通过乞求的方式，达到升官发财的目的。君子应该具有高尚的人格和气节，不能为了个人名利而卑躬屈膝。君子爱财，取之有道；君子入仕，也应该堂堂正正。

第九章

万章上译评

【本章引语】

《万章上》共9节。

9.1：孟子提出"惟顺于父母可以解忧"的观点，把让父母欢心的价值视为高于一切价值。

9.2：舜不告而娶，因为告了就娶不成，而不孝有三，无后为大，所以先斩后奏。舜明知父亲和异母弟要害死自己，在脱险后还能继续孝顺父母，宽容弟弟，实属不易。

9.3：孟子为舜"他人诛之，弟则封之"的做法进行了解释。

9.4：孟子提出"不以文害辞，不以辞害志"和"以意逆志"的批评观。

9.5：孟子提出"君权天授"的观点，认为天子不能把天下让给他人，所谓天授，实际上是尊重民心民意。

9.6：孟子对天与命进行了诠释，认为匹夫有天下，德必若舜禹。

9.7：孟子赞颂了"汤三使往聘之"和求贤若渴的精神。

9.8：孟子赞扬孔子进以礼，退以义，为孔子辩诬。

9.9：孟子赞扬百里奚智慧而又贤良，为百里奚辩诬。

9.1 惟顺于父母可以解忧

【原文】

万章问曰："舜往于田，号泣于旻天，何为其号泣也？"

孟子曰："怨慕也。"

万章曰："'父母爱之，喜而不忘；父母恶之，劳而不怨。'① 然则舜怨乎？"

曰："长息问于公明高曰：'舜往于田，则吾既得闻命矣；号泣于旻天，于父母，则吾不知也。'公明高曰：'是非尔所知也。'夫公明高以孝子之心，为不若是恝，我竭力耕田，共为子职而已矣。父母之不我爱，于我何哉？帝使其子九男二女，百官牛羊仓廪备，以事舜于畎亩之中。天下之士多就之者，帝将胥天下而迁之焉。为不顺于父母，如穷人无所归。天下之士悦之，人之所欲也，而不足以解忧；好色，人之所欲，妻帝之二女，而不足以解忧；富，人之所欲，富有天下，而不足以解忧；贵，人之所欲，贵为天子，而不足以解忧。人悦之、好色、富贵，无足以解忧者，惟顺于父母可以解忧。人少，则慕父母；知好色，则慕少艾；有妻子，则慕妻子；仕则慕君，不得于君则热中。大孝终身慕父母。五十而慕者，予于大舜见之矣。"

【译文】

万章问道："舜到田地里去，向苍天哭诉，为什么要哭诉呢？"

孟子说："对父母伤感而又思念。"

万章说："'父母喜爱，高兴而不忘；父母厌恶，忧愁而不怨恨。'那么，舜怨恨父母吗？"

孟子说："从前长息曾经问公明高，他说：'舜到田里去，我已经明白了；他向苍天哭诉，这样来对待父母，那我却还不明白。'公明高说：'这不是你所能明白的。'公明高的意思，以为孝子的心理是不能这样满不在乎：我尽力耕田，尽我做儿子的职责罢了。父母不喜爱我，我有什么办法呢？帝尧让他的孩子九男二女以及百官，一起带着牛羊、粮食等东西到田野中去侍奉舜；天下的士人也有很多到舜那里去，尧也把整个天下让给了舜。舜却没有得到父母欢心，像穷人无家可归。天下的士人

---

① 参见李学勤主编《礼记正义》下，北京大学出版社1999年版，第1333页，注③。万章这里引用曾子之语。

喜爱他，是人都希望得到的，却不足以消除忧愁；喜欢女色，是人都有的欲望，舜娶了尧的两个女儿，却不足以消除忧愁；财富，是谁都希望得到的，富有天下，却不足以消除忧愁；尊贵，是谁都希望得到的，贵为君主，却不足以消除忧愁。大家都喜爱他、喜欢女色和富贵，都不足以消除忧愁，只有得到父母的欢心才能消除忧愁。人小时候，就敬慕父母；青春萌动以后，就思恋年轻貌美的女子；有了妻子，就依恋妻子；做了官，就依恋君主，不得君主欢心就心急如焚。只有最孝顺的人终身敬慕父母。到了五十岁还敬慕父母的，我在伟大的舜身上看到了。"

【评析】

孟子这一章分析了人生的几个阶段："人少，则慕父母；知好色，则慕少艾；有妻子，则慕妻子；仕则慕君，不得于君则热中。"通过对舜的描述，集中表现了儿女对待父母的态度问题。孟子认为，无论父母怎样对待儿女，儿女都要永远孝顺父母，让父母欢心。

舜因为忙于国家大事，平时顾不上照顾父母，"为不顺于父母，如穷人无所归"。舜虽然也很苦恼，甚至到田地里去，向苍天哭诉，但他并没有怨恨父母，即使有家不能回，也只是伤感和思念而已。孟子列举了天下人的拥护、美女、财富、尊贵，甚至做天子，都无法消忧愁，只有得到父母的欢心，才能消除忧愁。孟子这里把父母的欢心视为人生最高的价值，确实很值得我们现代人的思考。现代社会许多老年人不愿意与儿女住在一起，虽然原因是多方面的，但子女与父母关系的疏远，是其中很重要的原因。

9.2 舜不告而娶

【原文】

万章问曰："《诗》云，'娶妻如之何？必告父母'。信斯言也，宜莫如舜。舜之不告而娶，何也？"

孟子曰："告则不得娶。男女居室，人之大伦也。如告，则废人之大伦，以怼父母，是以不告也。"

万章曰："舜之不告而娶，则吾既得闻命矣；帝之妻舜而不告，何也？"

曰："帝亦知告焉，则不得妻也。"

万章曰："父母使舜完廪，捐阶，瞽瞍焚廪。使浚井，出，从而揜之。象曰：'谟盖都君咸我绩，牛羊父母，仓廪父母，干戈朕，琴朕，弤朕，二嫂使治朕栖。'象往入舜宫，舜在床琴。象曰：'郁陶思君尔。'忸怩。舜曰：'惟兹臣庶，汝其于予治。'不识舜不知象之将杀己与？"

曰："奚而不知也？象忧亦忧，象喜亦喜"。

曰："然则舜伪喜者与？"

曰："否。昔者有馈生鱼于郑子产，子产使校人畜之池。校人烹之，反命曰：'始舍之，圉圉焉；少则洋洋焉，攸然而逝。'子产曰：'得其所哉！得其所哉！'校人出，曰：'孰谓子产智？予既烹而食之，曰，得其所哉，得其所哉。'故君子可欺以其方，难罔以非其道。彼以爱兄之道来，故诚信而喜之，奚伪焉？"

【译文】

万章问道："《诗经·齐风·南山》说：'娶妻应该怎么办？一定告诉父母。'相信这句话的，应该没人比得上舜。舜却没向父母报告而娶了妻子，这是为什么呢？"

孟子说："报告就娶不成。男女结婚，是人与人之间的大伦常。如果舜报告了，这一大伦常就在舜身上废弃了，结果将怨恨父母，所以他就不报告了。"

万章说："舜不报告父母而娶妻，这事我已经受教了；尧把女儿嫁给舜，也不向舜的父母说一声，又是什么道理呢？"

孟子说："尧也知道，假若事先说一声，就会嫁娶不成了。"

万章问道："舜的父母让舜修缮谷仓，却抽去梯子，他父亲瞽瞍还放火烧谷仓。又让舜去淘井，却填塞井口。舜的兄弟象说：'出谋划策活埋舜，都是我的功劳啊！牛羊分给父母，仓廪分给父母，干戈归我，琴归我，弤弓归我，两位嫂嫂为我铺床叠被。'象向舜的住房走去，舜坐在床边弹琴。象说:'我好想念你呀!'表情很不自然。舜说:'我想念着这些臣下和百姓,你替我管理管理吧!'我不清楚,舜是否知道象要杀自己呢?"

孟子说:"哪里会不知道呢? 象忧愁,他也忧愁;象高兴,他也高兴。"

万章说:"那么,舜是假装高兴吗?"

孟子说:"不。从前有个人送条活鱼给郑国的子产,子产让管池塘的人畜养起来,他却煮着吃了,回报说:'刚放进池塘还不太舒展;一会儿就摇摆着尾巴动了起来,忽然就跑了。'子产说:'它去了应该去的地方! 它去了应该去的地方!'他出来后,说:'谁说子产聪明,我已经把那条鱼煮着吃了,他还说:它去了应该去的地方! 它去了应该去的地方!'对君子可以用君子的方法来欺骗他,不能用违反道理的诡计蒙骗他。象用敬爱兄长的样子来,舜就真心相信而高兴起来,又假装什么呢?"

【评析】

这一章紧接上一章谈舜不告而娶的原因。《尚书·尧典》记载,舜的父亲心术不正,母亲善于说谎,弟弟象非常傲慢。父母和象甚至想害死舜,也许是舜福大命大,大难不死,都逃脱出来。面对象要杀他的严重状况,舜还是选择了宽容,并如孟子所说"象忧亦忧,象喜亦喜"。因为象毕竟是舜同父异母的弟弟。

本章还以子产为例,孟子试图说明"君子可欺以其方,难罔以非其道"的道理,但在现实中,君子与小人之间确实存在很大的差异,"以小人之心,度君子之腹"的现象并不少见。这位管理水池的小吏竟然把鱼煮着吃了,还自以为是,说子产不聪明。

9.3　他人诛之,弟则封之

【原文】

万章问曰:"象日以杀舜为事,立为天子则放之,何也?"

孟子曰："封之也，或曰放焉。"

万章曰："舜流共工于幽州，放驩兜于崇山，杀三苗于三危，殛鲧于羽山，四罪而天下咸服，诛不仁也。象至不仁，封之有庳。有庳之人奚罪焉？仁人固如是乎？在他人则诛之，在弟则封之？"

曰："仁人之于弟也，不藏怒焉，不宿怨焉，亲爱之而已矣。亲之，欲其贵也；爱之，欲其富也。封之有庳，富贵之也。身为天子，弟为匹夫，可谓亲爱之乎？"

"敢问或曰放者，何谓也？"

曰："象不得有为于其国，天子使吏治其国而纳其贡税焉，故谓之放。岂得暴彼民哉？虽然，欲常常而见之，故源源而来，'不及贡，以政接于有庳'①。此之谓也。"

【译文】

万章问："象每天把谋杀舜作为大事，舜立为天子，却仅流放他，这是为什么呢？"

孟子说："是封他为诸侯，有人说是流放。"

万章说："舜放逐共工到幽州，发配驩兜到崇山，流放三苗之君在三危，放逐鲧在羽山，这四人被治罪后天下归服，这是惩处不仁之人的缘故。象最不仁，却封他有庳。有庳的百姓有什么罪过呢？仁人是这样做吗？对别人加以惩处，对弟弟封以国土？"

孟子说："仁人对弟弟，不把愤怒藏在心里，也不耿耿于怀，只是亲爱弟弟罢了。亲爱弟弟，就想让他尊贵；亲爱弟弟，就想让他富。把有庳封给他，就是让他富贵。本人做了天子，弟弟却是百姓，可以说是亲爱弟弟吗？"

万章说："我请问，为什么有人说是流放呢？"

孟子说："象不能在他的国土为所欲为，天子派遣官吏来治理国家，收缴贡税，所以有人说是流放。能让象对那些百姓施暴吗？即使如此，

---

① 杨伯峻：《孟子译注》上卷，中华书局1984年版，第214页，注⑥。杨伯峻认为这两句疑是尚书逸文。

舜想常常看到象，象也不断地来和舜相见。'不必等到朝贡的时候，平常也以政治需要为由而来接待。'就是说的这事。"

【评析】

孟子的弟子万章不理解舜即位后没有诛杀弟弟象，而是流放到有庳。孟子认为舜没有流放象，而是封象在有庳。对于孟子这种解释，万章还是不理解，象最不仁，舜却给他封地，而分别放逐了共工、驩兜、三苗的酋长和鲧。孟子认为这是舜亲爱弟弟的具体表现，弟弟虽然犯了重罪，但毕竟还是弟弟。对于舜这一点，我们不能用现代的法制理念去理解和判断舜对待象的处理方式。

万章这里说的"舜流共工于幽州，放驩兜于崇山，杀三苗于三危，殛鲧于羽山，四罪而天下咸服"，出于《尚书·舜典》。其中，《尚书·舜典》中是"窜三苗于三危"，"窜"也是放逐的意思，而不是万章所的"杀三苗于三危"。由此可见，舜对于以上犯罪的重要人物，也没有处以极刑，只是放逐，这是符合舜时的法律精神的。

9.4　不以文害辞，不以辞害志

【原文】

咸丘蒙问曰："语云：'盛德之士，君不得而臣，父不得而子。'舜南面而立，尧帅诸侯北面而朝之，瞽瞍亦北面而朝之。舜见瞽瞍，其容有蹙。孔子曰：'于斯时也，天下殆哉，岌岌乎！'不识此语诚然乎哉？"

孟子曰："否。此非君子之言，齐东野人之语也。尧老而舜摄也。《尧典》曰：'二十有八载，放勋乃徂落，百姓如丧考妣，三年，四海遏密八音。'孔子曰：'天无二日，民无二王。'舜既为天子矣，又帅天下诸侯以为尧三年丧，是二天子矣。"

咸丘蒙曰："舜之不臣尧，则吾既得闻命矣。《诗》云：'普天之下，莫非王土；率土之滨，莫非王臣。'而舜既为天子矣，敢问瞽瞍之非臣，如何？"

曰："是诗也，非是之谓也；劳于王事而不得养父母也。曰：'此莫非王事，我独贤劳也。'故说诗者，不以文害辞，不以辞害志。以意逆志，是为得之。如以辞而已矣，《云汉》之诗曰，'周余黎民，靡有孑遗'。信斯言也，是周无遗民也。孝子之至，莫大乎尊亲；尊亲之至，莫大乎以天下养。为天子父，尊之至也；以天下养，养之至也。《诗》曰：'永言孝思，孝思维则。'此之谓也。《书》曰：'祗载见瞽瞍，夔夔齐栗，瞽瞍亦允若。'是为父不得而子也？"

【译文】

咸丘蒙问："俗话说：'道德最高的人，君主不能把他当臣子，父亲不能把他当儿子。'舜面南做天子，帝尧率领诸侯面北朝拜他，舜的父亲瞽瞍也面北方朝拜他。舜看见父亲，神色不安。孔子说：'在这个时候，天下就很危险了！'不晓得这话可不可信？"

孟子说："不。这不是君子的话，而是齐东野人的话。尧老了让舜摄政罢了。《尚书·尧典》说：'过了二十八年，放勋才逝世。群臣好像死了父母一样，服丧三年，天下一切音乐都停止。'孔子说过：'天上没有两个太阳，百姓没有两个天子。'假若舜已在尧死前做了天子，又率领天下诸侯为尧服丧三年，这就是两个天子并列了。"

咸丘蒙说："舜不以尧为臣，这事我已经受教了。《诗经·小雅·北山》说过：'普天之下，无不是天子的土地；四境之内，无不是天子的臣民。'舜既做了天子，请问瞽瞍却不是臣民，这是为什么呢？"

孟子说："《诗经·小雅·北山》这首诗，不是你说的那个意思，而是说作者勤劳国事不能奉养父母。他说：'这些事没一件不是天子之事啊，为什么就我这么辛劳呢？'所以解说诗的人，不因为文字而误解词句，也不拘于词句而误解原意。用自己的心志去理解作者的本意，这就对了。如果拘于词句，那《诗经·大雅·云汉》说，'周朝剩留下的百姓，没有一个活下来'。相信了这一句话，就是周朝没有留下一个人了。孝子行为的极致，没有什么超过尊敬双亲的；尊敬双亲的极致，没有什么超过以天下来奉养父母的。瞽瞍做了天子的父亲，可说是尊贵到极致了；舜以天下来奉养他，可说是奉养得极致了。《诗经·大雅·下武》

说：'永远地讲究孝道，孝道就是准则。'也正是这个道理。《尚书·大禹谟》说：'舜小心恭敬来见瞽瞍，战战兢兢的样子，瞽瞍于是也真的恭顺了。'这难道是'父亲不能够把他当儿子'吗?"

【评析】

本章对话比较长，主要谈了两个问题。

一是崇尚道德高尚的君子。孟子认为，即使贵为天子，也不能把道德高尚的君子视为臣子；即使作为父亲，也不能把这样的儿子视为儿子。这种思想在一定程度上打破了天子至上的绝对权威，即使天子或父亲，也应该尊重这样的君子。

二是在中国古代美学史上具有重大影响的一段话："故说诗者，不以文害辞，不以辞害志。以意逆志，是为得之。"孟子所说的"以意逆志"，是"针对《诗经》教学传承而发，'文''辞''志'的评价层次条理清晰，'意'指读者阅读理解之动态过程。"[①] 因此，"以意逆志"的"逆"虽小，"却是人性或者善性的本质呈现，是人之为人的本质力量，或者说，是人本身最为超卓、伟大的力量。"[②] 孟子所说的"不以文害辞，不以辞害志，以意逆志"对于我们阅读作品和开展文学批评，都具有重要的指导意义。

我们在研究作品时，不能望文生义，曲解作者的本意，要用自己的心志去揣度作者的原意，这样才能把握住诗意。孟子认为，只有这样，才能更好地把握作者原意。当然，从现代解释学的角度来看，作者的原意只能属于作者自己的"秘密"，有些作品的原意是读者可以把握的，但也有些作品的原意是读者难以把握的。比如朦胧诗或者文学意象的模糊性也可能导致读者难以把握作品的原意，因为文学欣赏本质上是一种积极的再创造活动，也是一种富有艺术想象的审美活动，而不是被动的感知，也不是对作者原意的求真活动。

---

① 杨传召：《孟子诗学思想二题再辨》，《孔子研究》2019 年第 4 期。
② 张大为：《孟子诗教视野中的"以意逆志"问题》，《天津大学学报》2018 年第 2 期。

9.5　君权天授

【原文】

万章曰："尧以天下与舜，有诸？"

孟子曰："否。天子不能以天下与人。"

"然则舜有天下也，孰与之？"

曰："天与之。"

"天与之者，谆谆然命之乎？"

曰："否。天不言，以行与事示之而已矣。"

曰："以行与事示之者，如之何？"

曰："天子能荐人于天，不能使天与之天下；诸侯能荐人于天子，不能使天子与之诸侯；大夫能荐人于诸侯，不能使诸侯与之大夫。昔者，尧荐舜于天，而天受之；暴之于民，而民受之。故曰：天不言，以行与事示之而已矣。"

曰："敢问荐之于天，而天受之；暴之于民，而民受之，如何？"

曰："使之主祭，而百神享之，是天受之；使之主事，而事治，百姓安之，是民受之也。天与之，人与之，故曰：天子不能以天下与人。舜相尧二十有八载，非人之所能为也，天也。尧崩，三年之丧毕，舜避尧之子于南河之南，天下诸侯朝觐者，不之尧之子而之舜；讼狱者，不之尧之子而之舜；讴歌者，不讴歌尧之子而讴歌舜，故曰：天也。夫然后之中国，践天子位焉。而居尧之宫，逼尧之子，是篡也，非天与也。《泰誓》曰：'天视自我民视，天听自我民听。'此之谓也。"

【译文】

万章问："尧把天下交给舜，有这么回事吗？"

孟子说："不。天子不能把天下交给他人。"

万章问："那么，舜得到天下，是谁给的呢？"

孟子说："天给的。"

万章问："天给的，是反复叮嘱告诫后给他的吗？"

孟子说："不是。天不说话，用行动和事迹来表示罢了。"

万章问："用行动和事迹来表示，是怎样的呢？"

孟子说："天子能把人推荐给天，不能让天把天下给他；诸侯能把人推荐给天子，不能让天子把诸侯之位给他；大夫能把人推荐给诸侯，不能让诸侯把大夫之位给他。从前，尧将舜推荐给天，天接受了；公开介绍他给百姓，百姓接受了。所以说，天不说话，用行动和事迹来表示罢了。"

万章问："我大胆地问，把他推荐给天，天接受了；公开介绍给百姓，百姓接受了，是怎样的呢？"

孟子说："叫他主持祭祀，所有神明都来享用，这就是天接受了；叫他主持政务，工作井井有条，百姓都感到安适，这就是百姓接受了。天交给他，百姓给他，所以说，天子不能拿天下给人。舜辅佐尧二十八年，这不是人所能做到的，而是天意。尧逝世了，三年之丧完毕，舜就躲避尧的儿子而到南河的南边去。天下诸侯朝见天子，不到尧的儿子那里，而到舜那里；打官司的，不到尧的儿子那里，而到舜那里；民歌手们，也不歌颂尧的儿子，而歌颂舜。所以说，这是天意。然后，舜才到国都即天子位。相反，如果舜居在尧的宫室，逼迫尧的儿子，这是篡夺，不是天授了。《太誓》说过：'百姓看到的，天也就看到；百姓听到的，天也就听到。'正是这个意思。"

【评析】

　　孟子与万章的这段对话集中表现了君权天授的思想。但孟子的"天授"本质上还是保民而王的人本思想。尧之所以禅让给舜，不是尧把天下禅让给舜，而是上天根据民意，把天下授权给舜来治理。换言之，孟子这里表现了"天下非一人之天下"的思想，这一思想来源于姜子牙。

　　《六韬·文韬》："天下者，非一人之天下，乃天下之天下也。同天下之利者，则得天下；擅天下之利者，则失天下。天有时，地有财，能与人共之也，仁也。仁之所在，天下归之。免人之死，解人之难，救人之患，济人之急者，德也。德之所在，天下归之。与人同忧同乐，同好同恶者，义也。义之所在，天下赴之。凡人恶死而乐生，好德而归利，能生利者，道也。道之所在，天下归之。"我们只要理解了《六韬·文韬》这段话，就可以很好地理解孟子这段对话的内涵了。

9.6 匹夫有天下，德必若舜禹

【原文】

万章问曰："人有言：'至于禹而德衰，不传于贤，而传于子。'有诸？"

孟子曰："否，不然也；天与贤，则与贤；天与子，则与子。昔者，舜荐禹于天，十有七年，舜崩，三年之丧毕，禹避舜之子于阳城，天下之民从之，若尧崩之后不从尧之子而从舜也。禹荐益于天，七年，禹崩，三年之丧毕，益避禹之子于箕山之阴。朝觐讼狱者不之益而之启，曰，'吾君之子也'。讴歌者不讴歌益而讴歌启，曰，'吾君之子也'。丹朱之不肖，舜之子亦不肖。舜之相尧、禹之相舜也，历年多，施泽于民久。启贤，能敬承继禹之道。益之相禹也，历年少，施泽于民未久。舜、禹、益相去久远，其子之贤不肖，皆天也，非人之所能为也。莫之为而为者，天也；莫之致而至者，命也。匹夫而有天下者，德必若舜禹，而又有天子荐之者，故仲尼不有天下。继世以有天下，天之所废，必若桀纣者也，故益、伊尹、周公不有天下。伊尹相汤以王于天下，汤崩，太丁未立，外丙二年，仲壬四年，太甲颠覆汤之典刑，伊尹放之于桐。三年，太甲悔过，自怨自艾，于桐处仁迁义，三年，以听伊尹之训己也，复归于亳。周公之不有天下，犹益之于夏、伊尹之于殷也。孔子曰：'唐虞禅，夏后殷周继，其义一也。'"

【译文】

万章问道："有人说：'到禹的时候道德就衰微了，天下不传给贤良，却传给儿子。'有这样的事吗？"

孟子说："不，不是这样的；天授予贤良，就授予贤良；天授予儿子，就授予儿子。从前，舜把禹推荐给天，十七年之后，舜逝世了，三年之丧完毕，禹就躲到阳城去。天下百姓跟随禹，就好像尧死了以后他们不跟随尧的儿子却跟随舜一样。禹把益推荐给天，七年之后，禹死了，三年之丧完毕，益就回避到箕山之北去。当时朝见天子的人和打官司的人都不去益那里，而去启那里，说：'他是我们君主的儿子啊。'民歌手也不歌颂益，而歌颂启，说：'他是我们君主的儿子啊。'尧的儿子丹朱不好，舜的儿子也不好。而且舜辅佐尧，禹辅佐舜，经年历久，为老百姓谋幸福的时间长。启很贤明，能认真继承禹的传统。益辅佐禹，未能历久经年，为百姓谋幸福的时间短。从舜到禹，再从禹到益，相隔已经好长时间了，他们儿子是好是坏，都是天意，不是人力所能做到的。没有人想做而竟做到了，是天意；没有人叫他来而竟来了，是命运。凭老百姓的身份得到天下的，他的德行必然要像舜和禹那样，而且要有天子推荐，所以孔子就没有得到天下。世袭天下，却被天所废弃的，一定像夏桀、商纣那样暴虐无道，所以益、伊尹、周公就没有得到天下。伊尹辅佐汤推行王道于天下，汤去世了，太丁未立即死，外丙在位二年，仲壬在位四年。太甲推翻汤的法度，伊尹就流放他到桐邑。三年之后，太甲悔过，自我怨恨，自我惩戒，在桐邑践行仁义三年。三年之后，就能听从伊尹对自己的教训了，然后又回到亳都做天子。周公未能得到天下，正好像益在夏朝、伊尹在殷朝一样。孔子说过：'唐尧虞舜以天下让贤，夏商周三代却传于子孙，道理是一样的。'"

【评析】

这段对话是孟子回答万章关于天子传天下给贤人还是儿子的问题。孟子认为，天想把天下给贤人，就给贤人；天想把天下给儿子，就给儿子。这里的关键是看天的旨意。但从孟子的总体思想来看，他所说的天，并不是大自然的天，而是指一种超越个人意志之上的客观规定性，体现了民心向背，并不在于大自然的天的主观意志，而在于接受天下的人是否能够得到天的认可。

舜贤，尧没有把天下传给儿子，而是传给舜；禹贤，舜也没有把天下传给儿子，而是传给了禹；益贤，禹也没把天下传给儿子，而是传给了益。尧和舜的儿子都不贤良，所以没有能够继位；而禹的儿子启却很贤良，虽然益也很贤良，但辅佐禹的时间不是太长，结果在禹逝世后，百姓还是选择了启。由此可见，天下非一人之天下，唯有德者居之。至于天把天下传给谁并不重要，关键是要传给德才兼备的继承者。

另外，传统文化认为谋事在人、成事在天。孟子这一章还论及"天"与"命"。他说："莫之为而为者，天也；莫之致而至者，命也。"阐释了天命的某些不可抗拒性。诚然，从影响命运的角度来看，决定和影响命运的因素包括主客观许多的复杂因素及其诸多因素之间的相互作用和相互影响，绝非某个人的意志可以转移的。传统社会基本上是世袭制，历史上许多贤良怀才不遇，"匹夫而有天下者，德必若舜禹，而又有天子荐之者，故仲尼不有天下"。在孟子看来，一般匹夫即使德若舜禹，也只有在得到天子推荐的前提下，才能够拥有天下。

9.7 汤三使往聘之

【原文】

万章问曰："人有言，'伊尹以割烹要汤'，有诸？"

孟子曰："否，不然。伊尹耕于有莘之野，而乐尧舜之道焉。非其义也，非其道也，禄之以天下，弗顾也；系马千驷，弗视也。非其义也，非其道也，一介不以与人，一介不以取诸人。汤使人以币聘之，嚣嚣然曰：'我何以汤之聘币为哉？我岂若处畎亩之中，由是以乐尧舜之道哉？'汤三使往聘之，既而幡然改曰：'与我处畎亩之中，由是以乐尧、舜之道，吾岂若使是君为尧、舜之君哉？吾岂若使是民为尧、舜之民哉？吾岂若于吾身亲见之哉？天之生此民也，使先知觉后知，使先觉觉后觉也。予天民之先觉者也，予将以斯道觉斯民也。非予觉之，而谁也？'思天下之民，匹夫匹妇有不被尧舜之泽者，若己推而内之沟中。其自任以天下之重如此，故就汤而说之以伐夏救民。吾未闻枉己而正人者也，况辱己以正天下者乎？圣人之行不同也，或远或近，或去或不去，归洁其身而已矣。吾闻其以尧舜之道要汤，未闻以割烹也。《伊训》曰：'天诛造攻自牧宫，朕载自亳。'"

【译文】

万章问道："有人说'伊尹以厨艺为喻向汤说明治国之道'，有这回事吗？"

孟子说："不，不是这样的。伊尹在莘国的郊野种地，而以尧舜之道为乐。如果不合乎道，不合乎义，即使把天下给他作俸禄，他也不会回头看一下；即使有四千匹马系在那里，他也不会看它一眼。如果不合乎道，不合乎义，一点也不给别人，也一点不从别人那儿拿走。汤派人拿礼物聘请他，他淡然地说：'我为什么要汤的聘礼呢？我何不在田野里，就这样以尧舜之道为乐呢？'汤几次派人去聘请他，不久他就幡然改变了态度，说：'我与其待在田野里，就这样以尧舜之道为乐，又为何不让君主做尧舜一样的君主呢？又为何不让百姓做尧舜时代一样的百姓呢？为何不让我亲眼见到这个时代呢？天生育这些人民，让先知者启发后知者，让先觉者启发后觉者。我是百姓中的先觉者，我要用尧舜之道启发这些人民。不是我去唤醒他们，那又有谁呢？'想到天下的百姓，只要有一男子或一女子没有得到尧舜的恩泽，犹如自己把他推到山沟里。他以天下为己任，所以向汤提出讨伐夏桀、拯救百姓的建议。我没听说自己不正而能匡正别人的，何况自取其辱而能匡正天下的呢？圣人行为各有不同，有的远离君主，有的靠拢君主，有的离开朝廷，有的留在朝廷，归根到底，都要洁身自好而已。我听说伊尹用尧舜之道向汤进谏，没听说他用厨艺来比喻事理。《尚书·伊训》说过：'上天讨伐始于牧宫，我谋划于亳邑。'"

【评析】

这篇对话是讲伊尹从政的故事。伊尹的父母都是奴隶，他自幼聪明颖慧，勤学上进，虽耕于有莘国之野，但却乐尧舜之道，学识渊博，追求道义。在商汤多次邀请后，才下决心出仕，后来成为商朝的开国元勋、杰出的政治家、思想家，也是中华厨祖。

这个故事启发人们：一是知识分子既要淡泊名利，洁身自好，又要以天下为己任，敢于承担社会责任，具有"非予觉之，而谁也"的自信自强，坚信天生我材必有用。二是作为最高统治者和各级管理者，都应该善于发现人才，礼贤下士，具有三顾茅庐的精神。在这个故事中，商汤如果不是多次聘请伊尹，就有可能失去这个难能可贵的人才。

9.8　孔子进以礼，退以义

【原文】

万章问曰："或谓孔子于卫主痈疽，于齐主侍人瘠环，有诸乎？"

孟子曰："否，不然也；好事者为之也。于卫主颜雠由。弥子之妻与子路之妻，兄弟也。弥子谓子路曰：'孔子主我，卫卿可得也。'子路以告。孔子曰：'有命。'孔子进以礼，退以义，得之不得曰'有命'。而主痈疽与侍人瘠环，是无义无命也。孔子不悦于鲁、卫，遭宋桓司马，将要而杀之，微服而过宋。是时孔子当厄，主司城贞子，为陈侯周臣。吾闻观近臣，以其所为主；观远臣，以其所主。若孔子主痈疽与侍人瘠环，何以为孔子？"

【译文】

万章问道："有人说，孔子在卫国住在卫灵公宠幸的宦官雍渠家里；在齐国，住在宦官瘠环家里。有这回事吗？"

孟子说："不，不是这样的；这是好事之徒编造的。孔子在卫国，住在颜雠由家中。弥子瑕的妻子和子路的妻子是姊妹。弥子瑕对子路说：'孔子住在我家里，可以得到卫国卿相的位置。'子路把这话告诉了孔子。孔子说：'命中注定。'孔子依礼法而进，依道义而退，所以他得到或得不到官位都是命中注定。如果他住在雍渠和宦官瘠环家里，是无视礼义和命运了。孔子不得志于鲁国和卫国，遭到宋国司马桓魋的威胁，穿平民服装离开宋国。这时孔子正在困境，就住在司城贞子家中，做了陈侯周的臣子。我听说观察身边的臣子，看他所招待的客人；观察外来的臣子，看他所寄居的主人。如果孔子真的以雍渠和宦官瘠环为主人，那还是孔子吗？"

【评析】

本章中的痈疽，即雍渠。《史记·孔子世家》记载孔子"居卫月馀，灵公与夫人同车，宦者雍渠参乘；出，使孔子为次乘，招摇市过之。"

本章针对有人对孔子的污蔑，孟子给予澄清。他认为孔子"进以礼，退以义"，绝不会像有些人传闻的那样。

这一章也启发后人，在信息传播过程中，一般来说，耳听为虚，眼见为实，但实际上有时眼见的也未必一定真实。对于传闻，应该学会斟酌，用理性和智慧对传闻进行客观的评价，而不能道听途说，捕风捉影，人云亦云。

9.9　百里奚智慧贤良

【原文】

万章问曰："或曰'百里奚自鬻于秦养牲者五羊之皮，食牛，以要秦穆公'，信乎？"

孟子曰："否，不然，好事者为之也。百里奚，虞人也。晋人以垂棘之璧与屈产之乘，假道于虞以伐虢。宫之奇谏，百里奚不谏。知虞公之不可谏，而去之秦，年已七十矣，曾不知以食牛干秦穆公之为污也，可谓智乎？不可谏而不谏，可谓不智乎？知虞公之将亡而先去之，不可谓不智也。时举于秦，知穆公之可与有行也而相之，可谓不智乎？相秦而显其君于天下，可传于后世，不贤而能之乎？自鬻以成其君，乡党自好者不为，而谓贤者为之乎？"

【译文】

万章问："有人说：'百里奚以五张羊皮的价钱把自己卖给秦国养牲畜的人，替人家饲养牛，以此来求见秦穆公'，是真的吗？"

孟子说："不，不是这样的，这是好事之徒编造的。百里奚是虞国人。晋人用垂棘产的璧和屈地所产的马向虞国借路，来攻打虢国。宫之奇劝阻，百里奚却不劝阻。他知道虞公听不进谏言，因而到了秦国，这时已经七十岁了。他不知道用饲养牛的方法求见秦穆公是一种不光明的行为，可以说是聪明吗？预见虞公不可能纳谏就不加劝阻，可以说不聪明吗？他又预见虞公将灭亡，因而先离开，不能说不聪明。他恰逢其时在秦国被推举出来，知道秦穆公是一位可以一起有所作为的君主，因而辅佐他，可以说不聪明吗？担任秦国卿相，使穆公名扬天下，流芳后世，不是贤者能做到这些吗？卖掉自己来成全君主，乡村洁身自爱的人尚且不肯，难道说贤者愿意这样做吗？"

【评析】

本章的重点是孟子对百里奚的评价。百里奚本是虞国大夫，虞君不听谏言，为晋所灭，百里奚被晋国所俘。秦穆公以求婚于晋，晋献公将百里奚作为陪嫁臣送秦。奚不堪其辱，逃到南阳，被楚人所执，以牧牛为生。秦穆公了解到百里奚是大贤，遂以缉拿逃奴为由，用奴隶身价五张羊皮将百里奚赎回，拜为大夫。

百里奚"曾不知以食牛干秦穆公之为污也"。孟子认为，这是百里奚通过养牛的方式引起秦穆公的注意，以此能够得到机会进谏秦穆公。笔者认为，这样理解百里奚，也许并不客观，因为百里奚不一定非要通过养牛而引起秦穆公的注意。当然，孟子还是充分肯定了百里奚的预见能力，也通过百里奚辅佐秦穆公，使秦穆公名扬天下的事实，充分赞扬了百里奚一代大贤的丰功伟绩。

这一章启发我们，秦穆公能够不拘一格，礼贤下士，重用百里奚，这是人才史上的佳话，为后世不拘一格发现人才、任用人才提供了光辉的案例。我们要实现人才强国战略，也要学习秦穆公这种不拘一格用人才的精神。

第十章

万章下译评

【本章引语】

《万章下》共9节。

10.1：孟子在肯定历代先贤的基础上，赞扬孔子集大成，金声而玉振。

10.2：孟子回答北宫锜的询问，介绍了周室班爵禄的概况。

10.3：孟子回答万章提出的交友之道，认为"不挟长，不挟贵，不挟兄弟而友。友也者，友其德也。"

10.4：孟子认为，人际交往要互相恭敬。

10.5：孟子以立乎人之本朝而道不行为耻。

10.6：孟子认为，尊重人才，最重要的是重用人才，"举而加诸上位"。

10.7：孟子认为，尊重人才，欲见贤而必以其道：不以其道，则犹欲其入而闭之门。

10.8：孟子主张以善士为友，上溯古人。孟子谈知人论世。

10.9：孟子认为，君有过，卿则谏。贵戚之卿对君主反复劝谏而不改，可以改立君主；即使异姓之卿，也应当"君有过则谏，反复之而不听，则去"。

10.1 孔子集大成，金声而玉振

【原文】

孟子曰："伯夷，目不视恶色，耳不听恶声。非其君，不事；非其民，不使。治则进，乱则退；横政之所出，横民之所止，不忍居也；思与乡人处，如以朝衣朝冠坐于涂炭也。当纣之时，居北海之滨，以待天下之清也。故闻伯夷之风者，顽夫廉，懦夫有立志。伊尹曰：'何事非君？何使非民？'治亦进，乱亦进，曰：'天之生斯民也，使先知觉后知，使先觉觉后觉。予，天民之先觉者也。予将以此道觉此民也。'思天下之民，匹夫匹妇有不与被尧舜之泽者，若己推而内之沟中。其自任以天下之重也。柳下惠不羞污君，不辞小官；进不隐贤，必以其道；遗佚而不怨，厄穷而不悯；与乡人处，由由然不忍去也。'尔为尔，我为我，虽袒裼裸裎于我侧，尔焉能浼我哉？'故闻柳下惠之风者，鄙夫宽，薄夫敦。孔子之去齐，接淅而行；去鲁，曰：'迟迟吾行也，去父母国之道也。'可以速而速，可以久而久，可以处而处，可以仕而仕，孔子也。"

孟子曰："伯夷，圣之清者也；伊尹，圣之任者也；柳下惠，圣之和者也；孔子，圣之时者也。孔子之谓集大成。集大成也者，金声而玉振之也。金声也者，始条理也；玉振之也者，终条理也。始条理者，智之事也；终条理者，圣之事也。智，譬则巧也；圣，譬则力也。由射于百步之外也，其至，尔力也；其中，非尔力也。"

【译文】

孟子说："伯夷，眼睛不看狐媚之色，耳朵不听淫荡之声。不是理想的君主不去侍奉，不是理想的百姓不去使唤。天下太平，就出来做事；天下混乱，就退居乡野。施行暴政的国家，住有暴民的地方，他都不停留。他认为同乡下没有修养的人相处，就好比穿戴着礼服礼帽坐在泥地炭灰上。商纣残暴时，他住在北海边上，期盼天下的清平。所以闻知伯夷高风亮节的人中，贪夫都能变得廉洁，懦夫也能独立不移。伊尹说：'哪个君主，不可以侍奉？哪个百姓，不可以使唤？'天下太平时出来做官，天下混乱也出来做官，他说：'天生育这些人民，让先知者启发后知者，让先觉者启发后觉者。我是百姓中的先觉者，我要用尧舜之道启发这些人民。'想到天下的百姓，只要有一男子或一女子没有得到尧舜的恩泽，犹如自己把他推到山沟里。他就是以天下重担为己任。柳下惠不以侍奉昏君为可耻，也不因官小而辞职。做官不隐藏自己的才能，但一定按原则办事；怀才不遇不怨恨，穷苦困厄不忧愁。同乡下人相处，高高兴兴不忍离开。他说：
'你是你，我是我，你即使在我旁边一丝不挂，怎么能亵渎我呢？'所以闻
知柳下惠高风亮节的人中，胸襟狭小的变宽厚了，刻薄寡恩的也敦厚了。
孔子离开齐国，不等把米淘完滤干就走；离开鲁国，却说：'我们慢慢走
吧，这是离开祖国的态度。'应该马上走就马上走，应该继续干就继续干，
应该辞官就辞官，应该做官就做官，这就是孔子。"

　　孟子又说："伯夷是人格纯洁的圣人；伊尹是以天下为己任的圣人；
柳下惠是追求和谐的圣人；孔子则是识时务的圣人。孔子是一个集大成
者。'集大成'的意思，就像先敲青铜镈钟，最后用玉制特磬收束一样。
先敲镈钟，是节奏条理的开始；用特磬收束，是节奏条理的终结。条理
始于智，条理终结于圣。智好比技巧，圣好比气力。就好像在百步以外
射箭，射那么远，凭你的力量；能够射中，却不是凭你的力量。"

【评析】

　　孟子在这里通过评价伯夷、伊尹、柳下惠和孔子四位先贤，认为他
们虽然都是贤人，但对于从政的态度和方式因人而异。伯夷人格高尚纯
洁，不与现实同流合污，犹如出淤泥而不染的荷花；伊尹具有高度的社
会责任感，以天下为己任，自觉用尧舜之道启发人民；柳下惠处事泰然，
不以物喜，不以己悲，能进能退，进退自如，和谐坦荡；孔子"可以速
而速，可以久而久，可以处而处，可以仕而仕"，该做官就做官，该辞职
就辞职，是一个集大成者，是金声玉振。在孟子看来，这四位先贤都对
后世产生了重大的影响。

　　本章通过谈论几位先贤，彰显了先贤对社会发生的积极影响。"闻伯
夷之风者，顽夫廉，懦夫有立志"；伊尹自觉用尧舜之道启发人民；"闻
柳下惠之风者，鄙夫宽，薄夫敦"；孔子不但识时务，而且还是集大成
者，是金声玉振。孟子通过赞扬这几位先贤，客观上也充分肯定了他们
对社会发生的积极影响。可以说，这四位先贤，无论是做人做事，还是
参与政治，他们的人生经验和内在品格都值得我们学习，我们应该自觉
学习他们对理想的执着追求，对修身养性的自律，对渊博学问的渴望。

　　本章涉及的成语："集大成""金声玉振"。

10.2　周室班爵禄

【原文】

北宫锜问曰:"周室班爵禄也,如之何?"

孟子曰:"其详不可得闻也,诸侯恶其害己也,而皆去其籍。然而轲也尝闻其略也。天子一位,公一位,侯一位,伯一位,子、男同一位,凡五等也。君一位,卿一位,大夫一位,上士一位,中士一位,下士一位,凡六等。天子之制,地方千里;公、侯皆方百里;伯,七十里;子、男五十里,凡四等。不能五十里,不达于天子,附于诸侯,曰附庸。天子之卿受地视侯,大夫受地视伯,元士受地视子、男。大国地方百里,君十卿禄,卿禄四大夫,大夫倍上士,上士倍中士,中士倍下士,下士与庶人在官者同禄,禄足以代其耕。次国地方七十里,君十卿禄,卿禄三大夫,大夫倍上士,上士倍中士,中士倍下士,下士与庶人在官同禄,禄足以代其耕也。小国地方五十里,君十卿禄,卿禄二大夫,大夫倍上士,上士倍中士,中士倍下士,下士与庶人在官者同禄,禄足以代其耕也。耕者之所获,一夫百亩;百亩之粪,上农夫食九人,上次食八人,中食七人,中次食六人,下食五人。庶人在官者,其禄以是为差。"

【译文】

北宫锜问道:"周朝颁发的官爵和俸禄的制度怎么样?"

孟子说:"详细情况不了解了,诸侯厌恶它妨碍自己,都把那些文献毁灭了。但我也略知大概。天子一级,公一级,侯一级,伯一级,子和男一级,一共五级。君一级,卿一级,大夫一级,上士一级,中士一级,下士一级,共六级。按照规定,天子管理的土地纵横各一千里;公和侯各一百里;伯七十里;子、男各五十里,一共四级。土地不够五十里的国家,达不到天子标准,附属于诸侯,叫作'附庸'。天子之卿的封地等同于侯;大夫的封地等同于伯;元士的封地等同于子、男。大国土地纵横各一百里,君主的俸禄是卿的十倍,卿是大夫的四倍,大夫是上士的两倍，上士是中士的两倍，中士是下士的两倍，下士的俸禄和平民的小官相同，其俸禄足以抵偿他们耕种的收入了。稍小一点的国的土地为方圆七十里，君主的俸禄是卿的十倍，卿是大夫的三倍，大夫是上士的两倍，上士是中士的两倍，中士是下士的两倍，下士的俸禄和平民的小官相同，其俸禄足以抵偿他们耕种的收入了。小国的土地纵横各五十里，君主的俸禄是卿的十倍，卿是大夫的两倍，大夫是上士的两倍，上士是中士的两倍，中士是下士的两倍，下士的俸禄和平民小官相同，其俸禄足以抵偿他们耕种的收入了。农夫的耕种收入，一夫一妇分田百亩。百亩田地的耕作，一等农夫可以养活九个人；二等养活八个人；三等养活七个人；四等养活六个人；五等养活五个人。平民中的小官，他们的俸禄也比照上文分等级。"

【评析】

北宫锜时任卫国太宰，他想调整和改革国家的制度，到处搜集古籍文献，也没有查到周朝制定的官爵和俸禄的等级制度，请教了许多人，都不能答，不远千里到齐国来请教孟子。

从孟子对周朝官爵和俸禄的制度介绍来看，从天子到下士之间，虽然层级不是太多，但其俸禄差别还是比较大的，大国天子的俸禄是下士的320倍，这在等级社会中属于比较正常的分配机制。

周代生产力比较低下，根据孟子所说的一等农民耕种百亩土地才能养活9个人，虽然周代一亩约相当于现代的180多平方米，但由此可见，当时生产力确实不高。

从社会结构优化组合的角度来看，比较理想的社会结构应该是扁平式或者橄榄式的，而不是金字塔型的，因此各个层级的收入不应该有很大的差别。

10.3　交友之道

【原文】

万章问曰："敢问友。"

孟子曰："不挟长，不挟贵，不挟兄弟而友。友也者，友其德也，不可以有挟也。孟献子，百乘之家也，有友五人焉：乐正裘、牧仲，其三人，则予忘之矣。献子之与此五人者友也，无献子之家者也。此五人者，亦有献子之家，则不与之友矣。非惟百乘之家为然也，虽小国之君亦有之。费惠公曰：'吾于子思，则师之矣；吾于颜般，则友之矣；王顺、长息则事我者也。'非惟小国之君为然也，虽大国之君亦有之。晋平公之于亥唐也，入云则入，坐云则坐，食云则食，虽蔬食菜羹，未尝不饱，盖不敢不饱也。然终于此而已矣。弗与共天位也，弗与治天职也，弗与食天禄也，士之尊贤者也，非王公之尊贤也。舜尚见帝，帝馆甥于贰室，亦飨舜，迭为宾主，是天子而友匹夫也。用下敬上，谓之贵贵；用上敬下，谓之尊贤。贵贵尊贤，其义一也。"

【译文】

万章问道："请问如何交朋友。"

孟子说："不要仗着自己年纪大，不要仗着自己地位高，不要仗着富贵的兄弟来交友。所谓交朋友，是以品德为友，绝不能有所依仗。孟献子是有百辆车马的大夫，他有五位朋友：乐正裘、牧仲，其他三位，我忘记了。献子同这五位相交，并不依仗自己的身份地位。这五位如果也想着献子的身份地位，就不会同他交友了。不仅是一百辆车马的大夫如此，而且小国之君也是这样。费惠公说：'我对子思，只是把他当作老师；对于颜般，只是把他当朋友；王顺和长息，不过是为我办事的人罢了。'晋平公对待亥唐，亥唐说进来就进来，说坐就坐，说吃饭就吃饭。即使是糙米饭蔬菜汤，未曾没吃饱过，因为不敢不吃饱。然而也就做到这个地步罢了，而不能共有天授之位，不和他共治天授之职，不和他共食天授之禄。这不过是士人尊贤的态度，不是王公尊贤应抱有的态度。舜谒见尧，尧让舜住在另一处官邸，也请他吃饭，接着互为客人和主人，这就是天子和老百姓的交友。以卑贱者身份尊敬高贵者，叫作尊重贵人；以高贵者身份尊敬卑贱者，叫作尊敬贤者。尊重贵人和尊敬贤者，道理是一样的。"

【评析】

孟子回答万章提出的交友之道,认为"不挟长,不挟贵,不挟兄弟而友。友也者,友其德也"。孟子这里谈的交友之道是一种非常理想的人际交往原则,特别是交友之道,不应该倚老卖老,不要依仗自己职位高,也不能依仗兄弟,而是应该以德为友,不能为了世俗的利益而交友。

10.4 人际交往互相恭敬

【原文】

万章问曰:"敢问交际何心也?"

孟子曰:"恭也。"

曰:"'却之,却之,为不恭',何哉?"

曰:"尊者赐之,曰,'其所取之者义乎,不义乎?'而后受之,以是为不恭,故弗却也。"

曰:"请无以辞却之,以心却之,曰,'其取诸民之不义也',而以他辞无受,不可乎?"

曰:"其交也以道,其接也以礼,斯孔子受之矣。"

万章曰:"今有御人于国门之外者,其交也以道,其馈也以礼,斯可受御与?"

曰:"不可。《康诰》曰:'杀越人于货,闵不畏死,凡民罔不譈。'是不待教而诛者也。殷受夏,周受殷,所不辞也;于今为烈,如之何其受之?"

曰:"今之诸侯取之于民也,犹御也。苟善其礼际矣,斯君子受之,敢问何说也?"

曰:"子以为有王者作,将比今之诸侯而诛之乎?其教之不改而后诛之乎?夫谓非其有而取之者,盗也,充类至义之尽也。孔子之仕于鲁也,鲁人猎较,孔子亦猎较。猎较犹可,而况受其赐乎?"

曰:"然则孔子之仕也,非事道与?"

曰："事道也。"

"事道奚猎较也？"

曰："孔子先簿正祭器，不以四方之食供簿正。"

曰："奚不去也？"

曰："为之兆也。兆足以行矣，而不行，而后去，是以未尝有所终三年淹也。孔子有见行可之仕，有际可之仕，有公养之仕。于季桓子，见行可之仕也；于卫灵公，际可之仕也；于卫孝公，公养之仕也。"

【译文】

万章问："请问互相交流时，要有什么态度？"

孟子说："恭敬的态度。"

万章问："'一再拒绝人家的礼物，这是不恭敬'，为什么呢？"

孟子说："尊者有所赐予，还得想想：'他这礼物合于义呢，还是不合于义？'然后才接受，这是不恭敬的，因此就不拒绝。"

万章问："我说，不用言辞拒绝他的礼物，用心来拒绝，心里说，'这是他取自百姓的不义之财'，再找理由拒绝，难道不可以吗？"

孟子说："他依规矩与你交往，依礼节与你接触，这样，孔子是接受的。"

万章问："如今有在国门外拦路抢劫的人，他也依规矩与人交往，也依礼节赠送礼物，这样就可以接受赃物了吗？"

孟子说："不可以。《尚书·康诰》说：'杀人越货的亡命之徒，强横不怕死，无人不痛恨。'这种人是不必先教育就可以诛杀的。这种法律，殷商受之于夏朝，周朝受之于殷商，没有更改；如今这法律更是显赫昭彰，又怎么可以接受赃物呢？"

万章问："现在的诸侯掠夺人民犹如拦路抢劫。如果按照礼节交流，那么君子也就接受了，请问这又如何解释呢？"

孟子说："你以为若有圣王兴起，是把现在的诸侯都杀掉呢，还是教育不改悔者再杀掉？不符合道而取得财务就是抢劫，这是把它推及到'义'的高度才说的话。孔子在鲁国做官的时候，鲁国人争夺猎物，孔子也争夺猎物。争夺猎物都可以，何况接受赐予呢？"

万章问："然而，孔子出来做官，不是为了行道吗？"

孟子说："是为了行道。"

万章问："既然为了行道，为什么又争夺猎物呢？"

孟子说："孔子先用文书规定祭祀所用的器物和祭品，但不用外地食物来祭祀。"

万章问："他为什么不离开呢？"

孟子说："开始需要实践一下。实践之后主张可以实行，君主却不肯实行，这才离开，所以他在一个朝廷停留不超过三年。孔子有因为可以行道而出仕，有因为君主礼遇而出仕，有因为国君养贤而出仕。对于季桓子，是因为可以行道而做官；对于卫灵公，是因为礼遇而出仕；对于卫孝公，是因为国君养贤而出仕。"

【评析】

万章问孟子，人际交往彼此需要什么样的心态，孟子回答说需要"恭敬"。对于接受礼物而言，孟子认为，不是却之不恭，而是要看对方在礼仪中是否合乎规矩和礼仪，如果对方合乎规矩和礼仪，就可以接受；如果对方是不义之财，即使交往中再合乎礼仪，也不能接受对方的礼物。

孟子还以孔子为例，说明应该如何对待礼物。孟子赞扬孔子出仕，无论是因为可以行道而出仕，因为君主礼遇而出仕，或因为国君养贤而出仕，孔子都不是为了做官，而是为了实现仁政之道。

从现代公共关系学的角度来看，在人际交往中，彼此之间需要谦谦君子的品格，互相恭敬，超越地位、职位、身份等的局限。当然，按照儒家仁者爱人的观点，彼此的恭敬应该发自内心，而不是虚伪而装腔作势。

10.5 立乎人之本朝，而道不行为耻

【原文】

孟子曰："仕非为贫也，而有时乎为贫；娶妻非为养也，而有时乎为

养。为贫者，辞尊居卑，辞富居贫。辞尊居卑，辞富居贫，恶乎宜乎？抱关击柝。孔子尝为委吏矣，曰：'会计当而已矣。'尝为乘田矣，曰：'牛羊茁壮长而已矣。'位卑而言高，罪也；立乎人之本朝，而道不行，耻也。"

【译文】

孟子说："做官不是因为贫穷，但有时候也是因为贫穷。娶妻不是为了奉养父母，但有时候也是为了奉养父母。因为贫穷而做官的，就该拒绝高官，而居于卑位，拒绝厚禄而只拿薄薪。拒绝高官居于卑位，拒绝厚禄只拿薄薪，怎样才合适呢？去守门打更。孔子曾任管仓库的小官，他说：'只是算账正确而已。'也曾担任管牲畜的小官，他说：'只是牛羊茁壮成长而已。'位卑而议论朝廷大事，是罪过；站在别人朝廷上做官，而不能贯彻正义主张，是耻辱。"

【评析】

本章论述了当官的目的。孟子认为，当官不是为了养家糊口，如果仅仅是为了养家糊口，那么就应该选择一个平凡的工作就行了，比如去守门打更。

孟子在本章中赞扬了孔子出仕不是为了养家糊口的事实。孔子无论做什么，都会尽职尽责去实现理想。孔子管仓库，就把账算清楚；管牲畜，就让牛羊茁壮成长，都会在工作岗位上实现自己的理想，全力做好本职工作。

对于孟子所说的"位卑而言高，罪也"这句话可以有两种理解：一是客观上来说，处于社会最底层的百姓议政，由于受到知识结构和能力结构的局限，一般百姓客观上很难提出解决社会问题的科学方案；即使提出了行之有效的方案，也很难做到下情上达，在专制的封建时代，弄不好还要受到统治者的制裁。

在本章中，最有价值的是孟子所说的"立乎人之本朝，而道不行，耻也"。孟子的意思是说，官员在其位，就要谋其政，而如果不能实现正义之道，这是耻辱，还不如辞职，独善其身。

10.6 举而加诸上位

【原文】

万章曰："士之不托诸侯，何也？"

孟子曰："不敢也。诸侯失国，而后托于诸侯，礼也；士之托于诸侯，非礼也。"

万章曰："君馈之粟，则受之乎？"

曰："受之。"

"受之何义也？"

曰："君之于氓也，固周之。"

曰："周之则受，赐之则不受，何也？"

曰："不敢也。"

曰："敢问其不敢何也？"

曰："抱关击柝者，皆有常职以食于上。无常职而赐于上者，以为不恭也。"

曰："君馈之，则受之，不识可常继乎？"

曰："缪公之于子思也，亟问，亟馈鼎肉。子思不悦。于卒也，摽使者出诸大门之外，北面稽首再拜而不受，曰：'今而后知君之犬马畜伋！'盖自是台无馈也。悦贤不能举，又不能养也，可谓悦贤乎？"

曰："敢问国君欲养君子，如何斯可谓养矣？"

曰："以君命将之，再拜稽首而受。其后廪人继粟，庖人继肉，不以君命将之。子思以为鼎肉使己仆仆尔亟拜也，非养君子之道也。尧之于舜也，使其子九男事之，二女女焉，百官牛羊仓廪备，以养舜于畎亩之中，后举而加诸上位，故曰：'王公之尊贤者也。'"

【译文】

万章问："士人不仰仗别国诸侯生活，为什么呢？"

孟子说："因为不敢这样。诸侯失去国家，然后才仰仗别国诸侯，这是合乎礼的；士仰仗别国诸侯，是不合乎礼的。"

万章问："君主如果送给他谷米，可以接受吗？"

孟子说："接受。"

万章问："接受又有什么道理呢？"

孟子说："君主对于流亡者，本来可以周济他。"

万章问："周济他，就接受；赐予他，就不接受，为什么呢？"

孟子说："不敢啊。"

万章问："请问，不敢接受，又是为什么呢？"

孟子说："守门打更的人都有一定的职务，因而接受上面的给养。没有一定的职务，却接受上面赐予，这被认为是不恭敬的。"

万章问："君主给他馈赠，他也就接受，不知可以经常这样做吗？"

孟子说："鲁缪公对子思，就是多次问候，多次送给他肉食，子思不高兴。最后一次，子思就挥手把来人赶出大门，然后朝北面磕头作揖拒绝了，说：'今天才知道君主把我当狗当马畜养。'大概从此才不给子思送礼了。喜爱贤人，却不能重用，又不能有礼貌地照顾生活，可以说是喜爱贤人吗？"

万章问："国君要养君子，怎么做才能算养呢？"

孟子说："以国君名义送给君子，君子拜两拜再叩首表示感谢再接受。然后管理仓库的人经常送来谷米，掌管伙食的人经常送来肉食，这些都不用称述君主的旨意了。子思认为，为了一块肉便让自己毕恭毕敬作揖行礼，这不是对待君子的方式。尧对于舜，让自己的九个儿子向他学习，把自己两个女儿嫁给他，而且配备了百官、仓库、牛羊，去供养田野中的舜，然后提拔到高位上。所以说，这才是王公尊敬贤者啊！"

【评析】

　　孟子这一章回答了士不可以依仗诸侯的问题。孟子认为士仰仗别国诸侯，这不符合礼仪，但可以接受国君的周济。在孟子看来，士无功不受禄，接受国君的周济，如同流亡人接受国君的周济一样。

　　从国君养士的角度来看，孟子以子思为例，说明国君养君子，应该尊重君子的人格，不能像鲁缪公那样，每次都以国君的名义给子思送礼物，而子思也要按照礼仪接受礼物。因此，子思也认为，这不是国君养君子的正确做法。孟子认为，国君尊重君子的正确做法，就是重用人才，"举而加诸上位"，让人才能够有尊严地生活。在这一章的最后，孟子以尧尊重舜为例，说明尧是如何尊重舜的，给后世的君主尊重人才以积极的启发。君主尊重人才，要发自内心，要真正做到礼贤下士和唯才是举。

10.7 欲见贤而必以其道

【原文】

万章曰："敢问不见诸侯，何义也？"

孟子曰："在国曰市井之臣，在野曰草莽之臣，皆谓庶人。庶人不传质为臣，不敢见于诸侯，礼也。"

万章曰："庶人，召之役，则往役；君欲见之，召之，则不往见之，何也？"

曰："往役，义也；往见，不义也。且君之欲见之也，何为也哉？"

曰："为其多闻也，为其贤也。"

曰："为其多闻也，则天子不召师，而况诸侯乎？为其贤也，则吾未闻欲见贤而召之也。缪公亟见于子思，曰：'古千乘之国以友士，何如？'子思不悦，曰：'古之人有言曰：事之云乎，岂曰友之云乎？'子思之不悦也，岂不曰：'以位，则子君也，我臣也，何敢与君友也？以德，则子事我者也，奚可以与我友？'千乘之君，求与之友，而不可得也，而况可召与？齐景公田，招虞人以旌，不至，将杀之。志士不忘在沟壑，勇士不忘丧其元。孔子奚取焉？取非其招不往也。"

曰："敢问招虞人何以？"

曰："以皮冠，庶人以旃，士以旂，大夫以旌。以大夫之招招虞人，虞人死不敢往；以士之招招庶人，庶人岂敢往哉？况乎以不贤人之招招贤人乎？欲见贤人而不以其道，犹欲其入而闭之门也。夫义，路也；礼，门也。唯君子能由是路，出入是门也。《诗》云：'周道如底，其直如矢；君子所履，小人所视。'"

万章曰："孔子,君命召,不俟驾而行。然则孔子非与?"

曰："孔子当仕有官职,而以其官召之也。"

【译文】

万章问："请问士不去谒见诸侯,这是什么道理呢?"

孟子说："住在国都的叫作市井之臣,住在乡野的叫作草莽之臣,这都是无官爵的平民。平民如果没有见面礼,就不敢去谒见诸侯,这是礼节。"

万章说："平民,召他去服役,就去服役;君主想要接见他,召唤他,却不去谒见,这又为什么呢?"

孟子说："去服役,是应该的;去谒见,是不应该的。君主想要见他,为的是什么呢?"

万章说："因为他见多识广和贤良。"

孟子说："如果因为他见多识广,天子就不能召唤老师,何况诸侯呢?如果因为他贤良,我也没听说过召唤贤人见面的。鲁缪公多次拜访子思,说:'古代有千辆兵车的国君和士人交友,怎么样?'子思不高兴,说:'古代人说的是尊重贤士,难道是说和士人交友吗?'子思的不高兴,难道不是心里这样说:'论地位,你是君主,我是臣子,哪敢和你交朋友呢?论道德,你是向我学习的人,怎么够格和我交朋友呢?'千乘之国的国君追求和他交朋友都办不到,何况召唤他呢?齐景公田猎,用旌来召唤猎场小吏,他不来,准备杀他。有志之士不怕弃尸沟壑;勇敢的人不怕抛头颅。孔子赞成什么呢?就是赞成他拒绝不应该接受的召唤之礼。"

万章问:"请问召唤猎场小吏该用什么呢?"

孟子说:"用皮帽子。召唤老百姓用赤色曲柄旗,召唤士用带铃铛的旗,召唤大夫用彩色羽毛做装饰的旗子。用召唤大夫的礼节去召唤猎场小吏,猎场小吏死也不敢去;用召唤士人的礼节去召唤百姓,百姓难道敢去吗?更何况用召唤不贤之人的礼节去召唤贤人呢?想与贤人会面,却不遵循礼节,就好比要请他进来却闭上门。义是路;礼是门。只有君子从这条路上走,出入这扇门。《诗经·小雅·大东》说:'大路平如磨刀石，犹如箭矢一样直。君子在它上面走，小人以它为法式。'"

万章问："孔子听到国君召唤，不等车马驾好就径行走去。孔子这样错了吗？"

孟子说："那是因为孔子正在做官，有职务在身，国君用他担任的官职去召唤他。"

【评析】

孟子与万章的对话这里主要表达了孟子关于君主如何对待贤人的问题。孟子认为，君主对待贤人，不能召之即来，挥之即去，而是应该礼贤下士。在孟子看来，君主希望见到的是知识渊博的人和贤良之才。既然如此，对于知识渊博的人才，君主应该以师之礼相见；如果是对待贤良之才，应该按照尊贤之礼相见。也就是说，对待以上两种君子，君主都应该礼贤下士，不能采取召见的方式，而是应该亲自拜访的方式。用我们现在的话来说，就是要像刘备三顾茅庐一样去拜访诸葛亮，而不能像张飞说的那样"唤来"诸葛亮，或者"一条麻绳缚将来"。

10.8　以善士为友与知人论世

【原文】

孟子谓万章曰："一乡之善士，斯友一乡之善士；一国之善士，斯友一国之善士；天下之善士，斯友天下之善士。以友天下之善士为未足，又尚论古之人。颂其诗，读其书，不知其人，可乎？是以论其世也。是尚友也。"

【译文】

孟子对万章说："一乡的有德之士，结交一乡的有德之士；一国的有德之士，就结交一国的有德之士；天下的有德之士，才结交天下的有德之士。结交天下的有德之士还不够，又追溯古代的人物。吟诵他们的诗歌，阅读他们的著作，不了解他的为人，可以吗？所以要研究他那个时代。这就是与古代有德之人交朋友。"

【评析】

物以类聚，人以群分。人生在世，在择友的问题上，一般都是选择志趣相投的人做朋友。这一章，孟子从一乡之内交友、一国之内交友，再到天下之内交友，推论出"一乡之善士，斯友一乡之善士；一国之善士，斯友一国之善士；天下之善士，斯友天下之善士"。

关于与古人为友，以古人为榜样，古罗马美学家郎加纳斯认为，作家在创作前要瞻前顾后。所谓瞻前，就是作家创作前要设身处地想象柏拉图等过去的人在写作时，如何表现崇高的，"用竞赛的目光注视着这些卓越的榜样，它们就会象灯塔那样放光来指导我们，而且会提高我们的灵魂使充分达到我们所设想的高度"①。同时还要设想，荷马等古人会怎样评价我们的作品？他们会有什么感受？通过瞻前，前人不仅为我们树立了榜样，而且还能产生期望的效应，"提高我们的灵魂使充分达到我们所设想的高度"。笔者非常赞同孟子这里所说的"尚论古之人"，这样才能更好地汲取传统文化的精华。

从人才开发角度来看，每个人都应该尽其所能，首先学习自己周边所熟悉的君子的知识和品行，然后再向外扩展学习范围，以天下的德才兼备者为友，进而把范围扩展到遥远的古代。很显然，孟子这一思想符合大学习观理论的内涵，客观上非常有利于促进人才的发展。"孟子这里的本意是谈交友，不仅要与一乡、一国、天下的善士交友，而且要与古代的善士交友。所以，诵古人的诗，读古人的书，应该论其世，知其人。"② 孟子这一章还提出"知人论世"的观点，对于中国古代文艺批评产生了重要的影响。

所谓知人论世，是指要了解一个人，就必须了解他的时代，把对象纳入特定的时代进行考察。孟子的"知人论世"还具有儒家交往美学的内蕴："文本的意义需要在作者与读者之间，通过以具有审美艺术特性的

---

① ［古罗马］郎加纳斯：《论崇高》，《文艺理论译丛》1958年第2期，第40页。
② 杨泽波：《孟子评传》，南京大学出版社2007年版，第382页。

文本为中介的交往行为得以确定，以'以文会友'的姿态去理解古人
（作者），复又以古人的往世生平功业的历史行迹为参照，以此来最终确
定和阐释文本意义。"① 孟子的"知人论世"启发我们，应该慎重交友，
选择那些真正的君子为友。

成语"知人论世"出于这一章。

10.9　君有过则谏

【原文】

齐宣王问卿。

孟子曰："王何卿之问也？"

王曰："卿不同乎？"

曰："不同。有贵戚之卿，有异姓之卿。"

王曰："请问贵戚之卿。"

曰："君有大过则谏；反复之而不听，则易位。"

王勃然变乎色。

曰："王勿异也。王问臣，臣不敢不以正对。"

王色定，然后请问异姓之卿。

曰："君有过则谏，反复之而不听，则去。"

【译文】

齐宣王向孟子问有关卿的事情。

孟子说："您问的是哪种公卿？"

齐宣王说："公卿难道还有不同吗？"

孟子说："有不同。有皇亲国戚的公卿，有非王族的公卿。"

王说："请问皇亲国戚公卿。"

孟子说："国君若有重大错误，他就劝谏；反复劝谏而不听从，就废

---

① 曾仲权：《孟子"知人论世"说与儒家交往行为美学阐释学》，《中国政法大学学报》
2021年第3期。

掉国君而改立别人。”

宣王突然变了脸色。

孟子说：“您不要奇怪。您问我，我不敢不告诉您正确的。”

宣王脸色淡定了，又请问非王族的公卿。

孟子说：“国君若有错误，他就劝谏；反复劝谏而不听从，就离去。”

【评析】

这一章的主题是“君有过则谏”。孟子认为，如果是皇亲国戚的卿，面对君主的大过，应该予以劝谏，反复劝谏不成，就可以改立别人为君；非皇亲国戚的卿发现国君有错误，也要劝谏，反复劝谏不成，就可以辞职离开卿的职位。孟子这里指出了卿的共同性，即无论是王族的公卿还是非王族的公卿，都应该敢于对君主进谏，发现和纠正君主的过失，不能让君主的错误危害国家利益。“在孟子看来，无论是哪一类‘卿’，都有自己的职责定位和角色规范要求，不能只是一味地迎合国君，唯国君马首是瞻。”① 也就是说，作为国家的大臣，为了国家利益，如果发现君主有错误，就一定要敢于进谏，绝不能怕得罪君主。

---

① 张钢：《孟子的管理解析》，机械工业出版社 2019 年版，第 374 页。

第十一章

告子上译评

《告子上》共 20 节。

11.1：孟子提出人性与仁义的比喻。告子说，把人的本性做成仁义，好比用杞柳树来做成杯盘，意谓着仁义是对人的本性的扭曲。孟子对此进行了反驳。

11.2：孟子对人性与水性的思考。告子认为人性如水性，将本性比喻成急流水，哪边决口往哪边流；孟子则认为水性是向善的，水总是往下流，本性也总是向善的。

11.3：孟子与高告子辩论"然则犬之性犹牛之性，牛之性犹人之性与？"

11.4：孟子对告子"仁内义外"的反驳。

11.5：探讨"义内"还是"义外"，孟子否定孟季子"义外"的说法。

11.6：孟子认为，人皆有恻隐、羞恶、恭敬、是非之心，"四心"分别对应仁、义、礼、智。

11.7：孟子论人的共同性，提出"口之于味也，有同耆焉；耳之于声也，有同听焉；目之于色也，有同美焉"。

11.8：孟子提出牛山之木尝美，旦旦而伐之，可以为美乎？蕴含了生态美学思想的萌芽。

11.9：孟子分析了一曝十寒与专心致志。

11.10：主张舍鱼取熊掌与舍生取义。孟子认为，有比生命更重要的东西，这就是道义与人格。

11.11：孟子论学问之道求其放心而已。孟子的观点对素质教育颇有启迪。

11.12：孟子指不若人与心不若人。继续论述修心的重要性。

11.13：孟子分析了树木与树人，认为树人更加重要。

11.14：孟子认为，无以小害大，无以贱害贵。

11.16：孟子提出天爵与人爵的区分，认为应该追求天爵，不能为了人爵放弃天爵。

11.17：孟子提出欲贵者，人之同心。孟子认为，只有仁义满身，才是真正的富贵。

11.18：孟子认为，爱仁不能杯水车薪。仁义如果太少，就无济于事。

11.19：孟子认为，仁亦在乎熟之，要让仁义多起来，成熟起来。

11.20：孟子分析后羿与大匠在培养人才过程中，应该率先垂范。

11.1　人性与仁义

【原文】

告子曰："性，犹杞柳也；义，犹杯棬也。以人性为仁义，犹以杞柳为杯棬。"

孟子曰："子能顺杞柳之性而以为杯棬乎？将戕贼杞柳而后以为杯棬也？如将戕贼杞柳而以为杯棬，则亦将戕贼人以为仁义与？率天下之人而祸仁义者，必子之言夫！"

【译文】

告子说："人的本性好比杞柳树，义理好比杯盘。把人的本性做成仁义，正好比用杞柳树来做成杯盘。"

孟子说："您是顺着杞柳的本性做成杯子，还是违背杞柳的本性做成杯子？如果要违背杞柳的本性之后才做成杯子，那不也要违背人的本性之后才做成仁义吗？率领天下的人来祸害仁义的，一定是您的这些话吧！"

【评析】

这段对话反映了一个很深刻的哲学问题。人性先天是善的还是恶的？在中国古代哲学史上，孟子主张性善论，认为人的本性先天是善的；荀子主张性恶论，认为人的本性先天是恶的，人的善还是后天修为而成。告子则主张性无善恶论。

在本章中，"告子将树木与杯盘分离，认为性与仁义是分开的，如果说人性本是仁义的，那就等于说杞柳就是杯盘了。孟子则从要依杞柳的本性做杯盘，不能破坏杞柳木的本性做杯盘来说明人性与仁义是内在统一的"①。告子以杞柳为例，说明要把杞柳做成杯子，需要加工制作，不能把杞柳与杞柳做成的杯子混同起来，也不能把人性与义混同起来；孟子则从性善论出发，质疑告子的做法究竟是顺着杞柳的本性，还是违背杞柳的本性？按照孟子的观点，质疑顺着杞柳的本性做成杯子，这才符合杞柳的本性，而如果违背杞柳的本性做成杯子，就不符合杞柳的本性。由此孟子推论出，人要追求仁义，不能违背人的本性，质疑遵循人先天的善的本性，才能更好地追求仁义。

11.2　人性与水性

【原文】

告子曰："性犹湍水也，决诸东方则东流，决诸西方则西流。人性之无分于善不善也，犹水之无分于东西也。"

孟子曰："水信无分于东西，无分于上下乎？人性之善也，犹水之就下也。人无有不善，水无有不下。今夫水，搏而跃之，可使过颡；激而行之，可使在山。是岂水之性哉？其势则然也。人之可使为不善，其性亦犹是也。"

---

① 刘永佶：《诸子思想》，中国社会科学出版社 2019 年版，第 280 页。

【译文】

告子说："人性犹如急流，东方开缺口就向东流，西方开缺口就向西流。人性不分善和不善，犹如水性不分东流和西流。"

孟子说："水性确实不分向东流和向西流，难道也不分向上流或向下流吗？人性的善良，犹如水性向下流。人没有不善良的，水没有不向下流的。现在对于水而言，拍它而让它涌起来，可以高过额角；戽水倒流，可以引上高山。这难道是水的本性吗？水势就是这样的。人所以能做坏事，其本质也是这样。"

【评析】

这一章还是继续探讨人性问题。"告子更以湍水比喻人性，湍水引向东方则东流，引向西方则西流。而人性之不分善不善与此湍水相类，完全由外在环境与条件决定。这一说法类似于王充《论衡·本性》篇中所举周人世硕的观点。孟子则认为，水虽然无分于东西，但水总是向下流。而人之性善犹水之就下。水之向上乃形势所致，非其本性如此。人之为善亦犹水之向上，非其本性如此也。"① 这一章，告子谈人性如水性，实际上还是很有道理的，水向哪个方向流，是水的自然属性或者本性。孟子则认为，水虽然可以向不同的方向流动，但也可以向高处和低处流动。

实际上，孟子这一观点很难反驳告子的观点。因为水虽然向下流动才是水的本性，而向高处流动，却并非水的本性，而是由外力所致。当然，孟子把这种外力称为"势"。其实，告子所说的"性犹湍水也，决诸东方则东流，决诸西方则西流。人性之无分于善不善也，犹水之无分于东西也"。告子在客观上揭示了水流的"势"的特点，即向哪个方向"决"，水就向哪个方向流。基于告子是"性无善无不善"观点，龚自珍认为，"人性最初都是一样的，本来并没有善恶之分；所谓善、恶均非先

---

① 郭齐勇：《中国哲学通史（先秦卷）》，江苏人民出版社 2021 年版，第 318 页。

天之说，而是后天形成的"①。孟子在本章的观点恰恰证明了人性的善并不是先天的，而是与后天的影响密不可分，这与告子的观点并非绝然对立。

11.3 牛之性，非人之性

【原文】

告子曰："生之谓性。"

孟子曰："生之谓性也，犹白之谓白与？"

曰："然。"

"白羽之白也，犹白雪之白；白雪之白犹白玉之白与？"

曰："然。"

"然则犬之性犹牛之性，牛之性犹人之性与？"

【译文】

告子说："天生的叫作本性。"

孟子问："天生的叫作本性，就好比白色的东西都叫作白色吗？"

告子说："是这样。"

孟子问："白羽毛的白色犹如白雪的白色，白雪的白色犹如白玉的白色吗？"

告子说："是这样。"

孟子问："那么，狗性犹如牛性，牛性犹如人性吗？"

【评析】

孟子与告子对话的起点是"生之谓性"。由此出发，孟子进而推及到"生之谓性也，犹白之谓白与？"告子同意孟子这一说法。孟子又问："白羽之白也，犹白雪之白；白雪之白犹白玉之白与？"告子继续同意孟

---

① 程志华：《中国儒学史》上册，人民出版社 2017 年版，第 325 页。

子这一说法。但是，当孟子继续问："然则犬之性犹牛之性，牛之性犹人之性与？"以后，告子并没有回答孟子提出的问题。

这段对话涉及逻辑的种属关系问题。告子混同了"白之谓白"，即把白色的事物等于白色。从逻辑的观点来看，白色的事物包括白色，但并不等于白色，即白色的事物与白色之间是种属关系，而非全同关系。因此，孟子不同于告子"白之谓白"的说法。

孟子进而以狗、牛和人三者都具有各自的本性为例，说明牛的本性并不等于人的本性。从本性的内涵来看，尽管所有的本性都是决定事物的根本因素，但不同事物具有不同的本性，甲的本性不等于乙的本性，因此，牛的本性也不等于人的本性。也就是说，不能把不同事物的本性混为一谈。

11.4　对"仁内义外"的反驳

【原文】

告子曰："食色，性也。仁，内也，非外也；义，外也，非内也。"

孟子曰："何以谓仁内义外也？"

曰："彼长而我长之，非有长于我也；犹彼白而我白之，从其白于外也，故谓之外也。"

曰："异于白马之白也，无以异于白人之白也；不识长马之长也，无以异于长人之长与？且谓长者义乎？长之者义乎？"

曰："吾弟则爱之，秦人之弟则不爱也，是以我为悦者也，故谓之内。长楚人之长，亦长吾之长，是以长为悦者也，故谓之外也。"

曰："耆秦人之炙，无以异于耆吾炙，夫物则亦有然者也，然则耆炙亦有外欤？"

【译文】

告子说："吃喝和好色，是人的本性。仁是内在的，不是外在的；义是外在的，不是内在的。"

孟子问："为什么说仁是内在的而义是外在的呢?"

告子说："因为他年纪大，我尊敬他，这尊敬不是我已有的；犹如那东西是白的，而我认为它白，是因为它的外表是白的，所以说它是外在的。"

孟子问："白马的白和白人的白没有什么不同，但是不知道对老马的尊敬和对长者的尊敬，是否也没有不同呢？而且，您是说长者义呢，还是说尊敬长者的人义?"

告子说："是我的弟弟妹妹我就爱他，是秦国人的弟弟妹妹我就不爱他，这是因为我自己高兴这样做，所以说仁是内在的。尊敬楚国的长者，也尊敬我自己的长者，这是因为他们年长而令人高兴，所以说义是外在的。"

孟子问："喜欢吃秦国人的烤肉与喜欢吃自己的烤肉并无不同，各种事物也有这样的情形，那么，难道喜欢吃烤肉也是外在的吗?"

【评析】

本章孟子围绕告子关于"仁内义外"的观点，展开了追问。在对话中，告子虽然认为"彼长而我长之，非有长于我也；犹彼白而我白之，从其白于外也，故谓之外也。"但告子关于"仁内义外"的观点很难立足。因为面对长者，我们如果内心不尊敬长者，就不会尊敬长者，因此我们尊敬长者，并不仅仅因为他是长者，而是因为我们内心具有尊敬长者的心理。

胡适认为"人性既然是善的，自然都不是性的本质。孟子以为人性虽有种种善的可能性，但是人多不能使这些可能性充分表达"[1]，正如汤一介等人所说："孟子与告子的争论，进一步明确和突出了孟子将道德内在化的努力。仁义等并不仅仅是我需要的，还是我生命中内在的东西。"[2] 笔者认为，从仁与义的内涵来看，二者实际上都是后天修炼所致，都是人们经过后天不断修炼形成的心理结构和价值观念，不存在

---

① 胡适：《中国哲学史》，吉林人民出版社 2013 年版，第 215 页。

② 汤一介、李中华：《中国儒学史（先秦卷）》，北京大学出版社 2011 年版，第 330 页。

"仁内义外"的问题，二者并非人先天的本性，所以，本章探讨以孟子完胜结束。

11.5 再辩"义内"还是"义外"

【原文】

孟季子问公都子曰："何以谓义内也？"

曰："行吾敬，故谓之内也。"

"乡人长于伯兄一岁，则谁敬？"

曰："敬兄。"

"酌则谁先？"

曰："先酌乡人。"

"所敬在此，所长在彼，果在外，非由内也。"

公都子不能答，以告孟子。

孟子曰："'敬叔父乎？敬弟乎？'彼将曰：'敬叔父。'曰：'弟为尸，则谁敬？'彼将曰：'敬弟。'子曰：'恶在其敬叔父也？'彼将曰：'在位故也。'子亦曰：'在位故也。庸敬在兄，斯须之敬在乡人。'"

季子闻之，曰："敬叔父则敬，敬弟则敬，果在外，非由内也。"

公都子曰："冬日则饮汤，夏日则饮水，然则饮食亦在外也？"

【译文】

孟季子问公都子说："为什么说义是内在的呢？"

公都子说："义来源于我内心的恭敬，所以是内在的。"

孟季子问："一个本乡人比我大哥年长一岁，那你尊敬谁？"

公都子说："尊敬大哥。"

孟季子问："先给谁斟酒？"

公都子说："先斟酒给本乡长者。"

孟季子说："内心恭敬的在这里，先敬礼的却在那里，可见义是外在的，不是发自内心的。"

公都子不能对答，来告诉孟子。

孟子说："'恭敬叔父呢，还是恭敬弟弟？'他会说：'恭敬叔父。'你又说：'弟弟若做了代受祭者，那又恭敬谁呢？'他会说：'恭敬弟弟。'你就说：'那又怎么解释刚才所说的敬叔父呢？'他会说：'这是由于弟弟在尊位的缘故。'那你也可以说：'那也是由于本乡长者在尊位的缘故。平常的恭敬在哥哥，暂时的恭敬在本乡长者。'"

季子听到了这话，说："对叔父是恭敬，对弟弟是恭敬，果然义是外在的，不是发自内心的。"

公都子说："冬天喝热水，夏天喝凉水，那么，难道吃喝也是外在的吗？"

【评析】

本章仍然延续了上一章"仁内义外"中关于"义外"的话题。该章中，孟季子，人物不详；公都子，孟子弟子。孟季子认为"义外"，所以向公都子提出疑问"何以谓义内也？"公都子对于孟季子"所敬在此，所长在彼，果在外，非由内也"的结论不能回答，于是请教孟子。

孟季子提出："乡人长于伯兄一岁，则谁敬？"孟子向公都子的解释是对两个人都敬，平时敬兄长，但在敬酒时会先敬乡人，在孟子看来，这二者并不矛盾，这取决于"在位故也"，无论是哪一种情况，都属于"义内"，而不是"义外"。但孟季子在对话结尾仍然得出"义外"的结论，客观上并不符合逻辑。

实际上，孟子已经自觉不自觉地把仁与义融汇在一起了，而没有决然把二者分开。"孟子的仁义观源自孔子，受曾子和子思学派的启发，因而对孔子之道做出了相应的发展和推进。孟子之仁义观把仁、义组合为仁义，实现仁礼、仁智到仁义的转变。"① 也就是说，孟子不同意"仁内义外"的说法。

---

① 王生云：《孟子的仁义观对孔子之道的发展》，《管子学刊》2018 年第 1 期。

11.6　人皆有恻隐、羞恶、恭敬、是非之心

【原文】

公都子曰："告子曰：'性无善无不善也。'或曰：'性可以为善，可以为不善。是故文武兴，则民好善；幽厉兴，则民好暴。'或曰：'有性善，有性不善。是故以尧为君而有象；以瞽瞍为父而有舜；以纣为兄之子，且以为君，而有微子启、王子比干。'今曰'性善'，然则彼皆非与？"

孟子曰："乃若其情，则可以为善矣，乃所谓善也。若夫为不善，非才之罪也。恻隐之心，人皆有之；羞恶之心，人皆有之；恭敬之心，人皆有之；是非之心，人皆有之。恻隐之心，仁也；羞恶之心，义也；恭敬之心，礼也；是非之心，智也。仁义礼智，非由外铄我也，我固有之也，弗思耳矣。故曰：求则得之，舍则失之。或相倍蓰而无算者，不能尽其才者也。《诗》曰：'天生蒸民，有物有则。民之秉彝，好是懿德。'孔子曰：'为此诗者，其知道乎！故有物必有则；民之秉彝也，故好是懿德。'"

【译文】

公都子说："告子说：'本性没有什么善与不善。'也有人说：'本性可以让人做好事，也可以让人做坏事。所以当周文王、武王兴起时，百姓就喜欢向善；周幽王、厉王兴起时，百姓就变得横暴。'也有人说：'有些人本性是善的，有些人本性是不善的。所以，以尧为君，也有象①这样的百姓；以瞽瞍为父，也有舜这样的儿子；以纣为侄儿，而且贵为君主，也有微子启、王子比干这样的仁人。'如今老师说本性善，那么他们的说法都错了吗？"

孟子说："从人的天性来看，人是可以做好事的，这就是我所说的人

---

①　象：是舜同父异母的弟弟。

性善良。至于有些人做坏事，不是他天性的罪过。同情心，人人都有；羞耻心，人人都有；恭敬心，人人都有；是非心，人人都有。同情心属于仁，羞耻心属于义，恭敬心属于礼，是非心属于智。这仁义礼智，不是从外面灌输给我的，是我本身就有的，只是没有想到罢了。所以说：探求它，就得到它；放弃它，就失去它。人与人相差一倍、五倍以至无数倍的，就是不能释放人们善良本质的缘故。《诗经·大雅·烝民》说：'天生众民，万物有规则。百姓遵循规则，喜爱那优良的品德。'孔子说：'这篇诗的作者真懂道啊！有事物，就会有通则；百姓秉持了这些通则，喜爱优良品德。'"

【评析】

　　本章中公都子转述了关于对告子观点的疑惑，然后向孟子请教。公都子提出了告子的三种说法：一是性无善无不善；二是性可以为善，可以为不善；三是有性善，有性不善。孟子则分析了人皆有恻隐之心、羞恶之心、恭敬之心和是非之心，认为这"四心"分别对应仁、义、礼、智。

　　孟子认为，"人性乃是先天的、内在于人的东西，这种东西就是人的与生俱来的知识与能力。从价值的维度来看，这种东西、这种与生俱来的知识与能力是好的东西、好的知识与能力，因而其价值指向'善'。这里，通过对人性的'良知''良能'的界定，孟子从人性的本质层面确立人性之'善'，这是其高明于他人之处，也是其性善论的独特之处"[①]。实际上，孟子对人性的认知是理想化的，是一种应然的存在，而并非客观的实际存在。20世纪80年代，我国哲学界曾经探讨过"应该"与"是"的关系问题。"应该"是一种理想性存在，而"是"是一种现实的客观存在。在"应该"与"是"的关系中，一方面，"应该"从实际的"是"出发，不能脱离现实；另一方面，"是"也应该不断趋向理想，趋向"应该"。由此出发，我们可以理解孟子关于人性善的思想，

――――――――――

　　① 陆建华：《孟子的人性世界——从人性的本质、内容、根据与价值指向的维度看》，《河南社会科学》2021年第5期。

孟子从人性理想性的"应该"存在出发，来论述人性的善，实际上，人的恻隐之心、羞恶之心、恭敬之心和是非之心都不是先天具有的，而是后天不断培养起来的，肇始于人的先天的心理结构，形成于后天个人的修身养性以及家庭、学校和社会的濡化熏陶和教育，是主客观因素相互作用的结果。由此可见，孟子性善论虽然具有一定的合理性，但也具有不可避免的局限性，因为人性不是固定的常数，而是不断发展变化的变数。

孟子关于"求则得之，舍则失之"的论述，在《孟子·尽心上》中孟子也有论及："求则得之，舍则失之，是求有益于得也，求在我者也。求之有道，得之有命，是求无益于得也，求在外者也。""求则得之，舍则失之"这句话很有启发意义。它阐释了人的主观能动性的重要作用，事在人为，一分耕耘一分收获，不努力，自觉放弃，就得不到想要的东西。

关于"恻隐之心""羞恶之心"，可以参见本书《孟子·公孙丑上》3.6的评析。

11.7　论人的共同性

【原文】

孟子曰："富岁，子弟多赖；凶岁，子弟多暴。非天之降才尔殊也，其所以陷溺其心者然也。今夫麰麦，播种而耰之，其地同，树之时又同，浡然而生，至于日至之时，皆熟矣。虽有不同，则地有肥硗、雨露之养、人事之不齐也。故凡同类者，举相似也，何独至于人而疑之？圣人，与我同类者。故龙子曰：'不知足而为屦，我知其不为蒉也。'屦之相似，天下之足同也。口之于味，有同耆也；易牙先得我口之所耆者也。如使口之于味也，其性与人殊，若犬马之与我不同类也，则天下何耆皆从易牙之于味也？至于味，天下期于易牙，是天下之口相似也。惟耳亦然，至于声，天下期于师旷，是天下之耳相似也。唯目亦然。至于子都，天下莫不知其姣也。不知子都之姣者，无目者也。故曰，口之于味也，有同者焉；耳之于声也，有同听焉；目之于色也，有同美焉。至于心，独无所同然乎？心之所同然者何也？谓理也，义也。圣人先得我心之所同然耳。故理义之悦我心，犹刍豢之悦我口。"

【译文】

孟子说："丰年，年轻人多半懒惰；荒年，年轻人多半暴躁，不是先天素质不同，是由于不好的环境使他们心思变坏了。好比种大麦，播种锄地，土地一样，播种时间一样，就会蓬勃地生长，到了夏至，就都成熟了。即使有不同，也是由于土地肥瘦、雨水多少和农夫勤惰不同的缘故。所以一切同类之物，都大体相同，为什么对人类就怀疑了呢？圣人也是我们的同类。龙子说：'不知道脚而编草鞋，我知道不会编成筐子。'草鞋的相似，是因为天下人的脚大体相同。口对于味道，有相同的嗜好；易牙先了解我的嗜好。假使口对于味道，他的本性和别人不同，而且像狗、马和人的不同类一样，那么，为什么天下的人都效法易牙的口味呢？一讲到口味，天下都期望做到易牙那样，这说明天下人味觉相似。耳朵也这样。一讲到声音，天下都期望做到师旷那样，这说明天下人的听觉相似。眼睛也这样。一讲到子都，天下没有人不知道他英俊。不认为子都英俊的，那是盲人。所以说，口对于味道，有相同的嗜觉；耳对于声音，有相同的听觉；眼睛对于容色，有相同的美感。谈到心，就偏没有相同的地方吗？心相同的地方是什么呢？是理，是义。圣人早就知道我们内心相同的理义。所以理义使我的心高兴，犹如猪狗牛羊肉合乎我的口味一般。"

【评析】

孟子这一章从"故凡同类者，举相似也"出发，认为人和人都是同类，因此人与人都大体相同。由人的共同性出发，他分析了丰年和凶年对人心的影响，但认为人心的变化是受到丰年或凶年的影响；他还以种大麦为例，说明播种锄地，土地一样，播种时间一样，大麦就会蓬勃生长，到夏至都成熟。即使有不同，也是因为土地肥瘦、雨水多少和农夫勤惰不同的缘故。他还引用龙子所说的编制草鞋为例，说明即使不知道脚的尺寸，也不会把草鞋编织成筐子，因为人们的脚也是相似的。

孟子进而以易牙和师旷为例，说明人的口味和听觉的相似性。他认为："口之于味也，有同耆焉；耳之于声也，有同听焉；目之于色也，有同美焉。"孟子这段话充分肯定了人类的相似性和共同性，对后世产生了重要影响。"孟子的人性论是统一的、普遍的一元论，董仲舒则是取中民之性为性，以部分人之性释读孟子的全体人之性，这是有意的误读。"①从人类学的角度来看，古往今来无论什么民族，大凡人类，总是具有很大程度的共同性，大致相同的生理感官和物质需求，乃至大致相同的精神需求。

我们肯定孟子这一思想的合理性，同时也要看到其局限性。人类虽然具有相似性和共同性，但由于受到后天地理环境和社会环境诸多因素的复杂影响，人性之间也存在很大的差异性。

因此，孟子在研究人的共同性问题上，客观上被自己的性善论所束缚，没有看到人性的复杂性和易变性，这也是需要我们注意的。

11.8 旦旦而伐之，可以为美乎

【原文】

孟子曰："牛山之木尝美矣。以其郊于大国也，斧斤伐之，可以为美乎？是其日夜之所息，雨露之所润，非无萌蘖之生焉，牛羊又从而牧之，是以若彼濯濯也。人见其濯濯也，以为未尝有材焉。此岂山之性也哉？虽存乎人者，岂无仁义之心哉？其所以放其良心者，亦犹斧斤之于木也。旦旦而伐之，可以为美乎？其日夜之所息，平旦之气，其好恶与人相近也者几希；则其旦昼之所为，有梏亡之矣。梏之反复，则其夜气不足以存；夜气不足以存，则其违禽兽不远矣。人见其禽兽也，而以为未尝有才焉者，是岂人之情也哉？故苟得其养，无物不长；苟失其养，无物不消。孔子曰：'操则存，舍则亡；出入无时，莫知其乡。'惟心之谓与？"

---

① 甘祥满：《论董仲舒对孟子性善说的误读》，《船山学刊》2021年第6期。

【译文】

孟子说："牛山的树木曾经很茂盛。因为它邻近大国，用斧子锛子不断砍伐，还能够茂盛吗？当然，草木生生不息，雨水露珠滋润着，不是没有嫩芽生长出来，但紧跟着就放羊牧牛，所以变成光秃秃的山了。人们看见山秃秃的，就以为这山不曾有过大树木，这难道是山的本性吗？在某些人身上，难道没有仁义之心吗？他之所以丧失良心，犹如斧子对于树木一般，天天去砍伐它，能够茂盛吗？他在白天黑夜里发出来的善心，他在天刚亮时呼吸到的清明之气，他心里的好恶跟一般人相近的，本来就很少，他白天的所作所为又把善性摧残了。反复地摧残，他夜里产生出的善念自然不能存在；夜里产生出的善念不能存在，就与禽兽差不多了。别人看到他简直是禽兽，就以为他不曾有过善良的本性。这难道是这些人的本性吗？所以，如果得到滋养，没有东西不生长；失掉滋养，没有东西不消亡。孔子说过：'抓紧它就有，放弃就没有；出进不定时，没人知其趋向。'这是指人心而说的吧？"

【评析】

孟子这一章以砍伐牛山的树木为例，说明牛山秃现象并非牛山的本性，而是人乱砍滥伐造成的；人之所以失去良心，则在于经常受到坏的影响，是"放其良心"。

关于"放其良心"的问题，孟子虽然看到了环境对人的重大影响，认为人丢失了善性，这实际上仍然是他对性善论的证明。"性善的根据完全在于心善，因为心善所以性善。孟子只以良心本心论性善的奥妙就在这里，掌握了这个奥妙也就掌握了性善论的核心。"[①] 其实，从人的本性来看，客观上并不存在性善性恶的问题，所谓性善或性恶都是后天主客观因素相互作用的结果，一个人所谓变坏，并非是他丢失了善性，不是孟子所说的"放其良心"。孟子强调人性的养护，否则就会被人视为禽

---

① 复旦大学哲学系中国哲学史教研室编：《中国古代哲学史》上卷，上海古籍出版社2006 年版，第 57 页。

兽,这是对一些人性堕落者的警告。

另外,孟子这一章认为砍伐牛山树木破坏了牛山的美,这也是中国古代生态保护思想的一种萌芽,甚至说是生态美学和生态伦理学思想的萌芽。在孟子看来,"人类向自然界索取一切生活资源是不可避免的,但是,进行过度的、无节制的掠夺则是不允许的。因为这不仅破坏了人与自然界的生命和谐,而且与人的本性不相符合"①。孟子这里注意到乱砍滥伐违背山的本性,这对于人类尊重自然规律,也富有积极意义。

11.9 一曝十寒与专心致志

【原文】

孟子曰:"无或乎王之不智也。虽有天下易生之物也,一日暴之,十日寒之,未有能生者也。吾见亦罕矣,吾退而寒之者至矣,吾如有萌焉何哉? 今夫弈之为数,小数也,不专心致志,则不得也。弈秋,通国之善弈者也。使弈秋诲二人弈,其一人专心致志,惟弈秋之为听;一人虽听之,一心以为有鸿鹄将至,思援弓缴而射之,虽与之俱学,弗若之矣。为是其智弗若与? 曰:非然也。"

【译文】

孟子说:"不要对齐王的不明智感到奇怪。即使有最容易成长的植物,曝晒一天,冷冻十天,没有能够活着的。我和齐王相见的次数很少,我每次回去后,来'冷'王的就接踵而至了,我对于齐王善良之心的萌芽能发挥什么作用呢? 下棋是个小技艺,但如果不专心致志,也不能学好。弈秋下棋,全国第一。让他教两个人下棋,其中一个人专心致志,只听弈秋的话;另一个人虽然也听着弈秋说话,心里却老想着有只天鹅快要飞来,想拿弓箭去射它。这样,即使和前一个人一起学习,成绩一定不如前一个人。因为他的才智不如人家吗? 当然不是这样的。"

---

① 孟培元:《孟子》,北京大学出版社 2019 年版,第 143 页。

【评析】

孟子说明植物一曝十寒就不能生长，以此来说明齐王对于治理国家也是一曝十寒。齐王平时接触贤良少，孟子虽然能够见到齐王，但见面次数比较少，给齐王的正能量也比较少；小人接触齐王次数多，就容易经常给齐王一些负能量。在齐王接受外在的信息中，孟子所给与齐王的是"一曝"，而小人给齐王的则是"十寒"，所以，"一曝"的影响很难战胜"十寒"的影响。

孟子这一章对"专心致志"作了非常形象的比喻。两个人学习下棋，一个专心致志，心无旁骛；另一个三心二意，心有旁骛。其结果不言而喻。

本章包含两个成语："一曝十寒""专心致志"。

11.10 舍鱼取熊掌与舍生取义

【原文】

孟子曰："鱼，我所欲也；熊掌，亦我所欲也。二者不可得兼，舍鱼而取熊掌者也。生，亦我所欲也；义，亦我所欲也。二者不可得兼，舍生而取义者也。生亦我所欲，所欲有甚于生者，故不为苟得也；死亦我所恶，所恶有甚于死者，故患有所不辟也。如使人之所欲莫甚于生，则凡可以得生者，何不用也？使人之所恶莫甚于死者，则凡可以辟患者，何不为也？由是则生而有不用也，由是则可以辟患而有不为也。是故所欲有甚于生者，所恶有甚于死者。非独贤者有是心也，人皆有之，贤者能勿丧耳。一箪食，一豆羹，得之则生，弗得则死，嘑尔而与之，行道之人弗受；蹴尔而与之，乞人不屑也。万钟则不辨礼义而受之，万钟于我何加焉？为宫室之美、妻妾之奉、所识穷乏者得我与？乡为身死而不受，今为宫室之美为之；乡为身死而不受，今为妻妾之奉为之；乡为身死而不受，今为所识穷乏者得我而为之。是亦不可以已乎？此之谓失其本心。"

【译文】

孟子说:"鱼,是我想要的;熊掌,也是我想要的。如果两者不能都要,就弃鱼而要熊掌。生命,是我想要的;道义,也是我想要的。如果两者不能都要,就弃生命而追求道义。生命是我想要的,但还有比生命更宝贵的,所以我不能苟且偷生;死亡是我所厌恶的,但还有比死亡更讨厌的,所以有的祸患我不逃避。如果人们想要的没有比生命更宝贵的,那么,一切可以求生的手段就会无所不用其极。如果人们所厌恶的没有比死亡更讨厌的,那么,一切可以免除祸患的东西,也会无所不用其极。有的能够生存,却不去做;有的能够免除祸患,却不去避免。因此,可知有比生命更珍贵的东西,也有比死亡更令人厌恶的东西。这种观念不只贤人有,而是人人都有,不过贤人能保持罢了。一筐饭,一碗汤,得到就能活下去,得不到就死,吆喝着给他,路过的饥民也不会接受;脚踢给他,乞丐也不屑于接受。万钟的俸禄不管是否合于礼义而接受,对我有什么好处呢?是为了住宅的华美、妻妾的侍奉和所认识的贫苦人感恩戴德吗?过去即使死也不愿接受,今天为了华美的住宅而接受了;过去即使死也不愿接受,今天为了妻妾的侍奉而接受了;过去即使死也不愿接受,今天为了所认识的贫苦人感恩戴德而接受了。这些难道不可以停止吗?这就是忘了初心。"

【评析】

孟子这段话内涵非常丰富深刻,对后世产生了重要影响。人生在世,都有各种各样的欲望、希望、想法等,经常会在利益面前遇到如何取舍的问题。

关于鱼和熊掌的关系——抓大放小。孟子认为,当二者利益不可得兼时,尽管二者都是人们希望得到的,但应该抓大放小,舍鱼而取熊掌,学会放弃眼前小利,追求利益最大化。孟子关于鱼与熊掌的关系,与《论语·子路》中孔子所说的"无欲速,勿见小利;欲速则不达,见小利则大事不成"有密切的相关性。由此出发,我们应该从整体角度思考问题,不能局限于眼前一点蝇头小利,抓了芝麻,漏了西瓜。

关于生命与道义的关系——舍生取义。生命每个人只有一次,都希望健康活着，而道义也是一个人应该具有的内在品格和价值追求。但是在特殊情境下，生命与道义之间发生矛盾时，是舍生取义，还是求生舍义，这就严峻地摆在人们面前。

孟子关于舍生取义的观点其实已经为我们做出回答。孟子认为，做人不能"失其本心"，道义与人格胜过人的肉体生命，人不能为了苟且偷生，违反道义和人格。

成语"鱼与熊掌""舍生取义"都出于这一章。

11.11 学问之道，求其放心而已

【原文】

孟子曰："仁，人心也；义，人路也。舍其路而弗由，放其心而不知求，哀哉！人有鸡犬放，则知求之；有放心而不知求。学问之道无他，求其放心而已矣。"

【译文】

孟子说："仁是人的心，义是人的路。放弃了正路不走，丢失了良心不知道找回，可悲啊！人有鸡和狗走失了，知道要找回；有良心丢失了，却不知道找回。学问之道没有别的，就是把那丢失的良心找回来罢了。"

【评析】

儒家认为，仁者，就是爱人。孟子认为，仁就是人心，义是人走的路，即人生之路。在仁与义的关系上，内心的仁要通过外在的义之路才能实现。

孟子把人心限定在善良的道德范围内，认为人人具有此种善良本心。"良心"是孟子性善论的核心概念，"对这个概念的把握程度直接影响到对孟子的理解深度"[①]。焦循《孟子正义》卷二十二："人有所知，异于

[①] 杨泽波：《我们应该以什么方法解读孟子之良心》，《哲学探索》总第2辑。

草木，且人有所知而能变通，异乎禽兽，故顺其能变者而变通之，即能仁义也。"在孟子看来，每个人都有良心本心。一个人"如果为了个人利益而'失其本心'，那就简直就不再属于人类。这样的人就是与禽兽没有什么区别的毫无精神境界的人"①。孟子认为一些人不走正路，丢失了鸡犬知道找回，而丢失了善心却不知道找回。孟子认为学问之道就在于不失本心，即"求其放心而已矣"。

"求其放心而已矣"对于我们现在的素质教育很有启发。在素质与能力的关系上，虽然二者并重，但从逻辑关系和根本上来说，素质比能力还重要。一个人即使有某种能力，但如果素质不好，再高超的能力也很难实现社会效益；但如果一个人素质很高，其能力就会得到相应的发展。

11.12 指不若人与心不若人

【原文】

孟子曰："今有无名之指屈而不信，非疾痛害事也。如有能信之者，则不远秦楚之路，为指之不若人也。指不若人，则知恶之；心不若人，则不知恶。此之谓不知类也。"

【译文】

孟子说："现在有个人的无名指弯曲不能伸直，不痛也不妨碍做事。如果有人能让它伸直，就不惜跑去秦国楚国，因为指头不如别人。指头不如别人，就知道厌恶；心性不如别人，却不知道厌恶。这就是不知事理。"

【评析】

这一章分析指不若人与心不若人两种情况下的不同选择，仍然是谈

---

① 李振刚：《中国古代哲学史论》，中国社会科学出版社 2004 年版，第 63 页。

修心的重要性。一个无名指虽然弯曲，但既不疼痛，也不影响做事，但知道指头不如别人，如果知道有人能够治好，不惜千里迢迢奔赴秦国或楚国；相反，一个人虽然心性不如别人，却不知道不如别人。孟子认为，这就是不知事理，也就是不知道触类旁通，不知道轻重。管子说："人者身之本也，身者治之本也，"① 所以孟子强调修心，正是看到了心性对于人的重要性。

11.13 树木与树人

【原文】

孟子曰："拱把之桐梓，人苟欲生之，皆知所以养之者。至于身，而不知所以养之者，岂爱身不若桐梓哉？弗思甚也！"

【译文】

孟子说："两手合围粗的桐树梓树，人想让它苗壮成长，都知道培养的方法。至于人本身，却不知道培养方法，难道爱自己还赶不上爱桐树梓树吗？真是太不用心了！"

【评析】

孟子这段话提出了树木与树人谁重要的问题。他认为，人们可以掌握培养桐树和梓树的方法，却忽略对自己的培养方法，这简直就是不动脑子。《管子·权修》："一年之计，莫如树谷；十年之计，莫如树木；终身之计，莫如树人。一树一获者，谷也；一树十获者，木也；一树百获者，人也。我苟种之，如神用之，举事如神，唯王之门。"② 由此可见，树木固然重要，但树人更重要。这在中国古代的主流价值观中，已经达成基本的共识，所谓"十年树木，百年数人"，至今仍然得到教育界和家长们的普遍认可。

---

① 孙中原：《管子解读》，中国人民大学出版社 2015 年版，第 164 页。
② 孙中原：《管子解读》，中国人民大学出版社 2015 年版，第 165 页。

11.14 无以小害大，无以贱害贵

【原文】

孟子曰："人之于身也，兼所爱。兼所爱，则兼所养也。无尺寸之肤不爱焉，则无尺寸之肤不养也。所以考其善不善者，岂有他哉？于己取之而已矣。体有贵贱，有小大。无以小害大，无以贱害贵。养其小者为小人，养其大者为大人。今有场师，舍其梧槚，养其樲棘，则为贱场师焉。养其一指而失其肩背，而不知也，则为狼疾人也。饮食之人，则人贱之矣，为其养小以失大也。饮食之人，无有失也，则口腹岂适为尺寸之肤哉？"

【译文】

孟子说："人对自己的身体，哪部分都爱。哪部分都爱，就都要保养。没有一点皮肤不珍惜，没有一点皮肤不保养。考察他保养得好与不好，难道还有别的吗？只是看他注重身体哪一部分而已。身体的构成有重要和次要之分，有小大之分。不能以小害大，以次要的损害重要的。保养小的就是小人，保养大的就是君子。现在有个园艺师，放弃梧桐楸树，培养酸枣，就是个很糟的园艺师。如果有人只保养他的一根手指，却丢失了肩头背脊，自己还不知道，就是糊涂人了。只知道吃喝的人，人们轻视他，因为他因小失大。知道吃喝但没有忽视心志培养，那么，吃喝难道只是为了口腹之需吗？"

【评析】

孟子这段话中以爱护身体为例，说明人的身体各部分对于人的生命而言，虽然都是不可或缺的，但客观上有重要与次要之分，也有小大之分。比如，我们的大脑和心脏是身体最重要的组成部分，而一点皮肤则不是太重要。按照孟子的观点，就是要求不能忽略重要的和大的，而去追求次要的和小的，即"无以小害大，无以贱害贵"。一个人如果以小害大，以贱害贵，就是一个糊涂人。孔子曰："无欲速，无见小利；欲速

则不达，见小利则大事不成。"人生在世，如果把主要时间和精力用于追求一些不太重要的事物，或者只知道吃吃喝喝，就会成为庸人；只有善于抓住重要事物，抓大放小的人，才能成为君子，即"养其小者为小人，养其大者为大人"。

11.15　心之官则思

【原文】

公都子问曰："钧是人也，或为大人，或为小人，何也？"

孟子曰："从其大体为大人，从其小体为小人。"

曰："钧是人也，或从其大体，或从其小体，何也？"

曰："耳目之官不思，而蔽于物。物交物，则引之而已矣。心之官则思，思则得之，不思则不得也。此天之所与我者。先立乎其大者，则其小者不能夺也。此为大人而已矣。"

【译文】

公都子问："同样是人，有些是君子，有些是小人，为什么呢？"

孟子说："取法身体重要部分的是君子，顺从身体次要部分的是小人。"

公都子问："同样是人，有人取法身体的重要部分，有人顺从次要部分，这是为什么呢？"

孟子说："耳朵眼睛不会思考，因此被外物所蒙蔽。一接触外物，就引向迷途了。心这个器官是用于思考的，一思考就可以认识事物，不思考就不能认识事物。心是上天给我们的。先确立心的重要地位，次要的器官就不能喧宾夺主了。这就是成为君子的原因。"

【评析】

这一章与上一章联系密切，可以联系起来理解。本章中公都子所问，大家都是人，为什么有的成为君子，有的成为小人？这个问题现在仍然具有思考的价值。在当今社会，为什么有人德才兼备，有人碌碌无为？孟子通过回答公都子，说明人追求事物的价值观不同，决定人生最终的发展趋向，即"从其大体为大人，从其小体为小人"。

从价值论的角度来看，一个人追求什么，就会在哪一个方面投入大量的时间和精力。因此，按照孟子的说法，人的耳朵和眼睛不会思考，就容易被外物所蒙蔽，只有心才具有思考的能力，所以，人运用心来思考，就会正确认识事物；不用心来思考，就不能认识事物。"孟子说明生命整体时，包含有形可见、充满变化的身体，以及能够思考的心。身体由气充满，而心是气的统帅。孟子谈人的生命整体，核心在于'心'，由此可见孟子论自我的观念是围绕着'心'展开。"① 胡炳文认为："心者，人之神明，所以具众理而应万事者也。性则心之所具之理，而天又理之所从以出者也。人有是心，莫非全体，然不穷理，则有所蔽而无以尽乎此心之量。"② 孟子认为，我们要珍惜心这个器官，确立心在人身体中的重要地位，不能让身体的其他部分喧宾夺主，只有这样，人才能成为君子。

成语"心之官则思"出于这一章。

11.16　天爵与人爵

【原文】

孟子曰："有天爵者，有人爵者。仁义忠信，乐善不倦，此天爵也；公卿大夫，此人爵也。古之人修其天爵，而人爵从之；今之人修其天爵，以要人爵。既得人爵，而弃其天爵，则惑之甚者也，终亦必亡而已矣。"

【译文】

孟子说："有上天赐予的爵位，有世俗认可的爵位。仁义忠信，好善不疲，这是上天赐予的爵位；公卿大夫，这是世俗认可的爵位。古代的

---

① 许咏晴：《孟子哲学中的自我与自由》，《诸子学刊》2020 年第 1 期。
② 胡炳文：《孟子通》，华东师范大学出版社 2020 年版，第 403 页。

人修养上天赐予的爵位，世俗认可的爵位如影随形；现在的人修养上天赐予的爵位，为的是追求世俗认可的爵位。如果得到世俗认可的爵位，就放弃上天赐予的爵位，这是糊涂透顶了，最终连世俗认可的爵位也会丢掉的。"

【评析】

　　孟子把仁义忠信和乐善不倦视为人先天就具有的善心，这是上天赐给人们的，所以称为"天爵"；一个人追求功名利禄，当上了公卿大夫，这是世俗之爵。孟子认为，仁义忠信是上天赐予的爵位，也是天赐的良心，类似康德所说的"先天的道德律令"。有学者认为："保罗·布鲁姆运用实验心理学，断定婴儿的反应确实带有成人道德判断的某些标志性特征，从而证实了'人天然具有道德感'的假设，而这与孟子的人性观是完全吻合的。孟子和现代心理学家都从各自的角度揭示了人性中存在善的基因。"① 孟子认为古人很重视修身养性，追求仁义忠信，乐善好施。在这种情况下，人爵就不知不觉地就获得了，如同孔子所言"君子谋道不谋食"一样。

　　孟子批评了当时一些人恰恰相反的做法，"修其天爵，以要人爵；既得人爵，而弃其天爵，则惑之甚者也，终亦必亡而已矣"。这些"今之人"本末倒置，把修其天爵视为追求人爵的手段，达到人爵目的以后，马上放弃天爵。孟子认为这样做是糊涂透顶，最终也必然失去人爵。

11.17　欲贵者，人之同心

【原文】

　　孟子曰："欲贵者，人之同心也。人人有贵于己者，弗思耳矣。人之所贵者，非良贵也。赵孟之所贵，赵孟能贱之。《诗》云：'既醉以酒，既饱以德。'言饱乎仁义也，所以不愿人之膏粱之味也；令闻广誉施于

---

　　① 刘笑敢：《取向、入径与科学启示：孟子人性论研究的再思考》，《齐鲁学刊》2020年第5期。

身，所以不愿人之文绣也。"

【译文】

孟子说："希望尊贵，是人们的共同心理。每个人都有自认为宝贵的东西，只是不去想它罢了。别人所认为宝贵的，不一定真的宝贵。赵孟当成宝贵的，赵孟也能剥夺去。《诗经·大雅·既醉》说：'喝足美酒，饱尝美德。'说的是仁义满身，也就不羡慕别人的肥肉精米了；自己有了美名，也就不羡慕别人的花团锦簇了。"

【评析】

孟子认为，人人都具有希望富贵的欲望，但对于富贵的理解却因人而异，"人人有贵于己者"。但实际上，别人所认为宝贵的，不一定是真的宝贵。从价值观的角度来看，每个人都有自己的价值观，因而对富贵也会有不同理解。孟子引用《诗经》的诗歌，这是表示人生在世，在满足物质需求的同时，又具有美德的充盈，就不会羡慕别人的富贵了。

本章中的赵孟是指晋国正卿赵盾，字孟，时人尊称其赵孟或宣孟。晋国卿大夫，赵衰之子，杰出的政治家、战略指挥家。

11.18　爱仁不能杯水车薪

【原文】

孟子曰："仁之胜不仁也，犹水胜火。今之为仁者，犹以一杯水救一车薪之火也；不熄，则谓之水不胜火，此又与于不仁之甚者，亦终必亡而已矣。"

【译文】

孟子说："仁胜过不仁，犹如水灭火。现在行仁的人，犹如一杯水灭一车木柴的火；灭不了火，就说水不能扑灭火，这些人等于又和那很不仁的人一样了，最终必然都会消亡的。"

【评析】

在社会发展史上，按照一般规律，真善美一定能够战胜假恶丑。同理可见，从追求仁的角度来看，人生在世，追求仁就一定能够战胜不仁。但是，孟子注意到了一种现象，有的人虽然追求仁，但追求的太微不足道了，如果爱的仁不多，而追求不仁则比较多一些，那么爱的仁也会因微不足道，不能使这个人成为君子。孟子用了杯水车薪来说明这个问题，杯水犹如爱的仁太少，而车薪之火犹如爱的不仁，很显然，杯水之仁根本不可能浇灭车薪之火，但这并非杯水无能，而是杯水太少。孟子进而推论，如果坚持这么认为的人，就是不爱仁而追求不仁的小人，这样的人即使得到的人爵，最终也会失去。

成语"杯水车薪"出于这一章。

11.19　仁亦在乎熟之

【原文】

孟子曰："五谷者，种之美者也；苟为不熟，不如荑稗。夫仁，亦在乎熟之而已矣。"

【译文】

孟子说："五谷是种子中的精品，如果不成熟，就不如稊米和稗子。仁，也在于使它成熟罢了。"

【评析】

孟子这里说的五谷不熟，还不如稊米和稗子，确实如此。五谷虽美，但如果不成熟，还不如成熟的稊米和稗子。道理很简单，五谷不熟是因为它的生长期还没有完成，还没有实现康德所说的"客观的符合目的性"，而稊米和稗子虽然本身比不上五谷，但因为它们已经成熟，已经实现了"客观的符合目的性"，理所当然可以超过五谷。孟子的意思是说，应该让仁多起来，成熟起来，才能符合仁的目的。既然"夫仁，亦在乎熟之而已矣"，那么，对仁的追求，也就是促使五谷的成熟，这也意味着是对"客观的符合目的性"的追求。

11.20 后羿与大匠率先垂范

【原文】

孟子曰："羿之教人射必志于彀，学者亦必志于彀；大匠诲人必以规矩，学者亦必以规矩。"

【译文】

孟子说："羿教人射箭一定拉满弓，学习的人也一定要拉满弓；优秀木匠教徒一定要讲规矩，学习的人也一定要讲规矩。"

【评析】

孟子以讲授射箭和学习木匠为例，说明人才培养过程中老师的自我框定与率先垂范。人才培养一定要遵循人才培养的正确方法，为师者应该态度认真，一丝不苟，严格遵循规则，所谓无规矩不成方圆。只有老师认真，才能引导学生认真学习；教师教书育人，理应率先垂范，引领学生认识和遵循学术规范等。

第十二章

告子下译评

【本章引语】

《告子下》共16节。

12.1：孟子反对不揣其本而齐其末，要求分清孰轻孰重，不能因小失大。

12.2：孟子阐释"人皆可以为尧舜"。"尧舜之道，孝弟而已矣。子服尧之服，诵尧之言，行尧之行，是尧而已矣"。

12.3：孟子认为亲亲为仁，孝是对父母的真诚依恋。

12.4：孟子认为，仁义以相接，何必曰利。孟子阐明以仁义进行交流合作的重要性。

12.5：孟子认为，人际交往是否需要回访，关键是看对方是否真情实意。

12.6：孟子分析了用贤而霸，不用贤则亡的规律。孟子离开齐国时的心情。

12.7：孟子赞扬"养老尊贤，俊杰在位"。孟子对齐桓公订立的盟约内容进行分析，"尊贤育才，以彰有德"。

12.8：孟子提出君子事君，务引其君以当道，即臣子要引导君主走正道，要"志于仁"。

12.9：孟子从不同的时代维度，站在仁的角度出发，对"良臣"与"民贼"进行了辩证分析。

12.10：关于税收标准，孟子认为十分之一的税率比较合适，反对税收比例太轻和太重。

12.11：禹以四海为壑，而不是白圭治水"以邻国为壑"。

12.12：孟子认为，诚信是君子重要的操守。

12.13：孟子为弟子乐正子主持政务感到高兴，认为好善优于天下。

12.14：孟子对君子何如则仕，分析了三种情况。

12.15：孟子认为，生于忧患而死于安乐。这一章揭示了"天将降大任于斯人也，必先苦其心志，劳其筋骨，饿其体肤，空乏其身，行拂乱其所为，所以动心忍性，曾益其所不能"的基本规律。

12.16：孟子提出"教亦多术"的观点。

12.1 反对不揣其本而齐其末

【原文】

任人有问屋庐子曰："礼与食孰重？"

曰："礼重。"

"色与礼孰重？"

曰："礼重。"

曰："以礼食，则饥而死；不以礼食，则得食，必以礼乎？亲迎则不得妻，不亲迎则得妻，必亲迎乎？"

屋庐子不能对，明日之邹以告孟子。

孟子曰："于答是也，何有？不揣其本，而齐其末，方寸之木，可使高于岑楼。金重于羽者，岂谓一钩金与一舆羽之谓哉？取食之重者与礼之轻者而比之，奚翅食重？取色之重者与礼之轻者而比之，奚翅色重？往应之曰：'紾兄之臂而夺之食，则得食；不紾，则不得食，则将紾之乎？逾东家墙而搂其处子，则得妻；不搂，则不得妻，则将搂之乎？'"

【译文】

有一位任国人问屋庐子说："礼和食哪个重要？"

屋庐子说："礼重要。"

任人问："女色和礼哪个重要？"

屋庐子说："礼重要。"

任人问："如果守礼法找食物，会饿死；不守礼法找食物，能找到吃的，那一定要守礼法吗？如果行迎亲礼，得不到妻子；不行迎亲礼，能得到妻子，那一定要行迎亲礼吗？"

屋庐子答不上来，第二天去邹国告诉孟子。

孟子说："回答这个有什么难呢？如果不考虑事物的根本，而舍本逐末，方寸之木可以让它高于尖角高楼。金子比羽毛重，难道说的是一小块金子比一大车羽毛重吗？拿决定生死的食物与礼的细枝末节比较，哪能比得上食物更重要？拿决定能否娶妻的大事与礼的细枝末节来比较，哪能比得上女色更重要？你回去这样回答他吧：'扭断哥哥的胳膊，去抢夺他的食物，就能得到食物；不去扭断，就得不到食物，还会去扭断吗？爬过东邻的墙去搂抱处女，能得到老婆；不去搂抱，不能得到老婆，还会去搂抱吗？'"

【评析】

屋庐子，孟子弟子。有个任国人向屋庐子问话，屋庐子回答不出来，然后向孟子请教，孟子解答了屋庐子的疑惑。理解这段对话，可以参照《离娄上》第7.17，孟子关于男女授受不亲的阐释。

在《离娄上》中，淳于髡问孟子："男女授受不亲，礼与？"孟子曰："礼也。"淳于髡又问："嫂溺，则援之以手乎？"孟子回答说："嫂溺不援，是豺狼也。男女授受不亲，礼也；嫂溺援之以手者，权也。"由此可见，儒家并非墨守成规，而是在尊重礼仪的基础上，可以根据实际需要，采取灵活方式。本章也集中阐释如何对待礼的权变问题。

在这段对话中，是否有食物，如果决定是否能够生存，那么，就不能顾及所谓的礼仪，因为生存需要是第一位的，所以可以违背礼的规定；在娶亲和礼之间，娶亲比礼还重要，所以，也不能拘泥于是否行迎亲礼。但是，如果为了得到哥哥的食物，就去扭断哥哥的胳膊，孟子认为这是不应该的。孟子在这段对话中，反对不揣其本而齐其末，一方面强调礼的规范性；另一方面也强调遵守礼的灵活性，不能因小失大，要具体问题具体分析，实事求是。

12.2 人皆可以为尧舜

【原文】

曹交问曰："人皆可以为尧舜，有诸？"

孟子曰："然。"

"交闻文王十尺，汤九尺，今交九尺四寸以长，食粟而已，如何则可？"

曰："奚有于是？亦为之而已矣。有人于此，力不能胜一匹雏，则为无力人矣；今日举百钧，则为有力人矣。然则举乌获之任，是亦为乌获而已矣。夫人岂以不胜为患哉？弗为耳。徐行后长者谓之弟，疾行先长者谓之不弟。夫徐行者，岂人所不能哉？所不为也。尧舜之道，孝弟而已矣。子服尧之服，诵尧之言，行尧之行，是尧而已矣。子服桀之服，诵桀之言，行桀之行，是桀而已矣。"

曰："交得见于邹君，可以假馆，愿留而受业于门。"

曰："夫道若大路然，岂难知哉？人病不求耳。子归而求之，有余师。"

【译文】

曹交问："人人都可以做尧舜，有这说法吗？"

孟子说："有的。"

曹交问："我听说文王十尺高，汤九尺高，如今我有九尺四寸多高，只会吃饭罢了，要怎样做才好呢？"

孟子说："怎么有这种想法呢？只要努力做就行了。这里有个人，力气拿不起来一只小鸡，就是没有力量的人了；现在能举起三千斤，就是很有力气的人了。那么，举得起乌获所举的重量，也就是乌获了。一个人怎能以不胜任就忧愁呢？只是不去做罢了。慢走在长者之后叫'悌'；快走在长者之前叫'不悌'。慢点儿走，难道是人做不到的吗？是不做啊！尧舜之道，不过是'孝'和'悌'而已。你穿尧的衣服，说尧的话，做尧做的事，这就是尧了。你穿桀的衣服，说桀的话，做桀做的事，这就是桀了。"

曹交说："我准备去谒见邹君，借个地方住，情愿在您门下学习。"

孟子说："道就像大路一样，难道难于认清吗？怕人不去探求罢了。你回去自己探求吧，到处有老师。"

【评析】

对于"人皆可以为尧舜"的说法，孟子通过举例进行了分析。孟子认为，是否能够成为尧舜，关键是看个人是否努力学习，只要"服尧之服，诵尧之言，行尧之行，是尧而已矣"。相反，"服桀之服，诵桀之言，行桀之行，是桀而已矣"。

孟子对于"人皆可以为尧舜"的说法，"他不是指人人都天生就是一个圣人，或者说人会自然而然地成为一个圣人，而只是说人人都有成圣的潜质"[1]。从人才开发的角度来看，每个人都有成为尧舜的可能性，但可能性并不等于现实性。但从崇高理想促进人才开发的理论来看，我们如果学习尧舜的人生理想，就有利于激发生命潜能。因此，孟子启示我们，"尧舜之道，孝弟而已"，要抓住尧舜最根本的内涵修身养性。

对于孟子所说的"服尧之服，诵尧之言，行尧之行"，理解时不能拘泥于字眼。这里说的"服、诵、行"，不是教条式的学习，而是重在内容。尧的服装是朴素的，语言是合乎礼仪的，行为是善良的。我们如果久而久之学习以尧为典范，就在潜移默化、不知不觉中提升了我们的修养。

另外，赵岐认为本章中的曹交是曹君之弟，但曹国灭于公元前487年，而孟子约公元前372年才出生，故此笔者这里存疑。本章中曹交遇到大贤孟子，就要借住下来，拜孟子为师，这种尊师的好学精神颇值得我们学习。

---

[1] 朱小明：《孟子与保罗的对话》，孔学堂书局2016年版，第207页。

12.3 亲亲为仁

【原文】

公孙丑问曰："高子曰，《小弁》，小人之诗也。"

孟子曰："何以言之？"

曰："怨。"

曰："固哉，高叟之为诗也！有人于此，越人关弓而射之，则己谈笑而道之；无他，疏之也。其兄关弓而射之，则己垂涕泣而道之；无他，戚之也。《小弁》之怨，亲亲也。亲亲，仁也。固矣夫，高叟之为诗也！"

曰："《凯风》何以不怨？"

曰："《凯风》，亲之过小者也；《小弁》，亲之过大者也。亲之过大而不怨，是愈疏也；亲之过小而怨，是不可矶也。愈疏，不孝也；不可矶，亦不孝也。孔子曰：'舜其至孝矣，五十而慕。'"

【译文】

公孙丑问："高子说，《小弁》是小人写的诗。"

孟子说："为什么这样说？"

公孙丑说："内容哀怨。"

孟子说："太鄙陋了，高老先生这样理解诗！这里有个人，越国人张弓射他，事后他可以谈笑风生地讲述这事；没有别的，只是因为越国人和他关系疏远。他哥哥张弓射他，事后他会一把鼻涕一把泪地讲述这事；没有别的，为此伤心。《诗经·小雅·小弁》的哀怨是热爱亲人的表现，热爱亲人，就是仁。太鄙陋了吧，高老先生这样理解诗！"

公孙丑问："《诗经·邶风·凯风》为什么不哀怨呢？"

孟子说："《诗经·邶风·凯风》这首诗，是由于母亲有小过失；《诗经·小雅·小弁》这首诗，却是由于父亲有大过失。父母的过失大，而不抱怨，那是更疏远父母；父母的过错小而抱怨，这是不应该动怒。

疏远父母是不孝，对父母发怒也是不孝。孔子说：'舜是最孝顺的人了，五十岁还依恋父母。'"

【评析】

孟子通过对《诗经》中的《诗经·小雅·小弁》和《诗经·邶风·凯风》的对比，认为诗歌表达思想感情时应该如何表达哀怨之情的问题。

《诗经·小雅·小弁》是作者表达对作为父亲的周幽王的不满和哀怨之情，因为周幽王听信谗言，诗人遭到父亲的放逐。《毛诗序》说："《小弁》，刺幽王也，太子之傅作焉。"孟子认为，周幽王放逐儿子，是一个大错误，所以作为儿子的诗人在诗歌中表达哀怨之情，是合情合理的，也是仁的表现；对于《诗经·邶风·凯风》，后世理解不一致，现代学者一般认为《诗经·邶风·凯风》是一首儿子歌颂母亲并自责的诗。其大致情景是，诗人在夏日感受到温暖的南风的吹拂，看到枣树在吹拂中发芽生长，联想到母亲养育儿女的辛劳，触景生情，写下了这首诗。

孟子在这段对话中说明写诗与表现仁的关系，认为诗歌在表达亲情时，如果父母犯了大错，儿子在诗歌中表达哀怨之情，是可以理解的，而且也是仁的表现；如果父母没有大错，儿子在诗歌中不一定表现哀怨之情。

12.4　仁义相接，何必曰利

【原文】

宋牼将之楚，孟子遇于石丘，曰："先生将何之？"

曰："吾闻秦、楚构兵，我将见楚王说而罢之。楚王不悦，我将见秦王说而罢之。二王我将有所遇焉。"

曰："轲也请无问其详，愿闻其指。说之将何如？"

曰："我将言其不利也。"

曰："先生之志则大矣，先生之号则不可。先生以利说秦、楚之王，秦楚之王悦于利，以罢三军之师，是三军之士乐罢而悦于利也。为人臣者怀利以事其君，为人子者怀利以事其父，为人弟者怀利以事其兄，是君臣、父子、兄弟终去仁义，怀利以相接，然而不亡者，未之有也。先生以仁义说秦楚之王，秦楚之王悦于仁义，而罢三军之师，是三军之士乐罢而悦于仁义也。为人臣者怀仁义以事其君，为人子者怀仁义以事其父，为人弟者怀仁义以事其兄，是君臣、父子、兄弟去利，怀仁义以相接也，然而不王者，未之有也。何必曰利？"

【译文】

宋牼要到楚国去，孟子在石丘碰到了他，孟子问道："先生准备到哪儿去？"

宋牼说："我听说秦楚两国交兵，我打算去谒见楚王，劝他罢兵。如果楚王不高兴的话，我就去谒见秦王，劝他罢兵。在两位王中，我总会有机会。"

孟子说："我不想问得太详细，只想知道你的大意，你将如何进言呢？"

宋牼说："我打算陈述交战如何不利。"

孟子说："先生的志向固然很大，先生的提法却不行。先生用利来向秦王、楚王进言，秦王、楚王因为喜欢有利，才停止军事行动，这就使三军官兵乐于罢兵，而去喜欢利。做臣属的以利服事君主，做儿子以利服事父亲，做弟弟的以利服事兄长，这就会使君臣、父子、兄弟之间最终都丢弃仁义，为了利益而打交道，这样而国家不灭亡的，是从没有过的事。如果先生用仁义来向秦王、楚王进言，秦王、楚王因为喜欢仁义而停止军事行动，这就会使三军官兵乐于罢兵，而去喜欢仁义。做臣属的以仁义来服事君主，做儿子的以仁义来服事父亲，做弟弟的以仁义来服事兄长，这就会使君臣、父子、兄弟之间都放弃唯利是图的念头，以仁义来打交道；这样的国家不以仁德统一天下的，也是从没有的事。为什么要言必称'利'呢？"

【评析】

本章表达了孟子对于战争性质的观点。孟子认为，两国之间的战争不能仅仅为了利益，而是应该考虑战争是否符合仁义的内涵。对话中的宋牼试图通过利害关系说服秦楚两国的君主，不要进行战争，而孟子认为应该用仁义去说服秦楚两国的君主。

关于义利之辨，关键是看站在什么角度看待问题。杨泽波认为："道德目的向度的义利之辨涉及的是以什么为道德目的的问题。这种向度的义利同样属于彼此对立关系，要么以善为目的，要么以利为目的，两者不可得兼。除治国方略和道德目的之外，孟子论义利还有人禽之分的向度。这种向度的义利之辨与治国方略、道德目的义利不同，它不属于彼此对立关系，而属于价值选择关系。"[①] 由此可见，宋牼试图游说秦楚两国停战，仅仅是站在双方"利"的角度考虑问题，客观上忽略了对善的追求，因此，孟子才批评他的做法。

对于战争的动机，可以切入两个维度：一是为利益而战；二是为正义或仁义而战。从哲学的角度来看，动机是高尚还是低下，将会直接影响着人心向背，所谓得道多助、失道寡助，说的就是这个道理。因此，孟子注重以仁义来说服秦楚国君停战的做法，在理论上还是有道理的。但问题在于，当时是战国争雄的时代，仅凭仁义或者仁政客观上不可能王天下，所以，通过富国强兵取得战争胜利，这依然是历史的客观事实。也就是说，仅凭孟子所说的仁义学说，很难停止战争。

12.5 人际交往是否需要回访

【原文】

孟子居邹，季任为任处守，以币交，受之而不报。处于平陆，储子为相，以币交，受之而不报。他日，由邹之任，见季子；由平陆之齐，不见储子。

屋庐子喜曰："连得间矣。"问曰："夫子之任，见季子；之齐，不见储子，为其为相与？"

[①] 杨泽波：《孟子达成的只是伦理之善——从孔孟心性之学分歧的视角重新审视孟子学理的性质》，《复旦学报》2021 年第 2 期。

曰："非也。《书》曰：'享多仪，仪不及物曰不享，惟不役志于享。'为其不成享也。"

屋庐子悦。或问之，屋庐子曰："季子不得之邹，储子得之平陆。"

【译文】

孟子住在邹国时，季任留守任国，代理国政，送礼物来和孟子交友，孟子接受了，但不回报。孟子住在平陆时，储子做齐国的卿相，也送礼物来和孟子交友，孟子接受了，也不回报。过了些时候，孟子从邹国到任国，拜访了季子；从平陆到齐都，却不去拜访储子。

屋庐子高兴地说："我发现老师的差错了。"问道："老师到任国，拜访季子；到齐都，不拜访储子，是因为储子是卿相吗？"

孟子说："不是。《尚书·洛诰》说过：'进献礼物的礼仪很多，礼仪达不到标准，就等于没有进献，因为他的心意没有尽心用于进献。'因为他并没有真正完成进献礼仪。"

屋庐子听了很高兴。有人问他，他说："季子做不到亲身去邹国，储子却能做到亲身去平陆。"

【评析】

孟子这一章涉及交友之道的问题或者人际交往的问题。季子和储子为了向孟子示好，主动给孟子送礼物，但孟子都没有回报礼物。在孟子回访这一点上，孟子却出现两种做法：孟子到任国回访了季子，到齐国却没有回访储子。乍看起来，孟子对储子似乎有点失礼，但实际上，孟子住在齐国平陆时，储子完全有条件亲自去拜见孟子，而不是仅仅派人送去礼物。对此，孟子内心里是不以为然的，也许会认为储子不是真心尊重贤人。既然如此，按照孟子的人格，他不可能回访储子。

由此可见，人际交往有时虽然需要互赠礼物，但关键是看彼此之间的真情实意，而绝不仅仅是礼物本身，有时礼轻情意重，有时礼重情谊轻。

另外，本章中屋庐子认为发现了孟子的错误，竟然高兴地向老师提出来，这种师生关系非常值得我们学习，只有这样，师生才能教学相长。

12.6　用贤而霸，不用贤则亡

【原文】

淳于髡曰："先名实者，为人也；后名实者，自为也。夫子在三卿之中，名实未加于上下而去之，仁者固如此乎？"

孟子曰："居下位，不以贤事不肖者，伯夷也；五就汤，五就桀者，伊尹也；不恶污君，不辞小官者，柳下惠也。三子者不同道，其趋一也。一者何也？曰，仁也。君子亦仁而已矣，何必同？"

曰："鲁缪公之时，公仪子为政，子柳、子思为臣，鲁之削也滋甚。若是乎，贤者之无益于国也！"

曰："虞不用百里奚而亡，秦穆公用之而霸。不用贤则亡，削何可得与？"

曰："昔者王豹处于淇，而河西善讴；绵驹处于高唐，而齐右善歌；华周、杞梁之妻善哭其夫，而变国俗。有诸内，必形诸外。为其事而无其功者，髡未尝睹之也。是故无贤者也，有则髡必识之。"

曰："孔子为鲁司寇，不用；从而祭，燔肉不至，不税冕而行。不知者以为为肉也，其知者以为为无礼也。乃孔子则欲以微罪行，不欲为苟去。君子之所为，众人固不识也。"

【译文】

淳于髡说："重视功名是为了经世济民，轻视功名是为了独善其身。您贵为齐国三卿之一，功名都还没上达君主下及臣民，您就要离开，仁人原来是这样的吗？"

孟子说："处在卑贱的地位，不以贤良服事不肖之人的，有伯夷；五次去汤那儿，五次去桀那儿的，有伊尹；不讨厌污秽的君主，不拒绝卑微的职位，有柳下惠。三个人的方法不同，但趋向是一致的。这一致是什么呢？就是仁。君子只要仁就行了，为什么一定要相同呢？"

淳于髡说："当鲁缪公的时候，公仪子主持国政，子柳和子思都是臣子，鲁国的削弱却更厉害，像这样，贤人对国家无用啊！"

孟子说："虞国不用百里奚而亡国；秦穆公用他而称霸。不用贤人就亡国，即使割地求和能做到吗？"

淳于髡说："从前王豹住在淇水之旁，河西的人都会唱歌；绵驹住在高唐之上，齐国西部的人都会唱歌；华周、杞梁的妻子痛哭她的丈夫，因而改变了国家风尚。内部有什么，一定会显现于外面。做事情而没看到成绩的，我不曾见过这样的事。所以，没有贤人，如果有我一定认识他。"

孟子说："孔子任鲁国司寇，不被重用，跟随着去祭祀，祭肉也不见送来，就匆忙离开。不了解孔子的人以为他是为了祭肉，了解他的人明白他是为了鲁国失礼而离开。至于孔子，却是想要背着个小罪名而走，不想随便离开。君子的所作所为，一般百姓是很难理解的。"

【评析】

淳于髡是战国时期齐国政治家、思想家，齐威王拜其为政卿大夫。他不理解为什么孟子还没有建功立业，就匆匆离开齐国。孟子以伯夷、伊尹和柳下惠为例，说明仁者的处事方法不一定一致，但只要能做到仁就可以了。

淳于髡以鲁国为例，说明贤人无用的观点。实际上，淳于髡这里并不单纯说贤人无用，因为他自身就乐于向齐王推荐贤人。问题在于，从国家治理和富国强兵的角度来看，客观上确实需要贤人，但贤人有很多种类，就像我们现在的学科分类一样，不同学科有不同的专业人才，不同专业人才的社会作用是不同的。因此，有些贤人也许不一定适合和满足当时富国强兵的需要，因而也有可能出现鲁国当时衰弱的情况。其中，淳于髡所说的公仪子，本名公仪休，春秋时期鲁国人，官至鲁国宰相，为人清正廉洁，是一位清官。但社会是复杂的，客观上人与人之间存在着各种直接或间接的关系，所谓水至清则无鱼，人至察则无徒。所以，在公仪子执政期间，鲁国衰弱也许会有其他原因，不能简单怪到贤人身上。

在本章中，孟子通过"虞不用百里奚而亡，秦穆公用之而霸"的历史事实，揭示了"得人才者昌、失人才者亡"的历史规律。淳于髡通过分析"有诸内，必形诸外"，客观上也揭示了只要是人才，一定会表现出来这一道理。

另外，孟子通过说明孔子离开鲁国的事实，"不知者以为为肉也，其知者以为为无礼也。乃孔子则欲以微罪行，不欲为苟去。君子之所为，众人固不识也"。孟子这里客观上也揭示了知人之难的客观事实。

12.7　养老尊贤，俊杰在位

【原文】

孟子曰："五霸者，三王之罪人也；今之诸侯，五霸之罪人也；今之大夫，今之诸侯之罪人也。天子适诸侯，曰巡狩；诸侯朝于天子，曰述职。春省耕而补不足，秋省敛而助不给。入其疆，土地辟，田野治，养老尊贤，俊杰在位，则有庆，庆以地；入其疆，土地荒芜，遗老失贤，掊克在位，则有让。一不朝，则贬其爵；再不朝，则削其地；三不朝，则六师移之。是故天子讨而不伐，诸侯伐而不讨。五霸者，搂诸侯以伐诸侯者也。故曰，五霸者，三王之罪人也。五霸，桓公为盛。葵丘之会，诸侯束牲载书而不歃血。初命曰：'诛不孝，无易树子，无以妾为妻。'再命曰：'尊贤育才，以彰有德。'三命曰：'敬老慈幼，无忘宾旅。'四命曰：'士无世官，官事无摄，取士必得，无专杀大夫。'五命曰：'无曲防，无遏籴，无有封而不告。'曰：'凡我同盟之人，既盟之后，言归于好。'今之诸侯皆犯此五禁，故曰，今之诸侯，五霸之罪人也。长君之恶，其罪小；逢君之恶，其罪大。今之大夫，皆逢君之恶，故曰，今之大夫，今之诸侯之罪人也。"

【译文】

孟子说："五霸，是三王的罪人；现在的诸侯，是五霸的罪人；现在的大夫，又是现在诸侯的罪人。天子巡行诸侯国，叫'巡狩'，诸侯朝见天子叫'述职'。天子春天考察耕种，补助不足的人；秋天考察收获，周济不够的人。天子来到诸侯国的疆界，看到土地已经开垦，田野得到整治，老有所养，尊敬贤者，俊杰能人都有官位，就赏赐给土地。天子来到诸侯国，看到土地抛荒，老无所养，不尊重贤人，贪官污吏当权，就有责罚。诸侯一次不朝，就降低爵位；两次不朝，就削减土地；三次不朝，就派军队逼他去位。所以天子用兵是'讨'而不是'伐'，诸侯则是'伐'而不是'讨'。五霸是挟持一部分诸侯来攻伐另一部分诸侯的人。所以说，五霸是三王的罪人。在五霸中，齐桓公的霸业最为盛大。在葵丘的盟会，诸侯捆绑了祭牲，携带着盟书，没有歃血盟誓。第一条盟约说：'诛责不孝之人，不要废立世子，不要立妾为妻。'第二条盟约说：'尊重贤人，养育人才，表彰有德者。'第三条盟约说：'恭敬老人，慈爱幼小，不要怠慢贵宾和旅客。'第四条盟约说：'士人的官职不要世代相传，官位不要兼任，选拔人才要取贤人，不要独断专行杀戮大夫。'第五条盟约说：'不要弯曲堤防，不要禁止邻国来采购粮食，不要隐瞒重大的人事变动。'最后说：'所有参加盟会者订立盟约以后，都归于友好。'现在的诸侯都违犯了这五条禁令，所以说，现在的诸侯是五霸的罪人。臣子按照君主的指令做坏事，这罪行还算小；臣下迎合君主干坏事，这罪行可就大了。现在的大夫，都迎合君主干坏事，所以说，今天的大夫，是今天诸侯的罪人。"

【评析】

本章所说的"五霸"，是指齐桓公、晋文公、秦穆公、宋襄公、楚庄王"五霸"。"三王"是指夏禹、商汤和周文王。

孟子这里指责"五霸者，三王之罪人也；今之诸侯，五霸之罪人也；今之大夫，今之诸侯之罪人也"。对于指责"五霸"来说，是因为"五霸"的霸业是依靠霸道、依仗武力获得的，而不是依靠仁政的王道得来的。王林伟认为："就伦理生活的政治维度而言，孟子主要关注以下两个问题：一是政治合法性的根源；二是王道政治的理想。就前者而言，孟子提出了今人所津津乐道的民本思想。实际上，孟子所谓的民本并不纯然以民意为基础，其间还具有某种天的维度。"[1] 由此而论，在孟子看来，春秋五霸缺乏政治的合法性，客观上违背了民意。

本章中天子巡守和齐桓公会盟订的五条盟约，给我们积极的启发。天

---

① 王林伟：《情感与价值：试论孟子的广义伦理学》，《道德与文明》2020年第4期。

子巡守时，认真考察诸侯国的治理情况，"入其疆，土地辟，田野治，养老尊贤，俊杰在位，则有庆，庆以地；入其疆，土地荒芜，遗老失贤，掊克在位，则有让"。对于今天来说，中央政府考察地方政府的政绩时，也要考察农业以及人们安居乐业的情况，是否老有所养？是否存在人才埋没现象？如果五谷丰登，老有所养，贤人在位，就应该奖励地方官员；反之，就应该批评乃至降职或撤职。在齐桓公的盟约中，其中能包括尊老爱幼，维持婚姻稳定，讲究孝道；要任人唯贤，"尊贤育才，以彰有德"。反对官职世袭和兼任官职等。这些盟约内容至今仍然具有非常重要的价值。

至于孟子所分析的"长君之恶，其罪小；逢君之恶，其罪大"，对我们今天干部队伍建设具有非常重要的参考价值。

12.8　君子务引其君以当道

【原文】

鲁欲使慎子为将军。

孟子曰："不教民而用之，谓之殃民。殃民者，不容于尧舜之世。一战胜齐，遂有南阳，然且不可。"

慎子勃然不悦曰："此则滑釐所不识也。"

曰："吾明告子。天子之地方千里；不千里，不足以待诸侯。诸侯之地方百里；不百里，不足以守宗庙之典籍。周公之封于鲁，为方百里也；地非不足，而俭于百里。太公之封于齐也，亦为方百里也；地非不足也，而俭于百里。今鲁方百里者五，子以为有王者作，则鲁在所损乎，在所益乎？徒取诸彼以与此，然且仁者不为，况于杀人以求之乎？君子之事君也，务引其君以当道，志于仁而已。"

【译文】

鲁国打算让慎子做将军。

孟子说："不先教导百姓就用他们打仗，这叫作祸害老百姓。祸害老百姓的人，不容于尧舜的时代。打一次仗就胜了齐国，因而得到南阳，这样尚且不可以。"

慎子突然脸色一变，不高兴地说："这是我所不了解的了。"

孟子说："我明确地告诉你。天子的土地纵横一千里；如果不到一千里，就不足以统领诸侯。诸侯的土地纵横一百里；如果不到一百里，就不足以奉守祖宗法度和典籍。周公封于鲁，是应该纵横一百里的；土地并非不够，但还少于一百里。太公封于齐，也应该是纵横一百里的；土地并非不够，但还少于一百里。如今鲁国有五个纵横一百里，你以为如果有圣明之王兴起，鲁国的土地是减少呢，还是会增加？白拿那一国土地给这一国，仁人尚且不干，何况杀人来求得土地呢？君子服事君王，务必引导他走正路，有志于仁罢了。"

【评析】

本章中的慎子，是一位善用兵者，滑釐，慎子之名。本章有两点特别值得注意：一是孟子的"教民"是教化人民的意思；二是"君子之事君也，务引其君以当道，志于仁而已"。孟子这一点为后世的臣子指出了正确的职责方向。孟子认为，臣子对君主不能盲从，不能阿谀逢迎，更不能助纣为虐，要坚持原则，引导君主走正确的治国道路，要志于仁，帮助君主实现仁道。

12.9 良臣与民贼

【原文】

孟子曰："今之事君者皆曰：'我能为君辟土地，充府库。'今之所谓良臣，古之所谓民贼也。君不乡道，不志于仁，而求富之，是富桀也。'我能为君约与国，战必克。'今之所谓良臣，古之所谓民贼也。君不乡道，不志于仁，而求为之强战，是辅桀也。由今之道，无变今之俗，虽与之天下，不能一朝居也。"

【译文】

孟子说："现在服事君主的人都说：'我能够替君主开拓土地，充实府库。'今天的所谓'良臣',正是古代的所谓'民贼'。君主不向往道德,不追求仁,却想让他富足,这等于让夏桀富足。'我能够替君主联合诸侯,每战必胜。'今天的所谓'良臣',正是古代的所谓'民贼'。君主不向往道德,不追求仁,却想为他努力作战,这是辅助夏桀。顺着现在这条路走下去,也不改变现在的风俗习气,即使给他整个天下,他也是一天都坐不安稳的。"

【评析】

本章中孟子提出了对臣子的评价标准,事君者要做良臣,不做民贼。孟子认为,一个臣子通过战争的方式为君主开拓土地,掠夺财富,这不是真正的良臣,而是古代圣贤时代的"民贼",臣子这种做法本质上不是帮助君主实现仁道,而是助纣为虐,意味着让"夏桀"富足;一个臣子能够联合诸侯作战,每战必胜,这也是古代圣贤时代的"民贼"。臣子这种做法本质上也不是帮助君主实现仁道,而是通过武力强战,这也是辅佐"夏桀"。因此,孟子得出结论说"由今之道,无变今之俗,虽与之天下,不能一朝居也"。孟子这里也体现了他的仁政思想。

12.10 税收标准

【原文】

白圭曰:"吾欲二十而取一,何如?"

孟子曰:"子之道,貉道也。万室之国,一人陶,则可乎?"

曰:"不可,器不足用也。"

曰:"夫貉,五谷不生,惟黍生之;无城郭、宫室、宗庙、祭祀之礼,无诸侯币帛饔飧,无百官有司,故二十取一而足也。今居中国,去人伦,无君子,如之何其可也?陶以寡,且不可以为国,况无君子乎?欲轻之于尧舜之道者,大貉小貉也;欲重之于尧舜之道者,大桀小桀也。"

【译文】

白圭问:"我想定税率为二十抽一,怎么样?"

孟子说："您的办法是貉国的办法。一万户的国家，只有一个人制作瓦器，那可以吗？"

白圭说："不可以，瓦器会不够用的。"

孟子说："貉国，各种谷类都不生长，只生长糜子；没有城墙、房屋、祖庙和祭祀的礼节，没有各国间的互相往来，送礼宴客，也没有各种衙门和官吏，所以二十抽一的税就够了。如今在中国，抛弃人间伦常，不要大小官吏，那怎么能行呢？做瓦器的太少，尚且国将不国，何况没有官吏呢？想要比尧舜的十分抽一的税率还轻的，是大貉小貉；想要比尧舜的十分抽一的税率还重的，是大桀小桀。"

【评析】

自古以来，税收一直是国家主要的财政来源。公元前 594 年，鲁国实行初税亩，鲁国为了增加收入，便规定不论公田、私田，一律按田亩纳税，税率为产量的 10%。此后，楚国、郑国、晋国等国陆续实行了税亩制。初税亩的实行，增加了财政收入，促进了新生的封建土地占有关系。

这一章，孟子认为，如果像貉国这样的小国，各种开支都比较少，可以采征收二十抽一的税，而一些比较大的国家，各项开支比较大，还是十分抽一的税率比较恰当。孟子关于税收的观点，实际上仍然沿用了鲁国初税亩的征收比例。

税收比例直接关乎国民的生活与国家的发展。收税太少，国家难以发展；收税太多，也会影响国民的生活。所以，孟子坚决反对征收超过十分之一的税率。

12.11　禹以四海为壑

【原文】

白圭曰："丹之治水也愈于禹。"

孟子曰："子过矣。禹之治水，水之道也，是故禹以四海为壑。今吾子以邻国为壑。水逆行，谓之洚水。洚水者，洪水也，仁人之所恶也。

吾子过矣。"

【译文】

白圭说："我治理水患，比大禹还强呢。"

孟子说："您错了！禹治理水患，是顺着水性疏导，所以禹以四海为蓄水池。现在您以邻国为蓄水池。水逆流而行，叫作洚水。洚水，就是洪水，这是仁人所最厌恶的。您错了！"

【评析】

孟子在本章中肯定大禹治水的功业，大禹疏导河流，引水入海，而白圭却把水引入邻国。孟子直言不讳，批评白圭的做法，认为白圭是以邻为壑，不遵循疏导的规律，把水流变成洪水，这是"仁人之所恶也"。

成语"以邻为壑"即出于此。

12.12 诚信是君子的重要操守

【原文】

孟子曰："君子不亮，恶乎执？"

【译文】

孟子说："君子不讲诚信，能有什么操守呢？"

【评析】

《论语·为政》子曰："人而无信，不知其可也。"意思是说，人要是失去了信用或不讲信用，不知道他还可以做什么。孟子这里也是强调做人诚信的重要性，人无信不立。一个人如果没诚信，要怎么在社会上立足呢？

12.13 好善优于天下

【原文】

鲁欲使乐正子为政。

孟子曰："吾闻之，喜而不寐。"

公孙丑曰："乐正子强乎？"

曰："否。"

"有知虑乎？"

曰："否。"

"多闻识乎？"

曰："否。"

"然则奚为喜而不寐？"

曰："其为人也好善。"

"好善足乎？"

曰："好善优于天下，而况鲁国乎？夫苟好善，则四海之内皆将轻千里而来告之以善；夫苟不好善，则人将曰：'訑訑，予既已知之矣。'訑訑之声音颜色距人于千里之外。士止于千里之外，则谗谄面谀之人至矣。与谗谄面谀之人居，国欲治，可得乎？"

【译文】

鲁国打算叫乐正子治国理政。

孟子说："我听说这事儿，高兴得睡不着。"

公孙丑问："乐正子能力很强吗？"

孟子说："不。"

公孙丑问："他聪明智慧吗？"

孟子说："不。"

公孙丑问："见多识广吗？"

孟子说："不。"

公孙丑问："那您为什么高兴得睡不着呢？"

孟子说："他为人喜欢仁善。"

公孙丑问："喜欢仁善就够了吗？"

孟子说："喜欢仁善，优于天下任何事情，何况仅仅治理鲁国呢？如果喜好仁善，四方之人就会不远千里告诉他行善的方法；假如不喜欢仁善，那别人会说：'呵呵！我早就知道了！'说出'呵呵'的声音脸色就会把别人拒绝于千里之外了。士人被拒于千里之外，那进谗言的、当面奉承的人就会来了。和进谗言的、当面奉承的人朝夕相处，国家想要治理好，做得到吗？"

【评析】

鲁国想让孟子的弟子乐正子主持政务，孟子为此感到高兴。孟子高兴的原因不是因为弟子当官，而是因为弟子的贤达而被任用感到高兴。

孟子认为，任用人才，关键不是看他是否聪明智慧和见多识广，而在于他能够喜欢仁善，因为仁善的人主持了政务，就会从四面八方引来一大批贤良之士献计献策；相反，如果任用没有仁善之心的人当官，就意味着堵塞了进贤之道，那些谗言奉承小人就会蜂拥而至。一个主持政务的长官如果与这样的小人朝夕相处，耳濡目染，就会受到小人的影响，就不可能治理好国家。从现代干部选拔的角度来看，我们注重德才兼备，德为先，也是强调德的重要性。朱熹认为："君子小人，迭为消长。直谅多闻之士远，则谗谄面谀之人至，理势然也。"① 因此，君主用人，不可不慎。

12.14　君子何如则仕

【原文】

陈子曰："古之君子何如则仕？"

---

① 朱熹：《四书集注》，凤凰出版社 2005 年版，第 366 页。

孟子曰："所就三，所去三。迎之致敬以有礼；言，将行其言也，则就之；礼貌未衰，言弗行也，则去之。其次，虽未行其言也，迎之致敬以有礼，则就之；礼貌衰，则去之。其下，朝不食，夕不食，饥饿不能出门户。君闻之，曰：'吾大者不能行其道，又不能从其言也，使饥饿于我土地，吾耻之。'周之，亦可受也，免死而已矣。"

【译文】

陈子说："古代的君子怎样才可以做官？"

孟子说："就职的情况有三种，离职的情况也有三种。礼貌恭敬地来迎接，采纳他的建议，这样才就职。礼遇容色虽未衰减，但其建议不被采纳了，这样就离开。其次，虽然没有听从他的建议，还是礼貌而恭敬地来迎接，也可以就职。礼遇容色已经衰减，这样就离开。最下等的是，早上没饭吃，晚上也没饭吃，饿极了连房门也走不出。君主知道了，说：'我从大的方面说不能实行他的学说，又不能听从他的建议，让他饥肠辘辘地待在我国土地上，我引以为耻。'于是周济他，这也可以接受，不过免于一死罢了。"

【评析】

孟子在这一章的对话中，分析了三种可以做官和三种可以离职的情况。孟子所说的三种情况，实际上分别对应古代君子的三种类型：一是德才兼备能够被君主所尊敬礼遇的贤人，也是被君主视为可以参政议政的栋梁之才。对于这类人才而言，一旦发现自己的建议不被采纳了，就应该主动离开君主了，因为继续留在那里，也无法实现人生价值。二是自己的建议不被采纳，仍然受到君主的礼遇，在这种情况下可以就职，但如果失去了君主的礼遇，也就应该离开君主了。三是暂时没有基本的生存能力的君子，为了自己的生存，即使君主没有礼遇自己，也没有采纳自己的建议，为了活着，也只能苟且偷生一样地依附于君主。孟子对第三种情况表示理解，但并不赞同这种做法。

12.15 生于忧患，死于安乐

【原文】

孟子曰："舜发于畎亩之中，傅说举于版筑之间，胶鬲举于鱼盐之中，管夷吾举于士，孙叔敖举于海，百里奚举于市。故天将降大任于斯人也，必先苦其心志，劳其筋骨，饿其体肤，空乏其身，行拂乱其所为，所以动心忍性，曾益其所不能。人恒过，然后能改；困于心，衡于虑，而后作；征于色，发于声，而后喻。入则无法家拂士，出则无敌国外患者，国恒亡。然后知生于忧患而死于安乐也。"

【译文】

孟子说："大舜在田野之中发达起来，傅说在筑墙时被提拔，胶鬲在打鱼晒盐时被提拔，管夷吾坐牢时被提拔，孙叔敖在海边被提拔，百里奚在市场被提拔。所以，当上天将要把大任务降临给人时，必定要磨炼他的心志，锻炼他的筋骨，饥饿他的肚腹，身体空虚乏力，让他做事达不到目的。所以，用这些来磨砺他的心志，增强他的能力。一个人常犯错误，然后才能改正；心中困惑，反复思考，才能觉悟；反映在面色上，用语言表达出来，才能为他人所理解。国内没有忠臣贤士，国外没有外部忧患，国家常常衰败灭亡。由此可见，忧患能让人生存，而安乐能导致死亡。"

【评析】

孟子在这章中表现了"生于忧患而死于安乐的"辩证思维。他阐释了"舜发于畎亩之中，傅说举于版筑之间，胶鬲举于鱼盐之中，管夷吾举于士，孙叔敖举于海，百里奚举于市"的历史事实，然后得出一条重要的结论："天将降大任于是人也，必先苦其心志，劳其筋骨，饿其体肤，空乏其身，行拂乱其所为，所以动心忍性，曾益其所不能。"

人为什么通过磨难可以"曾益其所不能"呢？这是因为人通过磨炼

心志，才能百折不挠，百炼成钢；一个人可以从以往的错误中汲取教训，改正错误，并且"困于心，衡于虑，而后作"。孟子认为，"士必须注意在艰难困苦中锻炼自己的意志品质"①。与孟子相比，柏拉图也有类似的思想。柏拉图在谈到理想国对人才考察时，主张要"劳筋骨，苦心志，见贤思齐……要把年轻人放到贫穷忧患中去，然后再把他们放到锦衣玉食的环境中去，同时，比人们用烈火炼金制造金器还要细心得多地去考察他们，看他们受不受外界的引诱，是不是能泰然无动于衷，守身如玉，做一个自己的好的护卫者，是不是能护卫自己已受的文化修养，维持那些心灵状态在他身上的谐和与真正的节奏（这样的人对国家对自己是最有用的）。人们从童年、青年一直成年经过考验，无懈可击，我们必须把这种人定位国家的统治者和护卫者。"② 由此可见，一个人在经受艰难困苦的过程中，不能被动地接受艰难困苦，而是应该学会从中磨炼自己的心志，百炼成钢，这是揭示孟子所说的"生于忧患而死于安乐"的关键所在。

孟子这一章对我国后世年轻人成才发挥了非常积极的熏陶教育作用，值得我们教育学、管理学和人才学等多个学科的关注。成语"生于忧患，死于安乐"出于这一章。

12.16　教亦多术

【原文】

孟子曰："教亦多术矣，予不屑之教诲也者，是亦教诲之而已矣。"

【译文】

孟子说："教育也有多种方式，我不屑于去教诲他，这也算是教诲他呢。"

---

① 李振刚：《中国古代哲学史论》，中国社会科学出版社2004年版，第71页。
② ［古希腊］柏拉图：《理想国》，郭斌和、张竹明译，商务印书馆2002年版，第126—127页。

【评析】

孔子在《论语·雍也》中根据说话对象，认为"中人以上，可以语上也；中人以下，不可以语上也"。也就是说，对于中等以上资质的人，可以讲授高深的学问；对于中等以下资质的人，不可以讲授高深的学问。孔子针对宰予昼寝，在《论语·公冶长》中非常生气说："朽木不可雕也，粪土之墙不可杇也，于予与何诛?"孔子认为宰予这个人，不值得责备。

孟子所希望培养的是有所作为的栋梁之才。其所欲成之"人"，"并非作为生命个体或人格主体的个人，而是作为整个世界向道还原，臻于至善的觉悟者、主导者和能动者。人的成就不以个体或群体乃至人类整体的利益实现或利益最大化为目标，而旨在通过人的主动作为达成至善"①。孟子作为一个教育家，深受孔子的影响，认为"教亦多术"，应该根据不同的教育对象，采取不同的教育方式。对于个别特殊的教育对象，孟子认为是"予不屑之教诲也者，是亦教诲之而已矣"。

对于孟子这句话，我们可以做多种理解。一是对于个别冥顽不灵者，老师的教育不一定有效，因为教育不是万能的。二是我们由此推论，孟子这里所说的不屑教诲，也许是因为这个人属于"中人以下"，不值得教诲；也许是因为这个人的政治主张与孟子相反，所谓道不同不相为谋，孟子也就不可能对其进行教育了。三是就像孔子对待宰予一样，不值得责备，也就是不屑教诲。

---

① 李平：《孟子论法：法教并行方致善治》，《检察日报》2021年6月10日第003版。

第十三章

尽心上译评

【本章引语】

《尽心上》共46节。

13.1：孟子提出"尽心知性存心养性"的观点，强调修养身心，以待天命。

13.2：孟子提出"正命"与"非正命"。

13.3：孟子阐释了动机与效果的统一或矛盾。

13.4：孟子发挥了孔子关于"诚"的思想，认为反身而诚，乐莫大焉。

13.5：孟子认为"终身由之而不知其道"这是一般大众的特点。

13.6：孟子认为，人要羞耻之心，人不可以无耻。

13.7：孟子认为，羞耻对于人非常重要，"耻之于人大矣"。

13.8：孟子认为，古之贤士乐其道而忘人之势，不追求权势富贵。

13.9：孟子提出"穷则独善其身，达则兼善天下"。

13.10：孟子认为，待文王而后兴，芸芸众生通过接受教化，也有机会干一番大事业。

13.11：孟子认为，虽富而自视欿然，不以增加财富而自满。

13.12：孟子认为，佚道与生道，君主应该善于运用佚道和生道来使用百姓。

13.13：孟子认为，上下与天地同流，天人合一；揭示了圣王的教化作用。

13.14：孟子高度重视音乐和教育的作用，认为仁声优于仁言，善教优于善政。

13.15：孟子分析了良能与良知，认为这是可以"达之天下"的。

13.16：孟子认为，闻善言，见善行，若决江河。揭示了善言与善行的感召力，也说明舜能够见贤思齐。

13.17：孟子认为，人生在世，要懂得无为与无欲。

13.18：孟子认为，忧患者其虑患也深。

13.19：孟子认为，大人正己而物正。阐释了四种不同人物的价值追求，有事君人者，有安社稷臣者，有天民者，有大人者。

13.20：孟子认为，君子有三乐：天伦之乐、君子之乐和"得天下英才而教育之"的育人之乐。

13.21：孟子认为，仁义礼智根于心。

13.22：孟子关心民生与老有所养，与《梁惠王上》以及《离娄上》的内容有所交叉。

13.23：孟子认为，薄其税敛，民可使富。

13.24：孔子登东山而小鲁，登泰山而小天下，观于海者难为水，游于圣人之门者难为言。

13.25：孟子认为，利与善是判断舜与跖的标准。

13.26：孟子反对偏离执中的极端，杨子拔一毛而利天下不为；墨子兼爱，摩顶放踵利天下。

13.27：孟子认为，饥者甘食，渴者甘饮。人能无以饥渴之害为心害。

13.28：孟子评价柳下惠，认为柳下惠不因为有大官做就改变自己的操守。

13.29：孟子以挖井为例，说明有为者不能浅尝辄止。

13.30：孟子认为，久假而不归，恶知其非有。

13.31：孟子认为，放太甲和太甲贤，民皆大悦。

13.32：孟子高度重视君子的社会作用。孟子认为君子不是不劳而食。

13.33：孟子认为，士的使命在于居仁由义。

13.34：孟子认为，不能以其小者信其大者，陈仲子的作为是放弃大义而追求小的操守。

13.35：孟子赞颂舜的品格，舜视弃天下犹弃敝蹝，可以乐而忘天下。

13.36：孟子认为，居移气养移体，分析环境影响人的气质风度。

13.37：孟子反对君主对君子养而不爱不敬。反对恭敬而无实，君子不可虚拘。

13.38：孟子认为，圣人可以践形。

13.39：孟子主张正确对待守孝的时间。

13.40：孟子提出君子的五种教育方法。

13.41：孟子认为，中道而立，能者从之。

13.42：孟子分析了以道殉身与以身殉道。

13.43：要以礼请教老师。孟子不满意滕更的态度，没有回答滕更的问话。

13.44：孟子认为，其进锐者，其退速。不能停止的事不要停止，不能薄待的人不要薄待。

13.45：孟子提出，亲亲而仁民，仁民而爱物。

13.46：孟子认为，要抓住当务之为急，"急先务"。

13.1 尽心知性，存心养性

【原文】

孟子曰："尽其心者，知其性也。知其性，则知天矣。存其心，养其性，所以事天也。夭寿不贰，修身以俟之，所以立命也。"

【译文】

孟子说："能尽心行善，这就是了解了人的本性。了解了人的本性，就懂得了天命。保持人的本心，培养人的善性，这就是对待天命的方法。无论短命或长寿，都专注修身等待天命，这才是立命安身。"

【评析】

孟子从性善论出发，认为人只要尽心行善，这就是了解了人的本性。由此进而推出，人只有了解了人的本性，才能懂天命。赵法生认为："孟子性善论的特征在于以心论性，代表了儒家心性论的成熟形态。但溯本探源，孟子心性论其实是从七十子性情论发展而来的。孟子以四端论四德，将仁义礼智的根源收摄到人的内心，追寻到人的道德情感，如此则仁义内在，性由心出，将自然感情提升为道德感情，将无定向之心发展为道德本心，进而将性情论发展为性善论。"① 在孟子看来，"由于人们秉受了天所赋予的善良本性，所以有自然向善的倾向。这里孟子借天道的至上性、神圣性作为心性本体的形上根据，于是性善论就被提升为一种不证自明的道德公理，从而成为带有终极性质的绝对价值尺度"②。孟子把人的性善与本性及其天命联系起来，客观上有利于论证其性善论。

在孟子看来，人对待天命的方法不是听天由命，也不是顺其自然，而是积极发挥人的主体作用，不断培养人的善性，人生无论是短命还是长寿，都应该潜心修身，以此来等待天命的召唤。

13.2　正命与非正命

【原文】

孟子曰："莫非命也，顺受其正，是故知命者，不立乎岩墙之下。尽其道而死者，正命也；桎梏死者，非正命也。"

【译文】

孟子说："没有什么不取决于命运，顺其自然的是正命。所以懂得命运的人，不站在危墙下面。尽心行善而死，是正命；作奸犯科而死，不

---

① 赵法生：《从性情论到性善论——论孟子性善论的历史形成》，《南京大学学报》2020年第4期。

② 李振刚：《中国古代哲学史论》，中国社会科学出版社2004年版，第65页。

是正命。"

【评析】

孟子这一章谈及命运这个重大哲学问题，颇引人思考。孟子认为，人的命运分为两种，即正命和非正命。知命者应该避免处于危险的情境之下。面对两种命运的选择，孟子认为，宁可尽其道而死，选择正命，也不能作奸犯科而死，因为这不是正命。

司马迁《报任少卿书》："人固有一死，或重于泰山，或轻于鸿毛。"孟子所说的正命虽然不一定重于泰山，但一定死得其所；孟子所说的不是正命，一定是轻于鸿毛的。我们要正确认识和对待命运，"命运其实并不神秘，它是个体生命与客观世界相互作用的过程与结果，表现为个人的兴衰际遇、悲欢离合、贫富祸福等，其根源在于主体与客体的相互作用。"① 在对命运归因时，我们还应该看到，命运一方面受制于主体与客体的诸要素；另一方面，还受制于主体与客体的相互作用。从主体与客体的相互作用来对命运归因，既要看到社会作为客体对人类命运的制约和影响，又要看到人类作为主体对社会能动的反作用。

13.3　动机与效果的统一或矛盾

【原文】

孟子曰："求则得之，舍则失之，是求有益于得也，求在我者也。求之有道，得之有命，是求无益于得也，求在外者也。"

【译文】

孟子说："追求就会得到，放弃就会失掉，这样的追求有益于获得，因为追求与否取决于我自己。追求符合道义，是否得到却由命运决定，这种追求无益于获得，因为追求与否取决于外在的因素。"

---

① 薛永武：《命运归因探析》，《光明日报》1999 年 8 月 27 日。

【评析】

孟子这一章非常深刻地揭示了动机与效果的统一和矛盾的二重性。"求则得之，舍则失之，是求有益于得也，求在我者也。"这一句阐明了动机与效果的统一在于主观努力；"求之有道，得之有命，是求无益于得也，求在外者也"。这一句则强调动机与效果的矛盾不在于主观努力，而在于外在因素，即谋事在人成事在天。比如，孟子追求仁道政治，但得不到当时君主的共识，客观上就很难实现自己的政治主张。这并不是孟子的动机不对，而是外在因素影响了动机的实现。

13.4　反身而诚，乐莫大焉

【原文】

孟子曰："万物皆备于我矣。反身而诚，乐莫大焉。强恕而行，求仁莫近焉。"

【译文】

孟子说："我具备一切行善的条件。反观自己追求真诚，没有比这更快乐的了。坚持按恕道去做，是达到仁德的捷径。"

【评析】

《孔子家语·哀公问政》："诚者，天之道也；诚之者，人之道也。夫诚，弗勉而中，不思而得，从容中道，圣人之所以定体也。诚之者，择善而固执之者也。"① 孔子把真诚视为上天的原则，把追求真诚视为做人的原则。如果有诚心，不用勉强就能够做到，不用思考就能明白，自然而然就符合中庸之道，这是圣人表现出来的形象。所以，孔子认为真诚的人，就是执着追求行善的人。我们理解了孔子上面这段话的意思，

---

① 王国轩、王秀梅译注：《孔子家语》，中华书局 2016 年版，第 222 页。

再来看孟子这段话，就豁然开朗了。

孟子这里倡导以诚为乐的价值观，认为自己追求真诚，这是最大的快乐。同时，坚持按照忠恕之道去做，就可以更快地达到仁德的境界。也就是说，无论外在的客观因素如何，作为有所作为的知识分子，都应该自觉坚持不懈地追求善性，坚持以诚待人，通过恕道追求仁德。

13.5　终身由之而不知其道

【原文】

孟子曰："行之而不著焉，习矣而不察焉，终身由之而不知其道者，众也。"

【译文】

孟子说："做事情不执着，实践不明白事理，忙了一辈子却不知其所以然，是芸芸众生。"

【评析】

孟子这一段话分析了一般大众的思维能力。从人与人的差别来看，君子与一般大众的思维能力有所不同。君子可以举一反三，触类旁通；一般百姓也许忙活了一辈子，却不善于从现象探索本质，也许不知道为什么活着，甚至是稀里糊涂地活了一辈子。

从人生哲学的角度来看，大部分人是按照传统和习惯学习、生活和工作，对一些事情往往是知其然，而不知其所以然，知道做什么，但不知道为何这样做。按照孟子的观点来看，这样的人就是芸芸众生。

13.6　人不可以无耻

【原文】

孟子曰："人不可以无耻，无耻之耻，无耻矣。"

【译文】

孟子说："人不可以没有羞耻，不知羞耻的那种羞耻，才是真正的无耻！"

【评析】

《孟子·告子上》曾说过："羞恶之心，人皆有之。"孟子认为，人都有羞恶之心，所以，人不能无耻；如果连羞耻都不知道，这就意味着已经没有人性，这才是真正的无耻。

13.7　耻之于人大矣

【原文】

孟子曰："耻之于人大矣。为机变之巧者，无所用耻焉。不耻不若人，何若人有？"

【译文】

孟子说："羞耻对于人非常重要。精于权变奸诈者，是没有羞耻心的。不以赶不上别人为羞耻的人，怎么能赶上别人呢？"

【评析】

孟子高度重视人的羞耻心，认为羞耻对于人来说非常重要。他批评了那些权变奸诈者，是没有羞耻心之辈。孟子认为，人应该不断修养身心，才能赶上别人；人生如果不努力学习和追赶别人，甘心落后，就永远也赶不上别人。

笔者认为，羞耻心是人之所以为人的重要标志，人一旦没有了羞耻心，就不会学习别人的长处，甚至可能无所顾忌、无法无天，最终丧失了初心。

13.8　乐其道而忘人之势

【原文】

孟子曰："古之贤王好善而忘势；古之贤士何独不然？乐其道而忘人之势，故王公不致敬尽礼，则不得亟见之。见且由不得亟，而况得而臣之乎？"

【译文】

孟子说："古代的贤君喜欢仁善而忘却追求权势；古代的贤士何尝不是这样呢？乐于走自己的正道，而忘却他人的权势；所以王公不对他隆礼相待，就不能多次和他相见。相见的次数尚且不能太多，何况要他作臣子呢？"

【评析】

孟子非常重视做人的品格，重视道德修养。"对孟子来说，人实际上成为什么样的人，实际上是否运用他的道德能力并表现出道德行为，最终取决于他究竟愿意和希望成为一个什么样的人，取决于他实际上作出了什么样的选择。人只有在现实中作出伦理选择、形成伦理意志并产生伦理行为，才算实现了他的道德能力。"① 孟子这一章赞扬了古代贤君与贤士的高风亮节，他们都注重追求仁善，不贪图权势富贵。王公这样的大人物应该从内心里真正尊重人才，要对贤士隆礼相待，三顾茅庐，真正尊重贤人，才能与贤人进行有效的沟通。

13.9　穷则独善其身，达则兼善天下

【原文】

孟子谓宋勾践曰："子好游乎？吾语子游。人知之，亦嚣嚣；人不

---

① 王中江：《孟子的伦理选择论——从"可欲"到"能"和"为"》，《哲学研究》2018年第7期。

知，亦嚣嚣。"

曰："何如斯可以嚣嚣矣？"

曰："尊德乐义，则可以嚣嚣矣。故士穷不失义，达不离道。穷不失义，故士得己焉；达不离道，故民不失望焉。古之人，得志，泽加于民；不得志，修身见于世。穷则独善其身，达则兼善天下。"

【译文】

孟子对宋勾践说："你喜欢游说各国的君主吗？我告诉你如何游说。别人理解我，我也泰然自得；别人不理解我，我也泰然自得。"

宋勾践说："要怎样才可以泰然自得呢？"

孟子说："崇尚德，喜欢义，就可以泰然自得了。所以，士人失意时不失掉义，得志时不离开道。失意时不失掉义，所以能保持本性；得志时不离开道，所以百姓不致失望。古代的人，得志，恩泽施于百姓；不得志，修养品德而表现于世间。失意时，就独善其身；得志时，就兼善天下。"

【评析】

本章中孟子回答宋勾践关于人怎样才能泰然自得，孟子认为崇尚德，喜欢义，就可以泰然自得了。孟子这里的表述非常深刻，要做到无论别人是否理解自己，自己都要做到泰然自得，这就需要高度自信，但高度自信不是夜郎自大和盲目骄傲，而是建立在"尊德乐义"的基础上；如果没有"尊德乐义"，就不可能泰然自得。

孟子在回答宋勾践的基础上，继续阐释了士在失意和得志两种情况下的人生选择：失意不得志时，不能忘记道义；得志时，不得意忘形，不能忘本，忘记初心，不能背离正道，而是要恩泽百姓，不能让百姓失望。孟子肯定了"古之人，得志，泽加于民；不得志，修身见于世。穷则独善其身，达则兼善天下"。

孟子这句话体现了传统知识分子儒道兼融、儒道互补的内涵，"独善其身"，这既是儒家的修养，也是道家的主张。陈子昂《祭韦府君文》："穷则独善其身，达则兼济天下"，把孟子原文中的"善"改成了"济"。

成语"穷不失义，达不离道""兼济天下""独善其身"出于这一章。

13.10　待文王而后兴

【原文】

孟子曰："待文王而后兴者，凡民也。若夫豪杰之士，虽无文王犹兴。"

【译文】

孟子说："周文王教化以后才兴起的，是芸芸众生。至于豪杰之士，即使没有文王，也能兴起。"

【评析】

孟子这段话强调了教化的重要作用，周文王的教化客观上具有点铁成金的作用，有可能促进芸芸众生中少数人挖掘平凡中的伟大，成为杰出人物。但少数豪杰之士，即使没有得到周文王的教化，依然可以通过其他途径增长才干，可以兴起。孟子这段话深刻揭示了人才开发的一般规律和特殊规律：待教化以后而兴，这是人才开发的一般规律；无教化而自兴，这是人才开发的特殊规律。无教化而自兴，客观上更加需要人的主体性。

13.11　虽富而自视欿然

【原文】

孟子曰："附之以韩魏之家，如其自视欿然，则过人远矣。"

【译文】

孟子说："用韩、魏两家的财富来增强他，如果他没有自满的样子，他就远远超过一般人了。"

【评析】

本章中的"韩魏之家",是指春秋时期晋国的韩氏和魏氏两家大臣。人生不以财富增加而沾沾自喜,而是应该注重对仁善的追求。孟子认为,这样的君子超过芸芸众生了。

13.12 佚道与生道

【原文】

孟子曰:"以佚道使民,虽劳不怨;以生道杀民,虽死不怨杀者。"

【译文】

孟子说:"用仁道役使百姓,百姓劳而无怨;以生民之道累死百姓,百姓也死而无怨。"

【评析】

孟子这段话对佚道与生道产生的不同结果进行了对比,认为用仁道役使百姓,百姓劳而无怨;以生民之道累死百姓,百姓也死而无怨。这里需要注意的是,在对"以生道杀民,虽死不怨杀者"的译文中,杨伯峻先生的译文是"在求老百姓安逸的原则下来役使百姓,百姓虽然劳苦,也不怨恨。在求老百姓生存的原则下来杀人,那人虽被杀死,也不会怨恨那杀他的人。"[1] 刘兆伟先生译文是"用活民之道治国,伤害了一些人,即使死了,也不怨恨伤害他们的统治者"[2]。诸位学者的译文都可以参考。

---

[1] 杨伯峻:《孟子译注》,中华书局 2012 年版,第 336 页。
[2] 刘兆伟:《孟子译注》,中华书局 2011 年版,第 393 页。

13.13　上下与天地同流

【原文】

孟子曰："霸者之民欢虞如也，王者之民皞皞如也。杀之而不怨，利之而不庸，民日迁善而不知为之者。夫君子所过者化，所存者神。上下与天地同流，岂曰小补之哉？"

【译文】

孟子说："霸主的百姓欢欣鼓舞，圣王的百姓心情舒畅。百姓要被杀了，也不怨恨；给了他好处，也不觉得应该酬谢；百姓天天向善而不知道谁教化的。圣人所到之处就会产生影响，停留之处就会濡化他人。上与天、下与地同时运转，难道说只是小小的补益吗？"

【评析】

孟子认为，在霸道和王道的不同背景下，百姓的表现也不一样，前者是"欢虞如也"，后者是"皞皞如也"。孟子所构想的"社会共同体""是一种可接受和向往的、美好的社会生活，这种社会生活不同于法家以权力中心的'宰制性'社会，孟子关心并尊重个体生命在社会生活中的尊严和意义，无法接受权力对个体生命粗暴地驾驭和奴役；孟子的理想社会也不同于道家向原始状态复归的'小国寡民'社会，原始、粗朴、简陋的社会生活不可能与文质兼美的圣王之治相提并论，他追求的是一种以天下为念的普遍性、文明化的社会生活"①。孟子所希望的社会是圣王掌权的国家，只有在圣王的国度，百姓才能真正心情舒畅。

孟子这段话最重要的是阐释了圣王所产生的教化作用。在圣王的管辖下，法律公正，"杀之而不怨"，得到恩惠也不需要回报，"利之而不

---

① 韩明港：《孟子社会共同体思想及其当代意义》，《西部学刊》2021 年 11 月上半月刊。

庸",百姓天天向善,已经成为自觉不自觉的自律,"而不知为之者"。本章中的"君子"是指圣王,而圣王所到之处就会不经意间发挥教化的作用,"所过者化,所存者神"。《周易》说天地人谓之三才,而孟子则说"上下与天地同流"。意思是说,圣王、百姓与天地合一,也就是传统哲学中的"天人合一"。

13.14 仁声优于仁言,善教优于善政

【原文】

孟子曰:"仁言不如仁声之入人深也,善政不如善教之得民也。善政,民畏之;善教,民爱之。善政得民财,善教得民心。"

【译文】

孟子说:"仁德的言语不如仁德的音乐沁人心脾,好的政治不如好的教育得民心。好的政治,百姓敬畏它;好的教育,百姓热爱它。好的政治得到百姓的财富,好的教育赢得百姓的内心。"

【评析】

孟子认为,仁德的音乐优于仁德的语言,好的教育优于好的政治。这一方面意味着孟子充分认识了音乐的审美教育作用;另一方面也意味着他看到了教育的重要性。有了好的教育,国民的素质提高了,圣王就很容易治理国家了,所以,好的教育优于好的政治。赵岐认为:"善政使民不违上,善教使民尚仁义也。"[①] 很显然,赵岐的意思也是善教优于善政。

从政治学和管理学的角度来看,只有好的教育,使民尚仁义,才能够真正弘扬人的主体性,尤其是礼乐教化往往具有特殊的审美教育作用,也是一般的政治所不能代替的。

---

① 赵岐:《孟子赵注》,景宋蜀刻本,广西师范大学出版社 2018 年版,第 427 页。

13.15　良能与良知

【原文】

孟子曰："人之所不学而能者，其良能也；所不虑而知者，其良知也。孩提之童，无不知爱其亲者；及其长也，无不知敬其兄也。亲亲，仁也；敬长，义也。无他，达之天下也。"

【译文】

孟子说："人没有学习就能做到的，是良能；没有思考就会知道的，是良知。幼儿没有不知道爱他父母的；等到他长大，没有不知道敬爱哥哥的。亲爱父母是仁，敬爱哥哥是义，没有别的原因，只因这两种品德是天下共有的。"

【评析】

良能与良知是孟子提出的人性论概念，是指天赋的道德能力和天赋的道德知识。孟子认为，幼儿就知道亲爱父母、恭敬兄长，这就是良知、良能。孟子从性本善的人性论出发，认为人的道德知识和道德能力都是天赋的，不是从后天的学习思考中得来的。孟子关于良知、良能的观点，不仅是他的性善论的表现，而且也揭示了性善是"人异于禽兽的根本，而且是人能以群分的奠基石"[1]。

明代王守仁发展了孟子的思想，提出"致良知"的学说，使良知这一概念不仅具有伦理意义，而且增添了认识论和本体论的含义。从人性论的角度来看，孟子这里所说的"达之天下"，在一定程度上反映了人类价值的共同性。

---

① 旷剑敏：《孟子思想对西方伦理思想的挑战》，《海南大学学报》2019 年第 2 期。

13.16　闻善言，见善行，若决江河

【原文】

孟子曰："舜之居深山之中，与木石居，与鹿豕游，其所以异于深山之野人者几希；及其闻一善言，见一善行，若决江河，沛然莫之能御也。"

【译文】

孟子说："舜住在深山，与树木、山石为伴，与鹿、猪同游，他与深山村夫不同的地方极少；等到他听到一句好的言语，看到一桩好的行为，就像决口的江河，汹涌澎湃难以阻挡。"

【评析】

舜是一位大贤，即使与山野的野生动物们生活在一起，生活方式也与山野村夫几乎没有什么不同，但他能够心怀天下，听到善言，看到善行，就会见贤思齐，自觉去学习。这种见贤思齐的动力来自生命内部，一旦激发起来，犹如决堤的江河，一泻千里不可阻挡。这一方面说明了善言善行的感召力量；另一方面也说明了舜这样的贤人胸怀大志，能够在人才的"蛰伏期"潜心修行，一旦来了机遇，就可以乘势而起，从而把潜人才转化为显人才。

13.17　无为与无欲

【原文】

孟子曰："无为其所不为，无欲其所不欲，如此而已矣。"

【译文】

孟子说："不做我不应该做的事情，不要我不想要的东西，这样就行了。"

【评析】

人生在世，都应该懂得应该追求什么，不应该追求什么，做自己应该做的事情，不要做不应该做的事情。

孟子这一思想很有意义，它启发我们要学会正确的自我认知，不追求身外之物，学会舍得，有舍才有得。狄德罗曾经说过："对于他所唯一最应该知晓的事情，即真、善、美。"① 我们追求应该追求的东西，放弃不应该追求的东西，才能把有限的时间和精力用于事业的发展上。

13.18　忧患者，其虑患也深

【原文】

孟子曰："人之有德慧术知者，恒存乎疢疾。独孤臣孽子，其操心也危，其虑患也深，故达。"

【译文】

孟子说："人之所以有道德、智慧、本领、知识，是因为他常处于忧患之中。只有孤臣、庶子，他们时常警醒自己，深深地担忧祸患，所以才能通达事理。"

【评析】

孟子这里阐释了德、慧、术、知四要素的由来。这四种要素不是先天的，也不是人在安逸无忧的环境中形成发展起来的。孟子认为，只有那些具有独立人格、不阿谀逢迎、处江湖之远的远臣和那些庶子，由于他们所处的环境，不得不居安思危，也许看待事物更能清醒客观一些，因而就越具有德、慧、术、知，这与《孟子·告子下》所说的"生于忧患，而死于安乐"具有异曲同工之妙。

---

① ［法］狄德罗：《论戏剧艺术下》，《文艺理论译丛》1958 年第 2 期。

13.19　大人正己而物正

【原文】

孟子曰："有事君人者，事是君则为容悦者也；有安社稷臣者，以安社稷为悦者也；有天民者，达可行于天下而后行之者也；有大人者，正己而物正者也。"

【译文】

孟子说："有侍奉君主的人，就是为了让君主高兴的人；有安定国家之臣，就是以安定国家为乐的人；有贤者，就是他的思想能通达于天下然后去实行的人；有圣人，是端正自己而使万物也随之端正的人。"

【评析】

孟子区分了四种不同人物的价值追求，充分肯定了安社稷臣、天民和大人的价值追求。其中，安社稷臣，以安邦定国为快乐；贤人以思想传播并能够实践为快乐；圣人率先垂范，正己而率先垂范，积极影响社会。

本章中的安社稷臣，是指社稷之臣，即是君主所依靠的大臣；天民，有学者认为是百姓，但结合语境来看，应该是指贤人；大人，这里是指杰出的卿大夫，或像孔子一样的圣人。有学者认为可以理解为诸侯，也可以通。而"事君人者"，则是指君主身边的侍臣，主要是供君主使唤，讨君主喜欢。

13.20　得天下英才而教育之

【原文】

孟子曰："君子有三乐，而王天下不与存焉。父母俱存，兄弟无故，一乐也；仰不愧于天，俯不怍于人，二乐也；得天下英才而教育之，三乐也。君子有三乐，而王天下不与存焉。"

【译文】

孟子说："君子有三件乐事，王天下不在其中。父母都健在，兄弟无灾殃，是第一件乐事；抬头不愧于天，低头不愧于人，是第二件乐事；得到天下优秀人才而教育他们，是第三件乐事。君子有三件乐事，德服天下还不包括在其中。"

【评析】

本章中的"王天下"不是与"霸天下"相对的一个概念，而是指称王天下，或者一统天下、统治天下。可以设想，孟子非常推崇仁政，如果以德服天下，这是人生很高的境界，为什么不快乐呢？很显然，这里的"王天下"不是德服天下的意思，或者说"王天下"不是一般的士所能实现的愿景。

对于孟子这里所说的君子"三乐"，我们可以这样理解：一是"父母俱存，兄弟无故"，这是天伦之乐；二是"仰不愧于天，俯不怍于人"，这是君子之乐；三是"得天下英才而教育之"，这是育人之乐。孟子为什么把称王天下排斥在快乐之外呢？这是因为称王天下对于一个人而言，这仅仅是外在的，而只有天伦之乐、君子之乐和育人之乐，这才是做人的内心的快乐。可以说，第一乐不是个人所能决定的，但第二乐和第三乐却是个人经过努力可以实现的。

关于育人之乐，"儒家对英才的标准不是重点大学的学生，而是有上进心的人。这种快乐，是把思想传给下一代，让人类社会不断进步。"[1]在孟子的教育观中，他非常重视人格教育。"孟子人格教育思想对于人的平等人格的阐释和发扬，在一定程度上突破了专制权力文化和专制等级观念的束缚，倡导了一种朴素的道德人格平等的理念。"[2]

孟子把家庭幸福视为人生第一快乐，客观上也揭示了家庭在人生和

---

① 傅佩荣：《先秦儒家哲学》，北京联合出版公司2018年版，第274页。
② 叶飞：《论孟子人格教育思想的平等理念》，《贵州师范大学学报》2020年第5期。

社会中的重要性，家和万事兴，家庭是社会的细胞，客观上都说明了家庭的重要性。我们人生在世，应该做"仰不愧于天，俯不怍于人"的正人君子，或者做一个"得天下英才而教育之"的教育家，这是何等的快乐！

13.21 仁义礼智根于心

【原文】

孟子曰："广土众民，君子欲之，所乐不存焉；中天下而立，定四海之民，君子乐之，所性不存焉。君子所性，虽大行不加焉，虽穷居不损焉，分定故也。君子所性，仁义礼智根于心，其生色也睟然，见于面，盎于背，施于四体，四体不言而喻。"

【译文】

孟子说："广袤的土地，众多的人民，是君子希望拥有的，但不是他的乐趣所在；屹立于天下的中央，安定四海的百姓，君子以此为乐，但不是他的本性所在。君子的本性，即使得志也不会骄傲；即使失意也并不会减少，这是因为本分已定。君子的本性，仁义礼智根植于心中，而表现在外的是温润和气，它表现在颜面，反映于肩背，融入四肢，四肢不言而喻。"

【评析】

这一章还是谈论快乐问题。孟子认为，君子不以占有土地和统治百姓为乐，虽然以安定四海的百姓为乐，但这只是外在之乐，而不是君子的本性。君子本性是"虽大行不加焉，虽穷居不损焉"，这与他所说的"穷则独善其身，达则兼善天下"可以相参照。孟子认为，君子的本性是仁义礼智存在心里，然后通过外在的形貌以及言谈举止都可以表现出来。

孟子这一思想十分可贵，他打破了士长期形成的思维定式，即大部分士往往以追求功名利禄为价值取向，以光宗耀祖为荣。在孟子看来，这些都是世俗的外在之乐，作为真正的士，应该追求仁义礼智，注重道德完善，实现上一章所说的君子"三乐"。

本章涉及的成语有："不言而喻"。

13.22　关心民生与老有所养

【原文】

孟子曰："伯夷辟纣，居北海之滨，闻文王作兴，曰：'盍归乎来！吾闻西伯善养老者。'太公辟纣，居东海之滨，闻文王作兴，曰：'盍归乎来！吾闻西伯善养老者。'天下有善养老，则仁人以为己归矣。五亩之宅，树墙下以桑，匹妇蚕之，则老者足以衣帛矣。五母鸡，二母彘，无失其时，老者足以无失肉矣。百亩之田，匹夫耕之，八口之家足以无饥矣。所谓西伯善养老者，制其田里，教之树畜，导其妻子，使养其老。五十非帛不暖，七十非肉不饱，不暖不饱，谓之冻馁。文王之民，无冻馁之老者，此之谓也。"

【译文】

孟子说："伯夷躲避纣王，住到北海之滨，听说文王兴起，说：'为什么不回去呢！我听说他是善于赡养老者的人。'姜太公躲避纣王，住到东海之滨，听说文王兴起，说：'为什么不回去呢！我听说他是善于赡养老者的人。'天下有善于赡养老者的人，仁人就把他那儿作为自己的归宿了。五亩地的宅院，在墙下栽植桑树，妇女养蚕缫丝，老年人足以穿丝绵了。五只母鸡，两头母猪，不要丧失它们繁殖的时机，老年人足以有肉吃了。百亩的土地，男子耕种，八口之家足以吃饱了。所谓西伯善于赡养老者，是指他制定了土地制度，教育人民栽种和畜牧，引导他们的妻子、儿女去奉养自己的老人。五十岁，没有丝绵衣穿就不暖和；七十岁，没有肉吃就感到饥饿。穿不暖吃不饱，叫作挨冻受饿。文王的百姓中没有挨冻受饿的老人，就是这个意思。"

【评析】

这一章主要谈了两个问题：一是关心民生；二是民生的具体化，即老有所养的问题。前者与《梁惠王上》① 有许多相同之处；后者与《离娄上》② 也有相同之处。总体而言，这一章旨在阐明关心民生的重要性，提出了解决民生的基本方法：不违农时，栽植桑树，养蚕缫丝，发展畜牧业，人们就可以吃饱穿暖了。

孟子认为，"让国民过上'善'的生活就是国家的重要目标，也是衡量统治者治国理政的关键尺度"③。从历史的角度来看，关心民生、解决百姓的温饱，是人类历史上很早以前就引起统治者和思想家关注的重要问题。

13.23 薄其税敛，民可使富

【原文】

孟子曰："易其田畴，薄其税敛，民可使富也。食之以时，用之以礼，财不可胜用也。民非水火不生活，昏暮叩人之门户求水火，无弗与者，至足矣。圣人治天下，使有菽粟如水火。菽粟如水火，而民焉有不仁者乎？"

【译文】

孟子说："整治好土地，减轻税收，可以使百姓富足。合理饮食，依礼消费，财物是用不尽的。百姓没有水和火就活不下去，黄昏夜晚敲别人的门来求水火，没有不给的，是因为水火充足。圣人治理天下，要使粮食多如水火。粮食多如水火，百姓哪有不仁爱的呢？"

---

① 参见本书《梁惠王上》中的 1.3 节和 1.7 节。
② 参见本书《离娄上》中的 7.13 节。
③ 肖永明、黄有年：《论孟子"义利之辨"展开的基础及其政治走向》，《孔子研究》2021 年第 3 期。

【评析】

在传统农业社会，农业是国家的根基和主要经济来源，发展农业有利于百姓安居乐业和国家稳定。这一章，孟子提出管理好土地，减少税赋，让百姓富裕起来。

孟子认为，百姓合理饮食，量入为出，财富就够用的了。圣人的职责就是让百姓富裕起来，粮食绰绰有余，多如水火，老百姓就会变成仁者了。孟子这里的思想与《管子》所说的"仓廪实则知礼节"具有异曲同工之妙。

13.24　观于海者难为水

【原文】

孟子曰："孔子登东山而小鲁，登泰山而小天下。故观于海者难为水，游于圣人之门者难为言。观水有术，必观其澜。日月有明，容光必照焉。流水之为物也，不盈科不行；君子之志于道也，不成章不达。"

【译文】

孟子说："孔子登上东山俯视鲁国，登上泰山俯视天下。所以见过海的人，别的水就不值一观；以圣人为师的人，别人的话就不值得听。观水有方法，一定要看它的波澜。日月明亮，光辉普照万物。水流的特性是，不灌满沟坎就不向前流；君子志于道，没有格局就难以通达。"

【评析】

从思维科学的角度来看，看问题的角度很重要，但看问题的高度更重要。孟子以孔子"登东山而小鲁，登泰山而小天下"为例，说明看问题要有高度，有了高度才能俯视一切，豁然开朗。因此，王之涣《登鹳雀楼》有"欲穷千里目，更上一层楼"之说。

孟子认为，观水之术在于"观其澜"，所以刘勰《文心雕龙》说：

"沿波讨源，虽幽必显。"孟子认为，水流与日月都很有格局，水流必须灌满沟坎才能前行；日月光辉充盈，才能普照万物；君子求道，只有大格局才能做到通达。元稹《离思五首·其四》有"曾经沧海难为水，除却巫山不是云"的感叹。著名作家王蒙认为"上善若水""是赞美水的谦卑与灵活顺应，除此之外，水的美德还在于它有本有源、丰沛充盈"[①]。由此可见，水这一特殊的自然事物是中国古代文人墨客所歌咏和描绘的主要审美对象，也是中国古代哲人探索人生哲理的重要参考依据。

13.25　善与利是判断舜与跖的标准

【原文】

孟子曰："鸡鸣而起，孳孳为善者，舜之徒也；鸡鸣而起，孳孳为利者，跖[②]之徒也。欲知舜与跖之分，无他，利与善之间也。"

【译文】

孟子说："鸡一叫就起床，孳孳不倦行善的人，是舜一类的人；鸡一叫就起床，孳孳不倦求利的人，是跖一类的人。要想知道舜和跖的区别，没有别的，就在'利'和'善'的中间。"

【评析】

孟子这一章比较了舜和跖的区别：舜之类的人是为了行善；跖之类的人是为了利益。所以，孟子的结论就是通过"利与善"的区别，可以判断这两类不同性质的人。

《晋书·祖逖传》记载了祖逖"闻鸡起舞"的故事，后来人们把"闻鸡起舞"比喻志士奋发向上、坚持不懈的精神。在孟子这一章中，

---

① 王蒙：《原则：极简孟子》，北京联合出版公司2019年版，第4页。

② 跖：亦作"跖"，即盗跖，春秋末鲁国人，又名柳下跖、柳展雄，在先秦古籍中被称为"盗跖"和"桀跖"，后世评价不一。

我们不妨把舜描述为"闻鸡而善"，把跖描述为"闻鸡而利"，以揭示二人的本质区别。

13.26 杨子拔一毛而利天下不为

【原文】

孟子曰："杨子取为我，拔一毛而利天下，不为也；墨子兼爱，摩顶放踵利天下，为之。子莫执中。执中为近之。执中无权，犹执一也。所恶执一者，为其贼道也，举一而废百也。"

【译文】

孟子说："杨子主张个人利益，拔一根汗毛而有利于天下，不去做；墨子主张兼爱，从头顶到脚跟都磨伤了只要利天下，都去做。子莫主张执中。主张执中就接近了中庸。主张执中如果不知权变，犹如拘执于一点。为什么厌恶拘执于一点呢？因为它有损于仁义之道，只是举其一点不及其余了。"

【评析】

孟子这里分析了杨朱与墨子两种比较极端的做法。杨朱虽然有"贵己"的思想，但个人至上的价值观决定了其思想的极端性；墨子虽然利天下，不辞劳苦，但又走向杨朱的另一个极端，按照墨子的思想，一个人为了大众利益，可以做苦行僧。因此，墨子反对杨朱和墨子的两个极端做法，肯定了鲁国贤人子莫的执中做法，认为杨朱和墨子极端的做法只顾一点不及其余，有损仁义之道。

孟子的天下观超越了"家天下"和官本位的局限，体现了中国古代知识分子以天下为己任的宏伟理想。"孟子天下观的卓越之处，就在于他有一种超越历史与现状的精神伟力。在中国古代社会里，他敢于突破家天下的思想藩篱，并在王权专制横行无阻的政治较量中，率先举起'民为贵，社稷次之，君为轻'的大旗，超越了一家一姓的政治价值理念，把天下生民的利益放在了首位。这是一种政治价值观的自我超越，更是一种仰望星空的伟大抱负！正因为如此，儒家学说才能够在封建王朝频繁更迭的中国古代社会里屹立不倒，始终如一。这充分证明了一个道理，那就是一种思想或意识形态，如果没有敢于超越自我的精神追求，终有一天会轰然倒下。为什么？因为超越自我是一种自我救赎的伟大力量。应该庆幸的是，中国传统儒学在孟子的时代里，就完成了这种伟大的超越，获得了一种可以持续自我救赎的伟大力量。"① 可以说，孟子的天下观体现了孟子无我、忘我的一种大格局，也是修身齐家治国平天下的具体体现。

本章涉及的成语有："一毛不拔"和"摩顶放踵"。

13.27　饥者甘食，渴者甘饮

【原文】

孟子曰："饥者甘食，渴者甘饮，是未得饮食之正也，饥渴害之也。岂惟口腹有饥渴之害？人心亦皆有害。人能无以饥渴之害为心害，则不及人不为忧矣。"

【译文】

孟子说："肚子饿的人什么食物都觉得好吃，干渴的人任何饮料都觉得甘甜，这样是不能品尝到饮料食品的正常滋味的，因为饥渴损害了他的味觉。难道只有口舌肚腹有饥渴的损害吗？人心也都有这种损害。人不使心灵遭受口舌肚腹那样的饥渴，就没有比不上别人优秀的忧虑了。"

【评析】

饥不择食，渴不择饮。人在饥渴时只顾眼前生理的需求，顾不上慢慢品尝食物和饮料的味道，这都是由于饥渴造成的。因此，墨子认为人

---

① 陈学凯：《孟子天下观与战国儒学的思想转换》，《儒学评论》2018 年第 12 辑。

生修养要持之以恒，不能饥不择食和渴不择饮，因为这样容易影响心灵的健康，使心灵失去对事物的认知和判断能力。

孟子这段话体现了价值论的哲学思想。饥不择食，渴不择饮，不是对食物和饮料正常的价值判断，而是对食物和饮料在饥不择食、渴不择饮这一特殊情况下的价值判断。孟子由饥不择食和渴不择饮推及人的心灵修养，认为人应该保持正常的心灵修养，不要等心灵饥渴了再去修养心灵。

13.28　柳下惠不以三公易其介

【原文】

孟子曰："柳下惠不以三公易其介。"

【译文】

孟子说："柳下惠不因为做大官就改变他的操守。"

【评析】

人生哲学表明，人的一生是在不断发展变化的，变是绝对的，不变是相对的，关键是看一个人怎么变。一个具有比较高的修养的人，应该越变越好，而不是越变越坏，忘记初心。孟子这里肯定了柳下惠做大官不改变操守的高风亮节。

13.29　有为者不能浅尝辄止

【原文】

孟子曰："有为者辟若掘井，掘井九轫而不及泉，犹为弃井也。"

【译文】

孟子说："有所作为的犹如挖井，挖到六七丈深不见泉水，犹如废井。"

【评析】

韧：同"仞"，古代以八尺或七尺为一仞。孟子这里通过挖井为例，说明要有所作为，做事就不能半途而废、浅尝辄止。人生之路，贵在坚持，一方面要持之以恒的努力；另一方面也需要选择正确的突破口，否则就会劳而无功。

13.30　久假而不归，恶知其非有

【原文】

孟子曰："尧舜，性之也；汤武，身之也；五霸，假之也。久假而不归，恶知其非有也。"

【译文】

孟子说："尧舜仁德是本性；商汤和周武王是身体力行；五霸是借来匡正诸侯。久借不还，又怎知这不是他的呢？"

【评析】

孟子从性善论出发，认为尧舜仁德是他们先天的本性，而商汤和周武王是身体力行，春秋五霸则是打着仁义的旗号追求霸业。时间长了，人们就难以辨清事情的真相。人们常说"假话重复一千遍，就仿佛成了真理"。"久假而不归"，人们也就难以识别真假了。

13.31　放太甲和太甲贤，民皆大悦

【原文】

公孙丑曰："伊尹曰：'予不狎于不顺，放太甲于桐，民大悦。太甲贤，又反之，民大悦。'贤者之为人臣也，其君不贤，则固可放与？"

孟子曰："有伊尹之志，则可；无伊尹之志，则篡也。"

【译文】

公孙丑说:"伊尹说:'我不亲近违背义礼的人,就把太甲放逐到桐邑,百姓非常高兴。太甲变好了,又让他回到朝廷,百姓非常高兴。'贤人作为臣属,君王不好,本来就可以放逐他吗?"

孟子说:"有伊尹的志向,就可以;没有伊尹的志向,就是篡夺。"

【评析】

晋灵公是昏君,《左传·宣公二年》载大臣士季劝谏曰:"人谁无过?过而能改,善莫大焉。"《史记·殷本纪》记载:"帝太甲既立三年,不明,暴虐,不遵汤法,乱德,于是伊尹放之于桐宫。三年,伊尹摄行政当国,以朝诸侯。帝太甲居桐宫三年,悔过自责,反善,于是伊尹乃迎帝太甲而授之政。帝太甲修德,诸侯咸归殷,百姓以宁。伊尹嘉之,乃作《太甲训》三篇,褒帝太甲,称太宗。"孟子这一章分析了伊尹对待太甲态度的变化,说明人非圣贤孰能无过,过则改之,善莫大焉,都可以得到百姓的拥护。

13.32 高度重视君子的社会作用

【原文】

公孙丑曰:"《诗》曰,'不素餐兮',君子之不耕而食,何也?"

孟子曰:"君子居是国也,其君用之,则安富尊荣;其子弟从之,则孝悌忠信。'不素餐兮',孰大于是?"

【译文】

公孙丑说:"《诗经》说:'不白吃饭哪',君子不种庄稼却吃饭,为什么呢?"

孟子说:"君子居住在一个国家,君王用他,就会平安、富足、尊贵而有名誉;少年子弟信从他,就会孝父母、敬兄长、忠心而且信实。你说'不白吃饭'，贡献还有比这更大的吗？"

【评析】

公孙丑请教孟子，《诗经·魏风·伐檀》说君子"不素餐兮！"是指君子不劳而食。孟子站在社会发展进步的高度，分析了君子脑力劳动的多种社会作用，认为君主只要发挥君子的作用，就会"安富尊荣"，对于社会教化而言，培养的学生能够"孝悌忠信"。

在人类社会发展史上，古今中外，知识分子都是一个非常重要的社会群体，在社会发展过程中具有非常重要的作用。

13.33　士的使命在于居仁由义

【原文】

王子垫问曰："士何事？"

孟子曰："尚志。"

曰："何谓尚志？"

曰："仁义而已矣。杀一无罪，非仁也；非其有而取之，非义也。居恶在？仁是也；路恶在？义是也。居仁由义，大人之事备矣。"

【译文】

王子垫问："士应当做什么？"

孟子说："崇尚志向。"

王子垫问："什么叫崇尚志向？"

孟子说："追求仁义而已。杀一个无罪的人，是不仁；不是己有却占有，是不义。住在哪里？住在仁里；路在哪里？就在义里。住在仁的屋子里，走在义的大路上，伟人的事业就齐备了。"

【评析】

王子垫，齐国王子，名垫。孟子认为士的人生理想在于"尚志"，就是崇尚远大的志向。著名作家王蒙指出："一个没有志向的人，即使再努力，也只能获得一时的成功；一个志向较低的人，即使遇到好的机遇，也会因为自身的浅薄而错失良机。"① 孟子提出尚志，身体力行，成为亚圣。

《孟子·告子上》说："义，人路也。"孟子认为，士应该毕生追求仁义，"居仁由义"，才能做出大事业。在孟子关于"义"的诸种论述中，他的"人路"说匠心独具。孟子所说的"人路"并非"指人走路，而是指人生之路。人生之路需要有价值观的指引，需要有正确的方向。这个正确的方向是'是'，是'善'，而不正确的方向是'非'，是'恶'。人能够辨别自己正确的人生方向是人重要的本质"② 孟子以仁为心，以义为路，心路结合，内仁外义，仁义相融，为后人追求仁义提供了一条可行之路。

成语"居仁由义"出于这一章。

13.34　不能以其小者信其大者

【原文】

孟子曰："仲子，不义与之齐国而弗受，人皆信之，是舍箪食豆羹之义也。人莫大焉亡亲戚君臣上下。以其小者，信其大者，奚可哉？"

【译文】

孟子说："陈仲子，如果不符合道义，给他齐国也不会接受，别人都相信他，这种义也只是舍弃一筐饭、一碗汤的义。人的罪过没有比不要父兄君臣尊卑还大的。因为他有小节操，就相信他的大节操，怎么可以呢？"

【评析】

仲子，即陈仲子。可以参见《滕文公下》第6.10节。

"人莫大焉亡亲戚君臣上下"，即"亡亲戚君臣上下，人莫大焉"，

---

① 王蒙：《原则：极简孟子》，北京联合出版公司2019年版，第56页。
② 周海春、荣光汉：《论孟子之"义"》，《哲学研究》2018年第8期。

也就是说，人之罪过莫大于此。孟子这一章继续批评陈仲子不食人间烟火和不要亲情的极端做法。孟子认为，陈仲子是追求小义，而不是大义。

孟子这段话对于我们正确认识和评价他人，提供了一条很重要的思路，即我们不能因小失大，小节固然重要，但更重要的是要从整体上去认识和评价一个人，不能只见树木，不见森林。

13.35　弃天下犹弃敝蹝

【原文】

桃应问曰："舜为天子，皋陶为士，瞽瞍杀人，则如之何？"

孟子曰："执之而已矣。"

"然则舜不禁与？"

曰："夫舜恶得而禁之？夫有所受之也。"

"然则舜如之何？"

曰："舜视弃天下犹弃敝蹝也，窃负而逃，遵海滨而处，终身欣然，乐而忘天下。"

【译文】

桃应问："舜做天子，皋陶做法官，如果瞽瞍杀了人，那怎么办？"

孟子说："把他逮捕起来罢了。"

桃应问："那么，舜不阻止吗？"

孟子说："舜为什么要阻止呢？皋陶那样做是有依据的。"

桃应问："那么，舜该怎么办呢？"

孟子说："舜把丢掉天子之位看作丢掉破拖鞋一般，偷偷地背着父亲逃走，在海边住下来，一辈子逍遥快乐，忘记曾经君临天下。"

【评析】

孟子回答弟子桃应的问话，认为舜是一个贤君，不干扰皋陶执法，但又顾及亲情，可以偷偷背着父亲逃走，因为舜没有权力欲，而是"视弃天下犹弃敝蹝"，然后可以欣然"乐而忘天下"。

孟子对待瞽瞍杀人的假设，从三个角度出发进行了推理：一是舜不贪恋天子之位；二是舜是孝敬父母的典范；三是舜虽然贵为天子，但不能利用权力干预司法。

成语"弃如敝履"出于这一章。

13.36　居移气，养移体

【原文】

孟子自范之齐，望见齐王之子，喟然叹曰："居移气，养移体，大哉居乎！夫非尽人之子与？"

孟子曰："王子宫室、车马、衣服多与人同，而王子若彼者，其居使之然也，况居天下之广居者乎？鲁君之宋，呼于垤泽之门。守者曰：'此非吾君也，何其声之似我君也？'此无他，居相似也。"

【译文】

孟子从范邑到齐都，望见齐王的儿子，长叹一声说："环境改变气度，营养改变身体，环境真是重要哇！他不也是人的儿子吗？"又说："王子的住所、车马和衣服多数和别人相同，为什么王子却像那样呢？他的环境影响这样的，更何况是住在'仁'的广厦中的人呢？鲁君到宋国去，在宋国的东南城门下呼喊，守门的说：'这不是我的君主，为什么他的声音像我们的君主呢？'这没有别的缘故，环境相似罢了。"

【评析】

孟子这一章主要探讨了环境对人的气质风貌的影响。从人与环境的关系来看，环境一方面是人的环境；但另一方面人也是环境的产物。人们常说，环境影响人，环境塑造人。因此，在了解人的过程中，应该进一步把人与环境的互动关系纳入思维视野，进一步揭示环境对人的多方面影响。

13.37 君子不可虚拘

【原文】

孟子曰："食而弗爱，豕交之也；爱而不敬，兽畜之也。恭敬者，币之未将者也。恭敬而无实，君子不可虚拘。"

【译文】

孟子说："供养却不爱，等于养头肥猪；爱他而不敬，等于养狗养马。恭敬之心不是光靠礼物就能表达的。表面恭敬内心没有恭敬，君子不被这种虚情假意所拘束。"

【评析】

人才的价值贵在适才适所，能够得到尊敬，发挥其聪明才智。孟子这一章分析了君主养士不能养而不爱、不敬，这如同蓄养动物。因此，孟子认为，君子不能被这种虚情假意所遮蔽。

从人才学的角度来看，尊重人才最重要的就是尊重人才的人格，尊重人才的思想。尊重人才，理解人才，任用人才，而不仅仅是给人才以良好的物质条件。

13.38 圣人可以践形

【原文】

孟子曰："形色，天性也；惟圣人然后可以践形。"

【译文】

孟子说："人的身体容貌是天生的，但只有圣人才能体现人的天赋品质。"

【评析】

从遗传学的角度来看，人的身高和相貌主要是遗传而来的，但孟子认为，只有圣人才能更好地体现人的天赋品质。"人之有形有色，无不各有自然之理，所谓天性也。"[1] 实际上，所谓圣人，虽然身体相貌是先天的，但是其家教、家风的熏陶濡化，对圣人的成长也是非常重要的。唯其如此，经过后天主客观因素的优化组合，才能成为一个真正的圣人。

13.39　正确对待守孝的时间

【原文】

齐宣王欲短丧。

公孙丑曰："为朞之丧，犹愈于已乎？"

孟子曰："是犹或紾其兄之臂，子谓之'姑徐徐'云尔，亦教之孝悌而已矣。"

王子有其母死者，其傅为之请数月之丧。

公孙丑曰："若此者何如也？"

曰："是欲终之而不可得也。虽加一日愈于已，谓夫莫之禁而弗为者也。"

【译文】

齐宣王想要缩短守孝的时间。

公孙丑说："守孝一年，还比停止守丧礼强些吧？"

孟子说："这好比有人在扭他哥哥的胳膊，你却对他说，暂且慢慢地扭吧，也教他孝顺父母尊敬兄长就行了。"

王子有死了母亲的，他的师傅为他请求守孝几个月。

公孙丑问："像这样的事，怎么样？"

孟子说："这是想把三年的丧期守满却做不到。即使多守孝一天也比

---

① 朱熹：《四书集注》，凤凰出版社 2005 年版，第 382 页。

不守孝好，是对那些没人禁止他守孝却不去守的人说的。"

【评析】

　　孟子这一章主要探讨了守孝的时间问题，孟子认为，守孝的关键不是时间的多少，而是情感需要真诚，关键是看守孝人是否真正表达了自己的孝心。从社会发展进步的角度来看，随着人类对生命死亡的科学认识，守孝的传统表达方式也随着社会的发展变化而变化。对此，我们不必拘泥于守孝的时间问题，而是要看儿女是否对父母尽了孝心。儿女只要对父母尽了孝心，守孝的时间可以灵活掌握，不必拘泥于繁文缛节。

13.40　君子的五种教育方法

【原文】

　　孟子曰："君子之所以教者五：有如时雨化之者，有成德者，有达财者，有答问者，有私淑艾者。此五者，君子之所以教也。"

【译文】

　　孟子说："君子教育的方式有五种：有春风化雨的，有培养品德的，有培养才能的，有解答疑问的，有取人之善以自治其身的。这五种，就是君子教育的方式。"

【评析】

　　孟子分析了君子五种教育方式，涉及教育方法和培养内容。在教育方法上，有春风化雨的；在培养内容上，有注重培养品德和才能的，还有解答疑问的，如同韩愈所说"师者，所以传道、授业、解惑"。这里所说的"私淑艾"，是指没有正式拜师却受到巨大影响的人。

　　从人才培养的复杂性和丰富性来看，培养人才没有绝对的统一模式，教师有权根据师生双方的主客观因素，采取灵活多样的育人内容和育人方式。关键是要培养出高素质的人才，这才是达到了目的。

《孟子·离娄下》中有"予未得为孔子徒也，予私淑诸人也"之说。本章中的财：同"材"。私淑艾：淑，同"叔"，拾；艾，同"刈"（yì），取；私淑艾，就是私淑，私自拾取。

13.41　中道而立，能者从之

【原文】

公孙丑曰："道则高矣，美矣，宜若登天然，似不可及也。何不使彼为可几及而日孳孳也？"

孟子曰："大匠不为拙工改废绳墨，羿不为拙射变其彀率。君子引而不发，跃如也。中道而立，能者从之。"

【译文】

公孙丑说："道很高，很美好，大概像登天一样，似乎高不可攀，为什么不让攀登者为了几乎可攀上而每天努力呢？"

孟子说："高明的工匠不因为笨拙的工匠改变规矩，羿也不因为笨拙的射手变更拉弓标准。君子张满了弓，却不发箭，跃跃欲试的样子。他在正确道路的正中站住，有能力的就会紧跟上来。"

【评析】

彀率：彀（读 gòu），张满弓；率，读 lù，法规，标准；彀率，开弓的标准。

公孙丑指出"道则高矣，美矣，宜若登天然，似不可及也"。这句话客观上揭示了道的抽象性和神秘性特征，道既高又美，有点像登天，似乎可望不可即。实际上，这里所说的道，也就是仁德或者中道。对此，孟子也给予了回答。孟子推崇高明的工匠和后羿，他们都不因为笨拙的工匠或射手而改变标准。孟子认为，君子执中，具有示范作用，其他人就有可能随后跟上来。

本章涉及的成语有"引而不发"。

13.42　以道殉身与以身殉道

【原文】

孟子曰："天下有道，以道殉身；天下无道，以身殉道。未闻以道殉乎人者也。"

【译文】

孟子说："天下清明，道以身显；天下黑暗，为道殉身；没有听说牺牲'道'来迁就人的。"

【评析】

《论语·里仁》孔子曰："朝闻道，夕死可矣。"孟子深受孔子的影响，高度重视对道的追求，分析了政治清明和黑暗两种情况下君子出现的两种情况："天下有道，以道殉身；天下无道，以身殉道。"朱熹《四书集注》："身出则道在必行……道屈则身在必退，以死相从而不离也。"这段话集中表明了孟子关于君子对道的态度，无论天下有道还是天下无道，君子都要为道奉献一切，而不能让道来迁就人。

成语"以身殉道"出于这一章。

13.43　要以礼请教老师

【原文】

公都子曰："滕更之在门也，若在所礼，而不答，何也？"

孟子曰："挟贵而问，挟贤而问，挟长而问，挟有勋劳而问，挟故而问，皆所不答也。滕更有二焉。"

【译文】

公都子说："滕更在您门下的时候，似乎得到礼遇，可您不回答他，为什么呢?"

孟子说:"仗着权势来发问,仗着贤能来发问,仗着年长来发问,仗着有功来发问,仗着故交来发问,都是我不回答的。滕更占了两条。"

【评析】

尊师重教,这是发展教育和培养人才的重要举措。尊师,是从内心里尊敬老师,真诚要向老师虚心请教,不能依仗权势和其他因素刁难老师。本章中,滕更是滕国国君的弟弟,虽然是孟子的学生,但孟子不满意滕更的问话态度,所以没有给予回答。

13.44 其进锐者,其退速

【原文】

孟子曰:"于不可已而已者,无所不已。于所厚者薄,无所不薄也。其进锐者,其退速。"

【译文】

孟子说:"对于不该放弃的却放弃了,就没什么不可以放弃的了;对于应厚待的人却薄待他,那就没有谁不可以薄待了。前进快的人,后退也快。"

【评析】

人生在世,一些必须做的事情,就必须去做,而不能随意放弃。因此,孟子认为,一个人如果把不该放弃的都放弃了,那么其他的也就没有什么不能放弃了;一个人如果忘恩负义,那么对其他人也就很难厚待了。孟子这里是强调人的仁德修养,不该放弃的就一定不能放弃,理应对厚者更厚。

《论语·子路》载孔子曰:"无欲速,欲速则不达。"孟子这里讲其"进锐者,其退速"说明发展不能违背规律,这与孔子思想遥相呼应,也是强调发展的客观规律性。

13.45　亲亲而仁民，仁民而爱物

【原文】

孟子曰："君子之于物也，爱之而弗仁；于民也，仁之而弗亲。亲亲而仁民，仁民而爱物。"

【译文】

孟子说："君子对于万物，爱惜而不实行仁德；对于百姓，实行仁德却不亲爱。亲爱亲人，进而仁爱百姓；仁爱百姓，进而爱惜万物。"

【评析】

孟子这里指出君子对待万物的态度是爱惜而不需要实行仁德，对待百姓仁德却不亲爱。孟子这里说的"弗亲"，是指君子对待百姓应该实行仁德，而不可能做到对每个人都亲爱。由此出发，孟子指出了君子应该具有的态度则是"亲亲而仁民，仁民而爱物"。其内在逻辑是：由爱亲人→仁爱百姓→爱惜万物，由此实现了人与社会和自然的和谐统一。

13.46　当务之为急

【原文】

孟子曰："知者无不知也，当务之为急；仁者无不爱也，急亲贤之为务。尧舜之知而不遍物，急先务也；尧舜之仁不遍爱人，急亲贤也。不能三年之丧，而缌、小功之察；放饭流歠，而问无齿决，是之谓不知务。"

【译文】

孟子说："智者没有不知道的，解决当务之急；仁者没有不爱人的，务必先爱亲人和贤人。尧舜的智慧也不能遍知一切，因为他们急于解决首要任务；尧舜的仁德不能遍爱所有人，因为他们急于爱亲人和贤者。如果不能实行三年的丧礼，却仔细讲究缌麻三月、小功五月的丧礼；胡吃海喝，却讲究不用牙齿咬断干肉，这个叫作不识时务。"

【评析】

孟子认为，虽然智者似乎无所不知，但也要先抓当务之急；仁者爱人，但需要先爱亲人和贤人；尧舜虽然很智慧，但也需要关心最急迫的事物，先爱亲人和贤人。孟子的意思是说，无论是知者、仁者还是尧舜，都要抓大放小，先急后缓，先主后次。尧舜虽然是圣人，但也不是无所不知，但他们善于谋大局。

"不知务"，有学者翻译为"不识大体"，亦可，但也可以理解为"不知时务"。南朝·宋·范晔《后汉书·张霸传》："时皇后兄虎贲中郎将邓骘，当朝贵盛，闻霸名行，欲与为交，霸逡巡不答，众人笑其不识时务。"从成语的流变来看，也许是从"不知务"→"不知时务"→"不识时务"。所以，我们不妨也可以把这一章的"不知务"理解为成语"不识时务"的最初来源。

本章涉及的成语有"当务之急"。

第十四章

尽心下译评

【本章引语】

《尽心下》共38节。

14.1：孟子批评梁惠王，仁者以其所爱及其所不爱，不仁者以其所不爱及其所爱。

14.2：孟子揭露春秋时期战争的本质，春秋无义战。

14.3：孟子认为，尽信《书》则不如无《书》；仁人无敌于天下。

14.4：孟子认为，国君好仁，天下无敌。反对一般的战争，赞同正义的战争。

14.5：孟子认为，规矩不等于与技巧，要好的技巧，还需要反复实践。

14.6：孟子赞扬舜不忘初心，贫不卑而富不亢，始终如一。

14.7：孟子谈"杀人亲之重"，要想到杀人可能产生的严重后果，认为不能轻易杀人。

14.8：孟子认为，设置关口古今目的不同：古代将以御暴，现在将以为暴。

14.9：孟子认为，身不行道与使人不以道。

14.10：孟子分析了周于利者与周于德者。

14.11：孟子分析好名之人与苟非其人，要求正确对待名誉。

14.12：不信仁贤，则国空虚。孟子强调君主信用人才、社会礼仪和理政的重要性。

14.13：孟子认为，不行仁，就无法得天下。

14.14：孟子提出：民为贵，社稷次之，君为轻。这是孟子最具革命性的观点。

14.15：孟子认为，圣人是百世之师，能够"百世之下，闻者莫不兴起"。

14.16：孟子认为，仁也者，人也。人践行仁，合于道。

14.17：孟子分析了孔子去鲁和去齐的不同感情。

14.18：孟子认为，孔子困在陈蔡之间，是因为与两国君臣缺乏沟通。

14.19：孟子以孔子和文王为例，说明应该坦然面对流言蜚语。

14.20：孟子认为，贤者以其昭昭使人昭昭，今以其昏昏使人昭昭。

14.21：孟子认为，介然用之而成路。

14.22：孟子认为，以追蠡不能说明禹之声尚文王之声。

14.23：孟子认为，不做冯妇，冯妇不能善始善终，为士人所笑。

14.24：孟子分析了性与命，尊重人的本性，也要体现命的吁求。

14.25：孟子分析了善、信、美、大、圣、神。"可欲之谓善，有诸己之谓信，充实之谓美，充实而有光辉之谓大，大而化之之谓圣，圣而不可知之之谓神。"

14.26：孟子分析了逃墨归于杨与逃杨归于儒。

14.27：孟子认为，征税要有度，君子用其一，缓其二。

14.28：孟子认为，诸侯之宝是土地、人民与政事。以珠玉为宝，将祸及自身。

14.29：孟子强调闻君子大道的重要性，认为仅有小才是不够的。

14.30：孟子收徒往者不追，来者不拒。

14.31：孟子阐释了仁和义及其追求仁和义的具体做法。达之于其所忍，达之于其所为。

14.32：孟子认为，言近旨远与守约施博。不要种了别人的地，荒了自己的田；不要宽以待己，严以律人。

14.33：孟子认为，经德不回与言语必信。君子的修身不是为了谋求官职和显摆自己。

14.34：孟子充分肯定君子的骨气和人格，"勿视其巍巍然"，"吾何畏彼哉！"

14.35：孟子反对多欲，主张寡欲，认为养心莫善于寡欲。

14.36：孟子认为，曾子孝敬父亲，不忍食羊枣，长辈喜欢吃的东西，如果太少，就只留给长辈吃。

14.37：孟子强调不忘其初，反对同流合污，反对言实不符，反对老好人。走正道，百姓才能振兴起来。

14.38：关于历史文化的传承性。

14.1　仁者与不仁者

【原文】

孟子曰："不仁哉梁惠王也！仁者以其所爱及其所不爱，不仁者以其所不爱及其所爱。"

公孙丑问曰："何谓也？"

"梁惠王以土地之故，糜烂其民而战之，大败；将复之，恐不能胜，故驱其所爱子弟以殉之，是之谓以其所不爱及其所爱也。"

【译文】

孟子说："不仁啊，梁惠王这个人！仁人把所喜爱者的恩德推广到他不爱的人，不仁者却把他不喜爱者的祸害推给他喜爱的人。"

公孙丑问："这是什么意思呢？"

孟子说："梁惠王为了争夺土地，驱使百姓作战，大败后百姓尸体糜烂；预备再战，怕不能得胜，又驱使他喜爱的子弟去决一死战，这个就叫作把他给不喜爱者的祸害推广到他喜爱的人。"

【评析】

孟子这一章明确提出了"仁者"与"不仁者"的重要区别：仁人把所喜爱者的恩德推广到他不爱的人，不仁者却把他不喜爱者的祸害推给他喜爱的人。也就是说，仁者爱人，甚至推及不喜欢的人；而不仁者则是把祸害推广到喜欢的人。孟子这里赞扬了仁者的做法，批评了梁惠王这样的不仁者的错误，揭露了战争给百姓带来的灾难；梁惠王"糜烂其民"的恶果就是百姓尸横遍野，他所喜爱的子弟也无能幸免。

14.2 春秋无义战

【原文】

孟子曰："春秋无义战。彼善于此，则有之矣。征者，上伐下也，敌国不相征也。"

【译文】

孟子说："春秋时代没有正义战争。那一国的君主比这一国的君主好一点，那是有的。但是征讨的意思是以上罚下，同等级的国家是不能互相征讨的。"

【评析】

春秋战国时期，战争频繁，给百姓造成巨大灾难。孟子以民为本，深刻地揭示了"春秋无义战"的本质。所谓"上罚下"，是指天子对诸侯的讨伐。孟子认为地位平等的国家之间互相不能讨伐。

14.3   尽信《书》则不如无《书》

【原文】

孟子曰："尽信《书》，则不如无《书》。吾于《武成》，取二三策而已矣。仁人无敌于天下，以至仁伐至不仁，而何其血之流杵也？"

【译文】

孟子说："完全相信《书经》，那还不如没有《书经》。我对《武成》一篇，取其两三片简罢了。仁人无敌于天下，以大仁大德讨伐不仁不德，怎么会让血流得把捣米槌都漂浮起来了呢？"

【评析】

孟子这一章为我们提供了一种非常重要的读书方法论，有利于我们克服教条主义，"尽信《书》，则不如无《书》"。我们读任何书，都需要有独立思考，不能盲从书中的观点，要入乎其内，出乎其外。对于任何学问，我们都需要认真分析，辩证思考，决不能人云亦云。

孟子认为，仁人无敌于天下，周武王凭借大仁大德，讨伐商纣王的不仁不德，怎会造成"血之流杵"的灾难呢？孟子对此持有怀疑的态度，没有拘泥于古代记载。

14.4　国君好仁，天下无敌

【原文】

孟子曰："有人曰：'我善为陈，我善为战。'大罪也。国君好仁，天下无敌焉。南面而征，北狄怨；东面而征，西夷怨，曰：'奚为后我？'武王之伐殷也，革车三百两，虎贲三千人。王曰：'无畏！宁尔也，非敌百姓也。'若崩厥角稽首。'征'之为言'正'也，各欲正己也，焉用战？"

【译文】

孟子说："有人说：'我擅长布阵，我擅长打仗。'这是大罪。国君喜爱仁德，打遍天下无敌手。商汤往南征讨，北狄埋怨；往东征讨，西夷埋怨，说：'为什么把我排在后面？'周武王讨伐殷商，兵车三百辆，勇士三千人。武王说：'不要害怕！我是来安定你们的，不是与百姓为敌的。'百姓都在地上磕头。'征'的意思是'正'，各人都希望端正自己，哪里用着战争呢？"

【评析】

　　孟子反对一般的战争，认为具有打仗本领的人都是大罪。孟子这里的前提是，他虽然反对为争夺土地和财富的战争，但并不反对仁义之师，他肯定了商汤和周武王的仁义之师，所到之处，那里的百姓都盼望着得到解放。有学者认为，"孟子的武德思想，以'仁者无敌'为中心，强调'仁'压倒暴力的绝对力量，是对孔子武德思想的继承与发展，代表了儒家'武德'观念中趋于理想化的面相，这使得孟子武德思想为后世个人与集体层面上追求武德理想构筑了文化基础。当下重新重视孟子思想中的'武德'观念，既是对孟子、儒学研究的补全，也可为培育刚健自强的民族精神贡献力量。"① 因此，孟子注重君主行仁义之师，而不是依靠武力征服别的国家。孟子这种武德思想是值得肯定的。

　　简言之，孟子对于战争的最高理想是仁义之师，是正义战争，能够不战而胜，也是得道多助的具体表现。但在混乱的局势下，"失天下，谓礼乐征伐不自天子出，天下不奉天子之令也"②。战争可能会出现无序的混乱状态。

　　本章可以参考《滕文公下》第6.5节。

14.5　规矩与技巧

【原文】

　　孟子曰："梓匠轮舆，能与人规矩，不能使人巧。"

【译文】

　　孟子说："木工和专做车轮、车厢的人只能够把规矩传授给别人，却不能够让别人一定有技巧。"

---

① 杨传召、赵敏俐：《孟子武德思想及其现代价值》，《齐鲁学刊》2018年第6期。
② 焦循：《孟子正义》上，中华书局2017年版，第529页。

【评析】

没有规矩不成方圆，这是颠扑不破的真理。但是，即使有了规矩，也不一定能够成方圆，还要看人们是否按规矩办事。规矩是具体的，也是抽象的，要把规矩变成人的技巧，还需要把对规矩的理解和掌握与实际结合起来，经过反复的实践，才能获得遵循规矩的技巧。技巧虽然是可以理解的，但是不能传达给另一个人。孟子这句话言简意深，颇给人以启迪。

在文艺创作领域也是如此。人们可以通过学习文艺理论，掌握一些创作原理和创作规律，但不一定会创作，也未必能够获得创作灵感。也就是说，掌握"规矩"，"不能使人巧"。

14.6 舜不忘初心

【原文】

孟子曰："舜之饭糗茹草也，若将终身焉；及其为天子也，被袗衣，鼓琴，二女果，若固有之。"

【译文】

孟子说："舜吃干粮啃野菜，似乎要终身如此；等他做了天子，穿着华美的衣服，弹着琴，尧的两个女儿侍候着，好像这些本来就是他的。"

【评析】

大贤能够苦其心志，劳其筋骨，才能历练意志。舜就是如此，他吃干粮野菜，能够吃苦耐劳，忍受人生的磨难，寄希望于未来。即使贵为天子，弹着琴，有尧的女儿陪伴，内心也很坦然，仍然心怀百姓。孟子这段话赞扬了舜能够坦然面对人生的艰辛与荣耀，不失本心。艰难困苦，舜能够百折不挠；荣华富贵，舜也能泰然处之，不忘初心。

14.7　杀人亲之重

【原文】

孟子曰："吾今而后知杀人亲之重也：杀人之父，人亦杀其父；杀人之兄，人亦杀其兄。然则非自杀之也，一间耳。"

【译文】

孟子说："我今天才知道杀别人亲人的严重了：杀了别人的父亲，别人也就会杀他的父亲；杀了别人的哥哥，别人也就会杀他的哥哥。那么，不是被自己杀的，但也相去不远了。"

【评析】

自古以来，杀人都是重罪。即使官府不判罪，被杀之人的亲人也会复仇，这也就是孟子所说的"杀人之父，人亦杀其父；杀人之兄，人亦杀其兄"。一个人杀了别人的父亲和哥哥，别人也会杀这个杀人者的父亲和哥哥。所谓君子报仇，十年不晚。孟子启示我们不要轻易杀人，要想到杀人可能产生的严重后果，犹如我们自己杀害了父亲和哥哥。

14.8　御暴与为暴

【原文】

孟子曰："古之为关也，将以御暴；今之为关也，将以为暴。"

【译文】

孟子说："古代设关卡是为了抵御外敌，今天设关卡是要实行暴政。"

【评析】

　　孟子分析了古今设置关口的目的不同："古代设关卡是为了抵御外敌，君主与百姓同心勠力一致对外抗敌；今天设关卡是君主要对百姓专职，实行暴政。"孟子这里旨在批评当时统治者的封建专制。

14.9　身不行道，不能使人以道

【原文】

　　孟子曰："身不行道，不行于妻子；使人不以道，不能行于妻子。"

【译文】

　　孟子说："自己不依道而行，不能让妻子儿女相信道；不以道待人，不能让妻子儿女相信道。"

【评析】

　　君子率先垂范，具有重要的榜样作用。孟子认为，一个人首先要自己做到践行道，以道待人，才能在妻子儿女面前有话语权，也才能让妻子儿女相信道。这如同《论语·子路》载孔子所言："其身正，不令而行；其身不正，虽令不从。"

14.10　周于利者与周于德者

【原文】

　　孟子曰："周于利者，凶年不能杀；周于德者，邪世不能乱。"

【译文】

　　孟子说："对利考虑周全的人，荒年不会丧生；完善道德的人，乱世不会迷惑。"

【评析】

孟子这段话强调未雨绸缪、防患未然的重要性。在20世纪70年代我国农村流行一个口号："农民手中有粮，心中不慌。"表达了农民对存粮的高度重视。孟子认为，一个人如果考虑事情周全，做到有备无患，即使遇到灾荒年，也能克服危机；一个人如果道德完善，即使在乱世，世人皆醉，也能唯我独醒，出淤泥而不染。《礼记·中庸》："凡事豫则立，不豫则废。言前定，则不跲；事前定，则不困；行前定，则不疚；道前定，则不穷。"《礼记》这段话可以帮助我们很好地理解孟子这段话的思想。

14.11　好名之人与苟非其人

【原文】

孟子曰："好名之人，能让千乘之国；苟非其人，箪食豆羹见于色。"

【译文】

孟子说："珍惜名誉的人，可以把有千辆兵车国家的君位让给他人；如果不是珍惜名誉的人，即使要他让一筐饭、一碗汤，脸上也会不高兴。"

【评析】

人生在世，珍惜名誉应该发自内心，也是一个人内心仁德的外在显现。孟子认为，真正的君子，应该视名誉如生命，可以把千乘之国托付给这样的君子。所以，孟子认为，珍惜名誉不是虚荣心，不能沽名钓誉，因为沽名钓誉的人让一筐饭、一碗汤，脸上也会不高兴，这也是一毛不拔的表现。

14.12　不信仁贤，则国空虚

【原文】

孟子曰："不信仁贤，则国空虚；无礼义，则上下乱；无政事，则财用不足。"

【译文】

孟子说："不信任仁德贤能的人，国家就空虚；没有礼义，上下关系就乱；国政荒废，国家的用度就会不足。"

【评析】

贤才是国家的栋梁，君主如果不信用贤才，就无法保障国家的稳定和发展；社会没有礼仪，就失去应有的社会秩序；国政荒废就必然导致国家经济的衰退，因而财用就会不足。孟子这里很深刻地分析了君主用人、社会礼仪和理政的重要性。从人才与国家发展的关系来看，国家要和谐发展，最关键的是尊重人才和任用人才。

14.13　不行仁，无法得天下

【原文】

孟子曰："不仁而得国者，有之矣；不仁而得天下者，未之有也。"

【译文】

孟子说："不行仁道能得到国家的，有这样的事；不行仁道能得到天下的，没有这样的事。"

【评析】

在战乱的年代，一个人如果不行仁义，虽然也许可以依靠武力和权术得到一个诸侯国，但不可能得到天下。孟子的意思是说，一个人可以依仗霸道获得一个诸侯国，但凭霸道却无法一统天下。孟子的基本观点是得民心者得天下，所以，不行仁义就得不到民心，也就无法得到天下。

14.14　民为贵，社稷次之，君为轻

【原文】

孟子曰："民为贵，社稷次之，君为轻。是故得乎丘民而为天子，得乎天子为诸侯，得乎诸侯为大夫。诸侯危社稷，则变置。牺牲既成，粢盛既絜，祭祀以时，然而旱干水溢，则变置社稷。"

【译文】

孟子说："百姓最重要，土谷之神次之，君主最轻。所以得到百姓的赏识就做天子，得到天子的赏识就做诸侯，得到诸侯的赏识就做大夫。诸侯危害国家，那就改立。牺牲既肥壮，祭品又清洁，祭祀按时进行，但还是遭受旱灾水灾，那就改立土谷之神。"

【评析】

"民为贵，社稷次之，君为轻。"这是孟子最具革命性的观点，历代帝王大多最不喜欢的也是孟子这句话。

朱熹对孟子这段话的理解是"盖国以民为本，社稷亦为民而立"[1]。社稷，即国家。实际上，古往今来，任何国家都应该是人民的国家，不是"朕"某一人的国家，理所当然应该民为贵，统治者应该以民为本，把自己放在为百姓服务的位置上。所以，胡适认为："孟子的政治哲学很带有尊重民权的意味。"[2] 孟子认为，"天子的权力来自民众，只有赢得民众的信任，天子才能获得终极权力，并向各诸侯国国君授权；正是民

---

① 朱熹：《四书章句集注》。
② 胡适：《中国哲学史》，吉林人民出版社 2013 年版，第 220 页。

众与天子的关系，构成了最高层次的委托代理关系，而民众成为终极委托人"①。日本学者谷中信一认为，"今天，重读《孟子》全篇，可以发现其与现代'人权'的共通思想随处可见。我认为，孟子是世界上最早发现'人的尊严'，并大声疾呼人权思想的第一位思想家。"② 孟子说的"民为贵"，反映了我国古代进步的民本思想。

14.15　圣人是百世之师

【原文】

孟子曰："圣人，百世之师也，伯夷、柳下惠是也。故闻伯夷之风者，顽夫廉，懦夫有立志；闻柳下惠之风者，薄夫敦，鄙夫宽。奋乎百世之上，百世之下，闻者莫不兴起也。非圣人而能若是乎？而况于亲炙之者乎？"

【译文】

孟子说："圣人是百代的老师，伯夷和柳下惠是这样的人。所以听到伯夷节操的人，贪者变清廉，懦夫立志向；听到柳下惠节操的人，刻薄之人变厚道，量小之人变大度。伯夷、柳下惠在百代以前发奋有为，而百代之后，听到他们的人没有不奋发鼓舞的。不是圣人，能够像这样吗？何况是亲自接受熏陶的人呢？"

【评析】

孟子这一章高度评价了圣人对社会产生的巨大感染力及其对后世的深远影响。"闻伯夷之风者，顽夫廉，懦夫有立志；闻柳下惠之风者，薄夫敦，鄙夫宽。""百世之下，闻者莫不兴起。"由此可见，圣人对后世的影响非常深远。历代先贤，源远流长，泽被后世，万古流芳。通过孟

---

① 张钢：《孟子的管理解析》，机械工业出版社 2019 年版，第 548 页。

② ［日］谷中信一：《先秦秦汉思想史研究》，孙佩霞译，上海古籍出版社 2018 年版，第44 页。

子这一章的分析，我们也可以进一步认识到，为什么孔子至今还能产生巨大的影响了。

14.16　仁也者，人也

【原文】

孟子曰："仁也者，人也。合而言之，道也。"

【译文】

孟子说："'仁'的意思就是'人'，'人'和'仁'合起来说，就是'道'。"

【评析】

孔子认为，仁者爱人。孟子这里直接把"仁"解释为"人"，深刻揭示了仁的本质，即"仁"是人的本质。"合而言之，道也。"孟子的意思是说，人践行仁，这就是道，或者合于道。

14.17　孔子去鲁和去齐的不同感情

【原文】

孟子曰："孔子之去鲁，曰：'迟迟吾行也，去父母国之道也。'去齐，接淅而行，去他国之道也。"

【译文】

孟子说："孔子离开鲁国，说：'慢慢走吧，这是离开祖国的态度。'离开齐国，捧着已经淘湿的米就走，这是离开别国的态度。"

【评析】

孟子这一章记载了孔子离开鲁国和离开齐国的不同感情，表现得淋漓尽致。离开鲁国时，孔子要慢慢走；离开齐国时，淘米未干就急匆匆赶路。孔子去鲁和去齐的做法，是历史上一曲爱国主义和热爱故乡的颂歌。

14.18　孔子困在陈蔡之间

【原文】

孟子曰："君子之厄于陈蔡之间，无上下之交也。"

【译文】

孟子说："孔子被困在陈国、蔡国之间，是两国君臣没有交往的缘故。"

【评析】

孔子为了实现仁政的社会理想，不辞劳苦，周游列国，因此曾经"厄于陈蔡之间"。孟子认为，这是因为孔子与陈、蔡两国君臣没有交往的缘故。

14.19　坦然面对别人的非议

【原文】

貉稽曰："稽大不理于口。"

孟子曰："无伤也。士憎兹多口。《诗》云：'忧心悄悄，愠于群小。'孔子也。'肆不殄厥愠，亦不殒厥问。'文王也。"

【译文】

貉稽说："我被别人非议。"

孟子说："没有关系。士人讨厌这种多嘴多舌。《诗经》说过：'烦恼沉沉压在心，小人当我眼中钉。'这是形容孔子一类的人。又说：'所以不消除别人的怨恨，也不失去自己的名声。'这是说的文王。"

【评析】

社会心理学有两个概念，一个是自画像，是指个人对自己的认知和评价；另一个是他画像，是别人和社会对自己的认知和评价。人生在世，可能议论别人，也可能被别人议论。清者自清，浊者自浊。貉稽是一个仕者，面对别人对自己的非议，比较苦恼，孟子这里劝解貉稽"无伤也"。孟子还以孔子和周文王为例，来说明不要怕别人议论自己。

14.20　贤者昭昭，使人昭昭

【原文】

孟子曰："贤者以其昭昭使人昭昭，今以其昏昏使人昭昭。"

【译文】

孟子说："贤人用自己的明白来让别人明白，现在有些人自己还糊里糊涂，却想让别人明白。"

【评析】

孟子这句话阐释了贤者与一般人或者愚人的重要区别。贤人自己明白事理，能引导别人明白事理；一般人或者愚人自己还糊里糊涂，竟然奢望想让别人明白，这只能事与愿违。在人才培养问题上，一些老师和家长自己还不明白人才培养的规律，怎么可能让学生或孩子明白呢？所谓师傅不明徒弟拙，说的也是这个道理。因此，只有自己昭昭，才能使别人昭昭。

14.21　介然用之而成路

【原文】

孟子谓高子曰："山径之蹊间，介然用之而成路；为间不用，则茅塞之矣。今茅塞子心矣。"

【译文】

孟子对高子说:"山坡上的小路间,经常走就变成了一条路;只要有一段时间不去走它,又会被茅草堵塞了。现在茅草也把你的心给堵塞了。"

【评析】

高子,齐国人,曾学于孟子。学未成,半道而去。孟子这一章以山坡小路为例,说明治学需要持之以恒的道理。大自然的山坡本来没有路,人们经常走,就走出了一条路;如果有一段时间不走,这条路就会慢慢变荒芜了。孟子以此为例,说明现在高子治学半途而废,犹如心也被堵塞了一样。

鲁迅在小说《故乡》中曾经说过:"其实地上本没有路,走的人多了,也便成了路。"治学如走路,贵在坚持,持之以恒,决不能一曝十寒,半途而废。

14. 22 追蠡≠尚文王之声

【原文】

高子曰:"禹之声尚文王之声。"

孟子曰:"何以言之?"

曰:"以追蠡。"

曰:"是奚足哉?城门之轨,两马之力与?"

【译文】

高子说:"禹的音乐好过文王的音乐。"

孟子说:"为什么这么说呢?"

高子说:"因为禹传下来的钟钮都快断了。"

孟子说："这个何足以证明呢？城门下车迹那样深，难道只是拉车的马的力量所致吗？"

【评析】

高子认为"禹之声尚文王之声"的证据在于"以追蠡"。对此，孟子进行了反驳，孟子以城门下车印很深为例，说明车印很深并不单纯是马的力量所致，而是天长日久碾压出来的。实际上，禹使用的乐器与任何器物一样，经过长年累月的磨损和自然损耗，不知不觉就会损坏了，这是客观的规律，因此，不能凭"以追蠡"来说明禹比文王更重视音乐，即追蠡≠尚文王之声。

14.23　不做冯妇

【原文】

齐饥。陈臻曰："国人皆以夫子将复为发棠，殆不可复。"

孟子曰："是为冯妇也。晋人有冯妇者，善搏虎，卒为善士。则之野，有众逐虎。虎负嵎，莫之敢撄。望见冯妇，趋而迎之。冯妇攘臂下车。众皆悦之，其为士者笑之。"

【译文】

齐国遭了饥荒，陈臻对孟子说："国内的人都以为老师会再度劝齐王打开棠地的仓库赈济灾民，大概不可以再做一次吧。"

孟子说："再做一次就成冯妇了。晋国有人叫冯妇的，善于打虎，后来变好了。有次野地里有许多人追逐老虎。老虎背靠着山角，没有人敢迫近它。他们望到冯妇，就快步向前迎接。冯妇捋起袖子，伸出胳膊，走下车来。大家都喜欢他，那些士人却讥笑他。"

【评析】

孟子是一个忧国忧民的思想家，以民为本，在齐国期间，曾经向齐王进谏赈济灾民，但时过境迁，孟子客居齐国，其仁政理想不被齐王所采纳，知道适可而止，再提也没用。孟子这里以冯妇为例，吸取冯妇的教训，就不再向齐王进谏。

本章涉及的成语有"再作冯妇"。

14.24　性与命

【原文】

孟子曰："口之于味也，目之于色也，耳之于声也，鼻之于臭也，四肢之于安佚也，性也，有命焉，君子不谓性也。仁之于父子也，义之于君臣也，礼之于宾主也，知之于贤者也，圣人之于天道也，命也，有性焉，君子不谓命也。"

【译文】

孟子说："口对于美味，眼对于美色，耳对于好听的声音，鼻对于芬芳的气味，手足四肢喜欢舒服，都是人的天性使然，但是得到与否，却属于命运，所以君子不会以天性为借口强求它们。仁对于父子，义对于君臣，礼对于宾主，智慧对于贤者，圣人对于天道，能够实现与否，属于命运，但也是天性使然，所以君子不会以命运为借口不去顺从天性。"

【评析】

孟子这段话谈人的本性。人所喜欢的美味、美色、美声以及芳香的气味和四肢的舒适，这都是人的本性，但能否实现这些本性，孟子认为还要看人是否有命得到这些美好的东西。他认为，君子不会以本性为借口，刻意强求这些美好的东西。

孟子从性本善出发，认为君子对于仁义礼智的需求以及圣人对天道的追求，既有命的因素，也有本性的因素，君子不能以命运为借口，而不去顺从追求仁义礼智的本性。孟子看到了人的生理性快感，但更强调和重视后天的修炼。"盖纯感官的欲望追求，其本身是一种生理的本能反应，易蔽于物欲而不能自拔，不具思辨能力，缺乏自主性，是故孟子称之为'小体之官'，此其一。这种基于生理需要的感官是人与禽兽没有分别的，此其二。感官所追求的满足物是外生对象物，得向外追求才可得到，然而欲望是无穷的，能满足欲望的外在物是有限的，加上人主观能力的有限、外在环境、际遇等诸般因素的限制，可求而不必可得，实难为人力所能全权操之在己，是以谓之'命'，此其三也。"[①] 也就是说，孟子在认知人的本性的同时，特别弘扬君子的主体性，倡导君子性与命的结合。

14.25　善、信、美、大、圣、神

【原文】

> 浩生不害问曰："乐正子何人也？"
>
> 孟子曰："善人也，信人也。"
>
> "何谓善？何谓信？"
>
> 曰："可欲之谓善，有诸己之谓信，充实之谓美，充实而有光辉之谓大，大而化之之谓圣，圣而不可知之之谓神。乐正子，二之中、四之下也。"

【译文】

> 浩生不害问："乐正子是怎样的人？"
>
> 孟子说："善良的人，有诚信的人。"
>
> 浩生不害问："什么叫善？什么叫信？"
>
> 孟子说："应该做的叫作善，诚己叫作信；善充满全身叫作美，充满能发出光辉叫作大，光大能化育天下叫作圣，圣高深莫测叫作神。乐正子的人品，在善与信二者之中，在美、大、圣、神四者之下。"

---

① 曾春海：《中国哲学史纲》，华东师范大学出版社 2013 年版，第 32 页。

【评析】

　　浩生，姓；不害，名；齐人。孟子本章回答了浩生不害关于乐正子是什么人的询问。孟子认为乐正子是善人和信人。孟子这里的"可欲"，可以理解为"可以做"或者"应该做"。因为只有"可以做"和"应该做"的事情，才能是善的。"有诸己"有多种解释，但结合上下文的原意，这里应该是"求诸己"，也是"诚己"的意思，即一个人以诚来约束规范自己，只有这样，才能叫作信。

　　孟子本章提出善、信、美、大、圣、神六个概念，体现了丰富的哲学意味和美学内蕴，颇给人以启迪。特别是"充实之为美"，揭示了美的社会内涵。"大"是比一般美更高一级的美，圣人化育天下则展现了人才最高的美，"神"则彰显了大美的形象性、模糊性和神秘性，如老子《道德经》所言"道之为物，惟恍惟惚。惚兮恍兮，其中有象。"这一章，孟子为我们建立了一个具有层级结构的审美哲学图：善→信→美→大→圣→神。这个图示对于我们正确认识真善美，追求理想圆融的人生，具有重要的启迪作用。孟子认为，人生在世，要按照应该做的去做；君子求诸己，遇到问题先从自身找原因；善充溢全身就是美，这是孟子对内在美或者心灵美的肯定；善的心灵外在显现出来，这就是大；君子把善行推及天下，这就是圣人；圣人高深莫测，这就是神。孟子所说的神并非一般意义上的神，而是体现了人们对圣人的崇敬、崇拜和敬仰之情。

14.26　逃墨归于杨与逃杨归于儒

【原文】

　　孟子曰："逃墨必归于杨，逃杨必归于儒。归，斯受之而已矣。今之与杨、墨辩者，如追放豚，既入其苙，又从而招之。"

【译文】

　　孟子说："逃离墨子一派的，一定归向杨朱一派；逃离杨朱一派的，一定归向儒家一派。只要他回归，接受他就可以了。今天同杨、墨两家辩论的人，好像追逐走失的猪一般，已经送回猪圈了，还要把它的脚给绊住。"

【评析】

从中国思想史的角度来看，墨家与杨朱两派各执一端，彼此相对，不能兼容，只有儒家学派才具有极强的包容性。所以，孟子认为，逃离墨家的，就可能走向杨朱一派，而逃离杨朱一派的又必然归于儒家。因为就从整体来看，墨家、杨朱与儒家学派相比，远不如儒家更有利于稳定社会秩序，所以儒家才是中国思想史上最有生命力的学派，这是不争的历史事实。

14.27　君子用其一，缓其二

【原文】

孟子曰："有布缕之征，粟米之征，力役之征。君子用其一，缓其二。用其二而民有殍，用其三而父子离。"

【译文】

孟子说："有征收布帛的，有征收谷米的，还有征发人力的。君子用其中一种，其余两种暂缓征用。同时征两种，百姓就会有饿死的；同时征三种，父子离散而各奔东西。"

【评析】

孟子以民为本，关心百姓疾苦，高度重视税收问题。这一章提出了征收的度的问题，孟子认为正确的方法是"君子用其一，缓其二"。统治者征收税赋，一定不能竭泽而渔。客观来说，孟子这一主张符合百姓利益，也有利于社会的相对稳定。

14.28 诸侯三宝

【原文】

孟子曰："诸侯之宝三：土地、人民、政事。宝珠玉者，殃必及身。"

【译文】

孟子说："诸侯的宝贝有三件：土地、百姓和政务。以珠玉为宝的，灾祸一定降临到他身上。"

【评析】

孟子认为，对于诸侯来说，一定要掌握好三件宝贝：土地、人民、政事。自古以来，土地生长万物，对于百姓和国家都举足轻重；人民的数量和素质能力，民心向背等，是决定诸侯存亡的决定性力量；诸侯还应该管理好政事，即政务。从国家的稳定和发展来看，土地是国家最重要的资源，人民是国家的主体，政事是对国家的管理。这三者是国家的根本，都是统治者必须高度重视的因素，缺一不可；相反，统治者如果以珠玉为宝，就必然导致国家的衰败，最终殃及自身。

14.29 闻君子大道的重要性

【原文】

盆成括仕于齐。

孟子曰："死矣，盆成括！"

盆成括见杀。门人问曰："夫子何以知其将见杀？"

曰："其为人也小有才，未闻君子之大道也，则足以杀其躯而已矣。"

【译文】

盆成括在齐国做官。

孟子说："盆成括要死了！"

盆成括被杀。学生问道："老师怎么会知道他将被杀？"

孟子说："他这个人有小聪明，未闻君子的大道理，就足以招来杀身之祸了。"

【评析】

盆成括，复姓盆成，名括，孟子的学生，学道未成而仕于齐。孟子听说盆成括到齐国做官，认为他虽小有才能，却不知修身立德的道理，所以是自寻死路，后来果然被杀。

在现实中，类似盆成括的人不少。孟子告诉我们，人仅有小才能是不够的，如不懂得做人之道，恃才傲物，缺乏大的格局，就容易招来杀身之祸。

14.30 往者不追，来者不拒

【原文】

孟子之滕，馆于上宫。有业屦于牖上，馆人求之弗得。或问之曰："若是乎从者之廋也？"

曰："子以是为窃屦来与？"

曰："殆非也。夫子之设科也，往者不追，来者不拒。苟以是心至，斯受之而已矣。"

【译文】

孟子到了滕国，住在上宫。有一双没有织成的鞋放在窗台上，旅馆的人找不到了。有人问孟子说："跟随您的人，连这样的东西也藏起来吗？"

孟子说：“你以为他们是为偷鞋而来的吗？”

答道：“大概不是的。您老人家开设的课程，已走的不追问，来的不拒绝，只要他们怀着追求真理的心而来，就接受了。”

【评析】

“往者不追，来者不拒”源自《论语·微子》。《论语·微子》载“楚狂接舆歌而过孔子曰：‘凤兮凤兮，何德之衰！往者不可谏，来者犹可追。已而，已而！今之从政者殆而！’”孟子对于学生很宽容，往者不追，来者不拒，只要学生能够一心向道，就可以收徒了。

本章涉及的成语有：“来者不拒”。

14.31　达于所忍与达于所为

【原文】

孟子曰：“人皆有所不忍，达之于其所忍，仁也；人皆有所不为，达之于其所为，义也。人能充无欲害人之心，而仁不可胜用也；人能充无穿逾之心，而义不可胜用也；人能充无受尔汝之实，无所往而不为义也。士未可以言而言，是以言餂之也；可以言而不言，是以不言餂之也。是皆穿逾之类也。”

【译文】

孟子说：“每个人都有所不忍心的事，把它推及到所忍心的事，就是仁；每个人都有不愿做的事，把它推及到愿做的事上，就是义。人能够扩充不想害人的心，仁就用之不竭了；人能够扩充不挖洞跳墙的心，义就用之不竭了；人能够扩充不受鄙视的言行举止，那就一切都不合于义了。士人不可以谈论却与他谈论，这是用言语来挑逗他，以便自己取利；可以谈论却不与他谈论，这是用沉默来挑逗他，以便自己取利，这些都是和挖洞跳墙类似的。”

【评析】

《论语·颜渊》载孔子曰："己所不欲，勿施于人。"孟子这段话也体现了孔子这一思想，即由己推人，换位思考。孟子在继承孔子思想的基础上，进一步阐释了什么是仁，什么是义；怎样做才是仁，怎样做才是义。

孟子这段话表现了很高的情商思想，要"达之于其所忍""达之于其所为"，这是非常不容易的。另外，在人际交往中，孟子认为，不能通过挑逗的方式，达到个人的目的，要求谈话要看对象，这对我们的人际交往也具有参考价值。

14.32　言近旨远，守约施博

【原文】

孟子曰："言近而指远者，善言也；守约而施博者，善道也。君子之言也，不下带而道存焉；君子之守，修其身而天下平。人病舍其田而芸人之田，所求于人者重，而所以自任者轻。"

【译文】

孟子说："言语浅近，意义却深远的，这是'善言'；操守简单，效果却广大的，这是'善道'。君子的言语，浅近却蕴含着'道'；君子的操守，修养自己使天下太平。做人最怕是放弃自己的田地，而去给别人耘田，要求别人的很重，自己负担的却很轻。"

【评析】

孟子这段话内容很丰富。言近旨远，也有深入浅出的意思，包括了言已尽而意无穷的美学内涵；守约施博包含了举一反三和事半功倍的含义。"君子之言也，不下带而道存"，意味着语言表达要深入浅出，言简意深；君子的操守，应该追求修身齐家治国平天下的理念，"修其身而天下平"。

有句俗话：种了人家的地，荒了自己的田。这句俗话完全是孟子所说的"人病舍其田而芸人之田"的翻版。另外，在处理人际关系上，正确的做法是严于律己，宽以待人，而不是宽以待己，严以律人。孟子所批评的正是这种"所求于人者重，而所以自任者轻"的非君子所为的做法。

本章涉及的成语有"言近旨远""守约施博"。言近旨远的是善言，成语"言近旨远"即出于此；守约而施博者，是善道。

14.33　经德不回，言语必信

【原文】

孟子曰："尧舜，性者也；汤武，反之也。动容周旋中礼者，盛德之至也。哭死而哀，非为生者也。经德不回，非以干禄也。言语必信，非以正行也。君子行法，以俟命而已矣。"

【译文】

孟子说："尧舜的美德是出于本性，汤、武则是通过修身获得美德。一举一动、一颦一蹙无不合于礼的，是美德的顶点。为死者而哭的悲哀，不是做给生者看的。依道而行，不是为了谋求官职。说话一定诚信，不是为了显示行为端正。君子依法办事，为了等待天命罢了。"

【评析】

孟子在主张性本善的同时，也非常注重后天的修身。因此，他认为尧舜的美德是出于本性，汤、武则是通过后天修身获得了美德。孟子认为，做人依道而行，说话讲究诚信，这是君子应该做的，而不是为了谋求官职和显示行为端正。用现代的话来说，君子这样做本身就是君子的质的规定性，这本身就是君子的目的。

14.34　吾何畏彼哉

【原文】

孟子曰："说大人，则藐之，勿视其巍巍然。堂高数仞，榱题数尺，我得志弗为也；食前方丈，侍妾数百人，我得志弗为也；般乐饮酒，驱骋田猎，后车千乘，我得志弗为也。在彼者，皆我所不为也；在我者，皆古之制也，吾何畏彼哉？"

【译文】

孟子说："游说诸侯，就要藐视他，不要看他高高在上的样子。殿堂几丈高，屋檐几尺宽，我得志不这样做；菜肴满桌，姬妾几百，我得志不这样做；饮酒作乐，驰驱畋猎，跟随的车子多达千辆，我得志不这样做。他所做的，都是我所不做的；我所做的，都符合古代制度，我为什么怕他呢？"

【评析】

古代儒家知识分子是非常有骨气和人格的，注重修身齐家治国平天下，富贵不能淫，贫贱不能移，威武不能屈，孟子就是这样的大丈夫和儒学大师。"孟子把善确定为人的本性和最高的价值追求，反映了他对理想人性的向往和完美人格的追求，体现了他的社会责任感和道德责任感，是一种进步的观点。"[1] 孟子倡导大丈夫的理想人格，就必然光明磊落，堂堂正正，不随波逐流，不与世俗同流合污。因此，在孟子看来，真正的君子在游说诸侯时要"藐之"，因为诸侯的所作所为"皆我所不为也"。君子有自信，是堂堂正正的大丈夫，藐视世俗的富贵和权威，"吾何畏彼哉？"所以，"勿视其巍巍然"，就是很正常的了。

---

① 刘学智：《儒道哲学阐释》，西北大学出版社 2018 年版，第 65 页。

14.35 养心莫善于寡欲

【原文】

孟子曰："养心莫善于寡欲。其为人也寡欲，虽有不存焉者，寡矣；其为人也多欲，虽有存焉者，寡矣。"

【译文】

孟子说："修养心性的方法没有比减少欲望更好的。做人清心寡欲，纵然不排除早死，可能性很小；做人欲望很多，纵然不排除长寿，可能性也很小。"

【评析】

孟子这段话说明节欲的重要性，认为"养心莫善于寡欲"。孟子认为，清心寡欲有利于健康长寿，而欲望太多，则很难健康长寿。在孟子看来，"对于良心最大的威胁乃是欲望，因此养心最好的方式是寡欲"[1]。

从心理学的角度来看，七情六欲是人之本能。七情，即喜怒哀惧爱恨怜七种情绪；六欲，即求生欲、求知欲、表达欲、表现欲、舒适欲、情欲六种欲望。人有欲望是正常的，但欲望应该有度，一方面人的欲望应该是基于人的科学的合理的需要；另一方面，人应该具有满足个人欲望的能力，实现个人欲望与满足欲望的能力的和谐统一。人生在世，如果仅仅是有很多欲望，但没有满足欲望的能力，就很容易影响身心健康，甚至容易走向犯罪道路。

古今中外，一切具有真知灼见的思想家都非常重视节欲的问题。在古希腊，从苏格拉底、德谟克利特、柏拉图都已经具有了适度和节制的思想。亚里士多德继承和发展了古希腊适度和节制的思想，把中庸视为哲学上的中介，进而把中庸上升为一种哲学方法论，认为在一切可分的

---

[1] 汤一介、李中华：《中国儒学史（先秦卷）》，北京大学出版社2011年版，第333页。

东西中都存在过分、不足和中庸，他认为，"惟有适度才能造成健康"①。《乐记·乐本》篇指出："好恶无节于内，知诱于外，不能反躬，天理灭矣。夫物之感人无穷，而人之好恶无节，则是物至而人化物也。人化物也者，灭天理而穷人欲者也。"

《乐记》还提出了"以道制欲"的主张。所谓"以道制欲"，就是用道德来控制人的欲望。斯宾诺莎倡导人的善行，把各种贪欲视为"真正的恶"②；霍布斯认为，"大多数人却对自己的欲望得不到满足而苦恼"③。清代学者戴震"基于对欲与理是物与则、自然与必然统一的理论分析，进而阐述了孟子以精神需要制约自然生理需要的主张，明确提出了以礼节欲和制欲的思想"④。

很显然，为了人们的身心健康和社会的和谐，人类就必须对自身的欲望进行科学合理的调控。因此，孟子反对多欲，主张寡欲，这对于人生的发展与身心健康，都是具有参考价值的。

14.36　曾子不忍食羊枣

【原文】

曾皙嗜羊枣，而曾子不忍食羊枣。

公孙丑问曰："脍炙与羊枣孰美？"

孟子曰："脍炙哉！"

公孙丑曰："然则曾子何为食脍炙而不食羊枣？"

曰："脍炙所同也，羊枣所独也。讳名不讳姓，姓所同也，名所独也。"

【译文】

曾皙喜欢吃羊枣，曾子因而舍不得吃羊枣。

---

① 苗力田主编：《亚里士多德全集》第八卷，中国人民大学出版社 1991 年版，第 29 页。
② ［荷兰］斯宾诺莎：《知性改进论》，贺麟译，商务印书馆 1960 年版，第 21 页。
③ ［美］马歇尔·米斯纳：《霍布斯》，于涛译，中华书局 2002 年版，第 38 页。
④ 王其俊主编：《中国孟学史》下册，山东教育出版社 2012 年版，第 553 页。

公孙丑问："烧肉末和羊枣哪一种好吃？"

孟子说："烧肉末呀！"

公孙丑又问："那么，曾子为什么吃烧肉末却不吃羊枣？"

孟子说："烧肉末是大家都喜欢吃的，羊枣只是个别人喜欢吃的。就好比父母之名要避讳，姓却不避讳一样；因为姓是许多人相同的，名却是他一个人的。"

【评析】

曾皙是曾参之父，曾参即曾子。曾子倡导"孝恕忠信""修齐治平""内省慎独"和"以孝为本"。曾子的父亲喜欢吃羊枣，他自己就舍不得吃。公孙丑所问，看似有道理，其实是孤立地看问题，认为肉末比羊枣好吃，而曾子却吃肉末而不吃羊枣。孟子这里采取具体问题具体分析的态度，认为曾子是因为父亲喜欢吃羊枣，所以自己舍不得吃。

14.37　不忘其初与同流合污

【原文】

万章问曰："孔子在陈曰：'盍归乎来！吾党之小子狂简，进取，不忘其初。'孔子在陈，何思鲁之狂士？"

孟子曰："孔子'不得中道而与之，必也狂狷乎！狂者进取，狷者有所不为也'。孔子岂不欲中道哉？不可必得，故思其次也。"

"敢问何如斯可谓狂矣？"

曰："如琴张、曾皙、牧皮者，孔子之所谓狂矣。"

"何以谓之狂也？"

曰："其志嘐嘐然，曰，'古之人，古之人'。夷考其行，而不掩焉者也。狂者又不可得，欲得不屑不洁之士而与之，是獧也，是又其次也。孔子曰：'过我门而不入我室，我不憾焉者，其惟乡原乎！乡原，德之贼也。'"

曰："何如斯可谓之乡原矣？"

曰:"'何以是嘐嘐也? 言不顾行, 行不顾言, 则曰, 古之人, 古之人。行何为踽踽凉凉? 生斯世也, 为斯世也, 善斯可矣。'阉然媚于世也者, 是乡原也。"

万子曰:"一乡皆称原人焉, 无所往而不为原人, 孔子以为德之贼, 何哉?"

曰:"非之无举也, 刺之无刺也, 同乎流俗, 合乎污世, 居之似忠信, 行之似廉洁, 众皆悦之, 自以为是, 而不可与入尧舜之道, 故曰'德之贼'也。孔子曰:'恶似而非者, 恶莠, 恐其乱苗也; 恶佞, 恐其乱义也; 恶利口, 恐其乱信也; 恶郑声, 恐其乱乐也; 恶紫, 恐其乱朱也; 恶乡原, 恐其乱德也。'君子反经而已矣。经正, 则庶民兴; 庶民兴, 斯无邪慝矣。"

【译文】

万章问道:"孔子在陈国说:'为什么不回去呢! 我们那里的学生狂放而耿直, 进取而不忘本。'孔子在陈国, 为什么思念鲁国那些狂放的弟子?"

孟子说:"孔子说过:'我找不到奉行中庸之道的人和他交往, 只能与狂者、狷者交往了。狂者敢作敢为, 狷者有所不为。'孔子难道不想结交中庸之士吗? 未必一定得到, 所以只能想次一点的了。"

万章问:"请问, 怎么样的人才叫作狂士呢?"

孟子说:"像琴张、曾皙、牧皮这类人就是孔子所说的狂放的人。"

万章问:"为什么说他们是狂放的人呢?"

孟子说:"他们志大喜欢夸夸其谈, 总在说, '古人啊! 古人啊!'考察他们的行为, 却言过其实。假如这种狂放的人还是得不到, 就结交不屑于做坏事的人, 这就是狷介之士, 这又是次一等的。孔子说:'从我家大门经过, 而不进到我屋里来, 我也并不遗憾的, 那只有老好人了。老好人是戕害道德的人。'"

万章问:"怎样的人才可以叫老好人呢?"

孟子说:"老好人议论狂放之人说:'为什么志大而夸夸其谈呢? 言不符实, 实不符言。只是说, 古人啊, 古人啊。'议论狷介之士说:'为什么这样落落寡欢愁眉苦脸呢?'又说:'生在这个世界上,为这个世界做事,只要过得去就行了。'事事迎合,处处讨好的人就是老好人。"

万章说:"全乡的人都说他是个诚谨善良的人,他也到处表现为是个诚谨善良的人,孔子竟把他看作戕害道德的人。为什么呢?"

孟子说:"这种人,要非难他,却又举不出什么大错误来;要讥刺他,却也没什么可讥刺,他只是向恶俗看齐,与污秽世界合流,居家好像忠诚老实,行动好像清正廉洁,大家也都喜欢他,他自己也以为正确,但是不能和他一起走上尧舜的大道,所以说他是戕害道德的人。孔子说:'厌恶那些以假乱真的东西;厌恶狗尾巴草,因为怕它冒充禾苗;厌恶满嘴仁义道德的人,因为怕他冒充正义之士;厌恶巧舌如簧的人,因为怕他冒充信义之士;厌恶郑国的乐曲,因为怕它影响雅乐;厌恶紫色,因为怕它干扰大红色;厌恶老好人,就因为怕他扰乱了道德。'君子把一切事物回到正道就可以了。走正道,老百姓就会振奋兴起;老百姓振奋兴起,就没有邪恶了。"

【评析】

这一章内容比较丰富。孟子以孔子交友主张为例,说明交友最好是交中庸之士,即与坚持中道的人为友;如果结交不到这样的朋友,那就只好结交狂者和狷者了。"狂"与"狷"是两种对立的品质。狂者喜欢冒进,敢作敢为;狷者流于退缩,不敢作为。孔子认为,中行就是不偏不狂,也不偏于狷,这样才符合于中庸的思想。孔子这里赞扬了他那些"不忘其初"的狂者弟子。"不忘其初"也是"不忘初心"的意思。

孟子认同孔子关于对老好人的看法。老好人事事迎合,处处讨好,同乎流俗,合乎污世,没有原则性。孟子批评了老好人指责狂者"言不顾行,行不顾言",也指责狷者郁郁寡欢的做法,但老好人自己却得过且过。

孟子这一章从孔子那里引经据典,说明孔子反对"恶似而非者""恶佞""恶郑声""恶紫""恶乡原"的原因。孟子孔得出结论:君子把一切事物回到正道就可以了,因为走正道,老百姓就会振奋兴起,就没有邪恶了。

本章涉及的成语有："不忘初心"（不忘其初）、"同流合污"、"自以为是"。

14.38 历史文化的传承性

【原文】

孟子曰："由尧舜至于汤，五百有余岁；若禹、皋陶，则见而知之；若汤，则闻而知之。由汤至于文王，五百有余岁，若伊尹、莱朱，则见而知之；若文王，则闻而知之。由文王至于孔子，五百有余岁，若太公望、散宜生，则见而知之；若孔子，则闻而知之。由孔子而来至于今，百有余岁，去圣人之世，若此其未远也；近圣人之居，若此其甚也，然而无有乎尔，则亦无有乎尔"。

【译文】

孟子说："从尧舜到汤，经历了五百多年，像禹、皋陶这些人就是亲眼见到尧舜之道而了解其道理的；像汤，就是只听到尧舜之道而了解其道理的。从汤到文王，又有五百多年，像伊尹、莱朱那些人，就是亲眼见到而了解其道理的；像文王，只是听到而了解其道理的。从文王到孔子，又有五百多年，像太公望、散宜生那些人，就是亲眼见到而了解其道理的；像孔子，就只是听到而了解其道理的。从孔子一直到今天，有一百多年，离开圣人的年代为时不远；距离圣人的故居竟然像这样地触手可及，但是没有继承的人，那就真是没有继承的人了。"

【评析】

孟子本章从历时性的角度出发，说古道今，对中国古代历史上的明君圣主进行历时性梳理，认为有的是亲眼见到而了解了先贤的光辉业绩，有的是听到而了解到先贤的光辉业绩。但也有可能由于历史久远，而导致历史传统中断的现象，"近圣人之居，若此其甚也，然而无有乎尔，则亦无有乎尔"。

荀子《非相》篇认为："欲观千岁则数今日，欲知亿万则审一二，欲知上世则审周道，欲审周道则审其人所贵君子。故曰：以近知远，以一知万，以微知明。此之谓也。"实际上，历史传统的继承和先贤光辉业绩的传承往往具有很大的相同性和相通性，我们后人了解历史，大多是通过史书的记载，才能对古代的历史有所了解，但由于历史的局限性，历史书籍也不可能把历史真实记录下来，我们在传承文化传统时，要对传统文化进行去粗取精、去伪存真、由此及彼、由表及里的筛选和理性分析，不能人云亦云，不能拘泥于史书的记载。

参考文献

一　书籍

陈洪：《国学讲演录》，商务印书馆 2020 年版。

程志华：《中国儒学史》上册，人民出版社 2017 年版。

冯友兰：《中国哲学史新编》，中国画报出版社 2020 年版。

复旦大学哲学系中国哲学史教研室编：《中国古代哲学史》上卷，上海
　　古籍出版社 2006 年版。

傅佩荣：《先秦儒家哲学》，北京联合出版公司 2018 年版。

郭齐勇：《中国哲学通史》，江苏人民出版社 2021 年版。

郭庆祥：《浩然正道：孟子详解》，东方出版社 2014 年版。

韩振华：《他乡有夫子：西方〈孟子〉研究与儒家伦理建构》，中国社会
　　科学出版社 2017 年版。

侯外庐、赵纪彬、杜国庠：《中国思想通史》，人民出版社 2011 年版。

胡炳文：《孟子通》，华东师范大学出版社 2020 年版。

胡适：《中国哲学史》，吉林人民出版社 2013 年版。

黄俊杰：《中国孟学诠释史论》，社会科学文献出版社 2004 年版。

焦循：《孟子正义》，中华书局 2017 年版。

郎擎霄：《孟子哲学》，北京理工大学出版社 2020 年版。

李学勤主编：《十三经注疏·礼记正义》下卷，北京大学出版社 1999
　　年版。

李振刚：《中国古代哲学史论》，中国社会科学出版社 2004 年版。

林志鹏：《战国诸子评述辑正》，复旦大学出版社 2020 年版。

刘培桂主编：《孟子志》，山东人民出版社 2009 年版。

刘全志：《先秦诸子文献的形成》，中华书局 2016 年版。

刘学智：《儒道哲学阐释》，西北大学出版社 2018 年版。

刘永佶：《诸子思想》，中国社会科学出版社 2019 年版。

刘兆伟：《孟子译评》，中华书局 2011 年版。

马士远：《〈孟子〉校释译论》，山东人民出版社 2018 年版。

孟培元：《孟子》，北京大学出版社 2019 年版。

孟祥才：《孟子传》，齐鲁书社 2013 年版。

孟祥才：《先秦人物与思想散论》，上海古籍出版社 2019 年版。

庞朴：《儒家精神》，中国华侨出版社 2014 年版。

任继愈：《中国哲学史》，人民出版社 2010 年版。

申淑华：《〈四书章句集注〉引文考证》，中华书局 2019 年版。

舒大刚主编：《儒学文献通论》上卷，福建人民出版社 2012 年版。

汤一介、李中华：《中国儒学史（先秦卷）》，北京大学出版社 2011 年版。

王国轩、王秀梅译注：《孔子家语》，中华书局 2016 年版。

王蒙：《原则：极简孟子》，北京联合出版公司 2019 年版。

王其俊主编：《中国孟学史》，山东教育出版社 2012 年版。

杨伯峻：《孟子译注》，中华书局 2012 年版。

杨泽波：《孟子评传》，南京大学出版社 2007 年版。

袁晓晶：《仁心与仁政孟子》，中州古籍出版社 2014 年版。

曾春海：《中国哲学史纲》，华东师范大学出版社 2013 年版。

张定浩：《孟子读法》，译林出版社 2020 年版。

张钢：《孟子的管理解析》，机械工业出版社 2019 年版。

赵岐：《孟子赵注》，景宋蜀刻本，广西师范大学出版社 2018 年版。

周淑萍：《先秦汉唐孟学研究》，中华书局 2020 年版。

朱熹：《四书集注》，凤凰出版社 2005 年版。

朱小明：《孟子与保罗的对话》，孔学堂书局 2016 年版。

［荷兰］斯宾诺莎：《知性改进论》，贺麟译，商务印书馆 2002 年版。

［美］马歇尔·米斯纳：《霍布斯》，于涛译，中华书局 2002 年版。

［日］谷中信一：《先秦秦汉思想史研究》，孙佩霞译，上海古籍出版社
　2018 年版。

二 论文

陈徽：《孟子"义袭"说辨正》，《孔子研究》2021 年第 3 期。

陈学凯：《孟子天下观与战国儒学的思想转换》，《儒学评论》2018 年第 12 辑。

杜保瑞：《论孟子去齐的君子入仕之道》，《国际儒学论丛》2019 年第 1 期。

甘祥满：《论董仲舒对孟子性善说的误读》，《船山学刊》2021 年第 6 期。

黄玉顺：《天吏：孟子的超越观念及其政治关切——孟子思想的系统还原》，《文史哲》2021 年第 3 期。

蒋国保：《〈孟子〉新解三则》，《杭州师范大学学报》2020 年第 1 期。

旷剑敏：《孟子思想对西方伦理思想的挑战》，《海南大学学报》2019 年第 2 期。

李存山：《孟子思想与宋儒的"内圣"和"外王"》，《哲学研究》2019 年第 12 期。

李景林：《从论才三章看孟子的性善论》，《北京师范大学学报》2018 年第 6 期。

李世平：《孟子性善的内在理路》，《哲学研究》2021 年第 3 期。

廖名春：《〈孟子〉与出土文献两则》，《湖南大学学报》2018 年第 5 期。

林国敬：《民、仁、天下——论孟子对天下范式的重构》，《孔子研究》2019 年第 6 期。

刘佳宝：《孟子的羞耻观念》，《道德与文明》2018 年第 2 期。

刘旻娇：《孟子评"淫辞邪说"新解——以"辟杨墨"为中心》，《哲学动态》2019 年第 8 期。

刘旻娇：《请"礼"让位合理吗？——孟子论"礼"的双重内涵》，《哲学研究》2020 年第 3 期。

刘笑敢：《取向、入径与科学启示：孟子人性论研究的再思考》，《齐鲁学刊》2020 年第 5 期。

唐明燕：《社会心理视域下孟子哲学涵育友善的伦理价值》，《江淮论坛》2018 年第 2 期。

涂可国：《孟子"四心""四端"与"四德"的真实逻辑》，《武汉大学学报》2020 年第 2 期。

王炳瑶：《孟子民本思想的当代价值研究》，《汉字文化》2021 年第 19 期。

王国良：《试论孟子正义战争与和平思想》，《国学学刊》2020 年第 1 期。

王慧宇：《现存最早的欧洲语言〈孟子〉手稿析论》，《哲学研究》2021 年第 6 期。

王开元：《从心之能到人之善：一项有关孟子人性论的分析》，《管子学刊》2021 年第 4 期。

王林伟：《情感与价值：试论孟子的广义伦理学》，《道德与文明》2020 年第 4 期。

王生云：《孟子的仁义观对孔子之道的发展》，《管子学刊》2018 年第 1 期。

王王晶：《"大勇"与"小勇"：孟子"勇"观念的哲学分析》，《孔子研究》2021 年第 2 期。

王兴国：《孔子之两翼——牟宗三论孟子与荀子》，《哲学研究》2018 年第 1 期。

王中江：《孟子的伦理选择论——从"可欲"到"能"和"为"》，《哲学研究》2018 年第 7 期。

肖永明、黄有年：《论孟子"义利之辨"展开的基础及其政治走向》，《孔子研究》2021 年第 3 期。

杨传召、赵敏俐：《孟子武德思想及其现代价值》，《齐鲁学刊》2018 年第 6 期。

杨海文：《"浩然之气"与孟子的人格修养论》，《社会科学战线》2018 年第 12 期。

杨泽波：《孟子达成的只是伦理之善——从孔孟心性之学分歧的视角重新审视孟子学理的性质》，《复旦学报》2021 年第 2 期。

叶飞：《论孟子人格教育思想的平等理念》，《贵州师范大学学报》2020 年第 5 期。

衣抚生：《孟子的税收思想与实践》，《人文天下》2020 年 11 月刊。

袁晓晶：《以气养身：孟子的气论与身体》，《中国儒学》2020 年第
　15 辑。

曾仲权：《孟子"知人论世"说与儒家交往行为美学阐释学》，《中国政
　法大学学报》2021 年第 3 期。

张伯伟：《散文研究去向何方——以东西方〈孟子〉研究为视角》，《复
　旦学报》2021 年第 6 期。

张大为：《孟子诗教视野中的"以意逆志"问题》，《天津大学学报》
　2018 年第 2 期。

张少恩：《改革开放 40 年孟子学研究：学术回归与方法多元》，《社会科
　学战线》2018 年第 8 期。

张晓明：《从"汤武放伐"的诠释看〈孟子〉在日本近世的传播——以
　山鹿素行的古学为中心》，《内蒙古师范大学学报》2021 年第 2 期。

张勇：《韩柳孟子观之分歧及其思想史意义——以儒佛道三教关系为视
　角》，《东南大学学报》2021 年第 1 期。

赵法生：《孟子超越观的三重向度》，《社会科学》2021 年第 2 期。

赵金刚：《孟子与诸侯——经史互动当中的孟子思想诠释》，《中国哲学
　史》2019 年第 4 期。

周海春、荣光汉：《论孟子之"义"》，《哲学研究》2018 年第 8 期。

鲍鹏山：《德性的力量》，《光明日报》2013 年 10 月 23 日。

邓安庆：《德性之力量究竟何在》，《社会科学报》2021 年 4 月 29 日。

冯兵：《孟子论选才与用才》，《中国社会科学报》2020 年 11 月 17 日。

高晓峰：《内山俊彦对孟子"天"概念的解读》，《中国社会科学》2021
　年 3 月 30 日。

李平：《孟子论法：法教并行方致善治》，《检察日报》2021 年 6 月
　10 日。

李闫如玉：《孟子修身观念的源头》，《学习时报》2020 年 12 月 18 日。

王杰：《孟子心目中的"君子"》，《学习时报》2021 年 3 月 12 日。

张小稳：《秦汉时期孟子学研究的滥觞及特点》，《中国社会科学报》
　2020 年 11 月 23 日。

后 记

古往今来，文化巨匠群星灿烂，各领风骚，而孟子就是其中一位颇具特色的文化巨擘。历史长河，大浪淘沙；鉴古知今，不忘初心。对于先哲时贤，虽不能至，心向往之。

我之所以研究孟子，与我的学习生涯直接相关。我就读于孔孟之乡的曲阜师范大学，开始了解孔子和孟子。孔子和孟子的思想博大精深，激发了我探索中国文化的动力。在中国社会科学院深造期间，导师杜书瀛先生是著名的文艺理论家和美学家，先生从做人和治学都蕴含了儒家温文尔雅的中正品格，先生启发我们思考问题要避免二元对立、非此即彼的思维方式。在人大读博之前和期间，我参加了导师金元浦先生主编《中国文化概论》的编写，并担任副主编，该书被评为国家"十一五"规划教材和国家优秀教材。金先生学贯中西，其丰富深刻的思想极大地影响了我的教学和科研。

在长期的教学科研中，我越来越体会融通中西的重要性，更加认识到终生学习的必要性。2016 年出版《论语译评》并纳入博士生导师文库；现在又出版《孟子译评》，希望为传播中国优秀传统文化尽微薄之力。

拙著能够付梓，要感谢中国社会科学出版社领导和责任编辑安芳老师的关心指导；感谢中国海洋大学一流大学建设专项经费资助和中国海洋大学中国传统文化研究中心的资助；本书能够列入"蠹海文丛"，还要感谢著名古典文学专家刘怀荣教授的关心支持。

在拙著写作过程中，参考了许多专家学者的研究成果，也许挂一漏万；对于错误不当之处，还望专家学者和广大读者批评指正。

薛永武

2022 年 2 月 26 日于青岛观日轩